善意與信任
世界上最強大的力量

Hope
for
Cynics

The Surprising Science of Human Goodness

賈米爾・薩奇 Jamil Zaki ──── 著

尤采菲 ──── 譯

獻給露易莎和艾爾瑪

目錄

前言　建構一張通往人類善意的地圖　006

第一部　告別憤世嫉俗

第一章　憤世嫉俗者的症狀　026

第二章　憤世嫉俗不會讓你更有智慧　048

第三章　信任危機的社會根源　075

第四章　他人非地獄　105

第五章　擺脫憤世嫉俗的陷阱　126

第二部　重新發掘彼此

第六章　社交也許沒那麼可怕　148

| 第七章 | 構築信任的文化 | 173 |
| 第八章 | 衝突壓力造成的誤判 | 197 |

第三部　用希望打造未來

第九章	創造我們期盼的世界	226
第十章	因希望而凝聚的集體行動	251
第十一章	我們共有的命運	276

結語		299
致謝		304
附錄一	反憤世嫉俗實用指南	308
附錄二	評估證據	315
注釋		331

前言

建構一張通往人類善意的地圖

我一直都很羨慕艾米爾・布魯諾（Emile Bruneau）。我們都是心理學教授，都運用腦科學研究人際連結，並希望我們的研究成果能有效幫助人們建立人際關係。我們經常在同一個學術研討會上發表論文，偶爾還會中途一起溜去飯店酒吧享用馬丁尼，因而快速培養出深厚的友誼。

相信很多人也對布魯諾抱持同樣的感受。他是一名擁有剛毅下巴線條的前英式橄欖球員，無論走到哪裡都很引人注目。他幾乎走遍世界各地，曾投身北愛爾蘭和平運動、騎單車穿越南非，還在蒙古與角力冠軍同場競技。在家裡，他自行組裝古董福特A型車、養蜜蜂，還為孩子打造一座比紐約豪華公寓還精緻的樹屋。他在專業領域的成就同樣令人驚嘆，不僅是賓州大學「和平與衝突神經科學實驗室」（Peace and Conflict Neuroscience Lab

創辦人，還是開發科學工具來消弭種族仇恨的先驅。

布魯諾是個充滿魅力的人，但最讓我感到欽佩的，是他總能對一切抱持希望。很多人聽我這麼說多半會感到奇怪，畢竟這二十年來，我一直在研究人類的善意與同理心，並向世界各地的人們講述這些美德的重要性。我的研究讓我彷彿成為宣揚人性光明面的非官方代言人，經常受邀各種場合，幫助人們重新燃起對於彼此的信任。

但這些年來，我心中一直藏著一個祕密。私底下的我，其實是個悲觀的憤世嫉俗者，總是容易挖掘人性的黑暗面。這種傾向早在我年幼時就已成形，失序的家庭生活讓我很難信任他人。後來隨著年齡漸長，我在新的人際關係中獲得更穩固的情感支持，並在學術研究中發現一些希望。例如，我和研究團隊發現：人們大多會對他人有同理心而非自私自利；當我們樂捐時，大腦活躍的區域與品嘗巧克力時非常相似；幫助他人緩解壓力，反而會舒緩自身焦慮。1 這些研究成果莫不傳達出一個簡單的訊息：每個人都擁有美善的本性，同時我們也受益於這種良善的本性。

可惜，知道是一回事，能否實際感受到卻是另一回事。我曾遇過內心痛苦不堪的幸福學專家，以及壓力大到喘不過氣的冥想研究者；有時候，能夠吸引這些科學家全心投入的事物，正是他們生命中最渴望獲得的事物。同樣的，我之所以花這麼多時間，努力建構一

007　前言｜建構一張通往人類善意的地圖

張通往人類善意本性的地圖，或許也是迫切希望能在現實生活中找到它。

然而近年來，我似乎愈來愈難在他人身上找到善意。我和布魯諾相識於二〇一〇年，在接下來的十年裡，從族群撕裂與社會不平等程度、憂鬱症人口比例到海平面上升速度，全都在不斷攀升。所謂的「美國夢」早已不再，我認識一些勤奮且才華洋溢的朋友，為了找份謀生的工作，每天汲汲營營。為了關注其他科學家，我註冊推特（Twitter）帳號，卻發現自己已被大量充滿憤怒、詐騙和個人品牌行銷的訊息所淹沒。過去我和太太舉辦婚禮的葡萄園，已經被加州大火所吞噬，當我們在結婚紀念日特地開車經過那片焦黑的廢墟，我不禁想著：世上還有多少地方將會變成這副模樣？而這一天，又會多快到來？

在學術研究上，我可以輕鬆列舉關於人類善意的各種科學研究證據，但當這個世界似乎變得愈來愈貪婪與對立，我卻開始萌生懷疑這些證據的念頭。布魯諾是我傾訴這種矛盾心情的少數對象之一，在一次次交談中，他試圖重新燃起我的希望，告訴我：「我們所做的科學研究，可以幫助人們重新認識人類內心的善意，以及如烏雲蔽日般掩蓋這份善意的恐懼。我們可以引領人們走向社群和正義，實現他們內心真正的價值觀。」

布魯諾總是滔滔不絕的這麼說，有時甚至讓我懷疑：我們之間是否存在這麼多共同點？他曾親眼目睹全球不同地區的仇恨衝突事件，憑什麼如此樂觀？這種樂觀看起來像是

一廂情願的天真幻想，或是涉世未深的無知表現。

直到有天，我們聊起他的童年，我才意識到自己根本錯得離譜！布魯諾剛出生不久，他的母親開始罹患一種精神疾病，會不時聽見充滿惡意的嘲諷話語，但這些始終揮之不去的聲音，旁人卻完全聽不見。她被診斷為重度思覺失調，後半輩子都在與自己的心靈奮戰，因此無法親自養育布魯諾。

即使如此，每當母子倆相聚時，布魯諾的母親總是竭盡全力保護布魯諾，不讓他受到太大的影響。布魯諾回憶起母親，這麼說道：「即使身處絕望深淵，她給予我的依然只有光明。」[2] 聽他訴說這段往事，我才明白，布魯諾一點也不天真無知。他曾親眼見證，當人即使面臨極大的苦楚，依舊能讓內心的愛燦爛綻放。他之所以為人性良善的一面奮鬥，並非因為他不知道人性具有醜惡的一面，而是他選擇懷抱希望，就像他的母親選擇用堅定不移的愛守護著他一樣。

二○一八年，這份希望再次受到考驗。布魯諾發現自己看電腦螢幕時，視野愈變愈暗，接著開始出現劇烈頭痛。他是神經科學家，立即意識到這些警訊非比尋常，並在接受電腦斷層檢查後發現自己罹患腦癌（兩年後，腦癌奪走他的性命，那年他才四十七歲）。這個消息對布魯諾和他的家人無疑是個沉重的打擊。他年幼的孩子（分別是四歲和六歲）

009　前言｜建構一張通往人類善意的地圖

將在父親缺席的情況下長大，妻子史黛芬妮將失去自己深愛的伴侶，他數十年來累積的研究心血將付諸流水，而世界也將失去一名優秀科學家的智慧與洞見。

但布魯諾的內心深處，卻是截然不同的光景。他在寫給我的信中，說疾病讓他「心中充滿對世上各種美好事物的覺察」。他決定要跟時間賽跑，用生命中最後一段日子，致力去促進人類幸福。他說所有人有一天終須離別，只是多數人並不知道自己還有多少時間。

在接受腦部腫瘤切除手術後不久，布魯諾在家裡召集一群研究者，並向他們發出一項挑戰：「我們的目標應該要為人們帶來力量，而不是『單純做好科學研究』。」他希望研究者和他一樣，親身踏上被戰亂蹂躪的土地，與飽受痛苦的人們對話，讓科學成為促進和平的力量。正如他所說的：「我們可以穿越黑暗，散播光明。」

布魯諾在二〇二〇年九月三十日離開人世。[3] 我和許多朋友一同哀悼這位總是鼓舞人心的父親、科學家與朋友，同時懷想他所擁抱的世界觀。布魯諾始終相信，希望就像一道光芒，能夠照亮我們前方的道路。然而，當時隨著新冠疫情的快速蔓延，世界似乎正步入黑暗，就像落日餘暉的時刻，讓我們愈來愈難看清眼前的一切。

那一年，在我的「陽光外表」與「幽暗內心」之間的那條裂縫，彷彿已經擴大成一道峽谷。許多學校、醫院、企業邀請我演講，期待我的研究成果能幫助他們重新找到希望，

善意與信任　010

可是我的希望卻早已消失。在視訊會議上，我坐在自家客廳，向世界各地的人們頌揚人性的良善，然而只要一登出會議，我又會開始不斷刷著與疫情相關的負面消息。

但我的工作是對人類心靈保持好奇，所以一段時間後，我開始審視自己的憤世嫉俗心態。這種世界觀非常誘人，既黑暗又簡單。然而事實上，它過於簡單到幾乎無法解釋任何事情。憤世嫉俗讓我對人性抱有最壞的預期，但我憑什麼這樣覺得？憤世嫉俗告訴我未來會很糟糕，但結果又有誰能知道？憤世嫉俗的心態又會對我們帶來怎樣的影響？我很快就意識到，憤世嫉俗侵蝕我們聯繫在一起的心理連結。信任的本質是相信別人會做出正確的事，基於這種信念，我們願意向他人敞開心扉、展現自己的脆弱，這正是我們之所以能對未來懷有希望的關鍵所在。如果任由信任被侵蝕，憤世嫉俗心態不僅會剝奪我們當下的連結，還可能會摧毀我們共同想像的未來。

我經常會想，布魯諾是如何在得知生命即將終結之際，仍然保持如此驚人的正向態度？當我們面臨人生中最黑暗的時刻，是否也能夠像他一樣懷抱勇氣與希望？這些疑惑引領我踏上一段科學探索旅程，這段旅程最終不僅改變我的心態，也徹底改變我的人生。回顧數十年來的研究後，我發現憤世嫉俗不僅有害，而且往往過於幼稚。相較而言，善意及信任則比多數人所認知得更為明智，而且它們是可以透過內在思考及外在行動培養出來的

011　前言｜建構一張通往人類善意的地圖

一種技能。我多希望自己能夠早一點知道這些做法，更感激現在的我能夠擁有它們，並相信值得將它們分享給大家。

這本書想講述的是，為什麼有這麼多人會像過去的我那樣看待世界，以及為何每個人都可以學會像布魯諾那樣思考。

當社會信任崩潰時……

布魯諾和我在飯店酒吧裡的那些對話，其實一點也不新鮮。幾千年來，世人不斷爭論著人性是自私或慷慨、是殘酷或仁慈。然而時至今日，人們給出的答案已經有所改變。

我父母在一九七二年時移民到美國。同一年，美國開始進行一項名為「社會概況調查」（General Social Survey）的計畫，定期調查並追蹤各行各業民眾對各種社會議題的看法。我父母抵達的這個國家顯然並非一片樂土。當時美軍正逐漸撤出越南戰場，但反戰活動仍在持續進行；尼克森政府派特工潛入民主黨全國委員會總部裝設竊聽設備，引爆水門案醜聞；族裔之間的緊繃情勢一觸即發。[4]

然而相較於今日，一九七二年的美國簡直是個充滿人際互信的烏托邦。在該年度的

社會概況調查中,有將近五〇%的美國人同意「大多數人是值得信任的」;然而到了二〇一八年,卻只有三三%的受訪者表示認同。[5] 如果信任是種貨幣,其貶值程度顯然足以媲美二〇〇八年金融危機中的股市崩跌,但不同的是:經濟早已逐漸復甦,而信任卻遲遲未見起色。更重要的是,缺乏信任問題並非美國所獨有,二〇二二年有項針對二十八個國家進行的跨國調查發現,其中二十四個國家有超過半數受訪者表示不信任他人。[6]

人們不僅對人性失去信心,對各種社會機構更是缺乏信任。一九七〇年代到二〇二二年,美國人對總統的信任從五二%降至三三%,對新聞報紙的信任從三九%降至一八%,對國會的信任從四二%降至七%,對公立學校的信任從五八%降至二八%。[7] 或許我們的確有理由懷疑政治人物和電視名嘴,但我們仍將要為這種集體悲觀心態付出代價。信任不是貨幣,但它對健康、經濟與民主的發展同樣至關重要,一旦社會信任崩潰,很可能會迅速摧毀人類社會的這三大支柱。

當信任出現匱乏,憤世嫉俗就會開始盛行。如今,憤世嫉俗已經儼然成為二〇二〇年代最具主導性的社會氛圍。社會充斥著各式各樣的掠奪行徑、龐氏騙局、虛假宣傳,許多人相信人們只關心自身利益,甚至覺得這樣想相當合理。許多研究發現,這種悲觀的信念正在不斷侵蝕人際關係、族群互動、經濟表現,乃至社會整體。

這種心態造成的危害，幾乎出現在科學家所能測量的所有層面上。有數十項研究顯示*，憤世嫉俗者比一般人更容易罹患憂鬱症、酒精成癮、成為低收入族群，甚至壽命更短。[8]在十七世紀，哲學家湯瑪斯・霍布斯（Thomas Hobbes）儼然成為憤世嫉俗知識分子的代言人。他在《利維坦》（Leviathan）一書中主張，人們需要仰賴政府來約束自己，如果任憑本性發展，人類生活將如野獸般「卑劣、粗暴與短暫」。諷刺的是，沒有什麼能比這段話更精準捕捉憤世嫉俗者的人生觀。霍布斯所描述的人類，正是憤世嫉俗者的自身寫照。

當我說到「憤世嫉俗者」，你心中可能會浮現某種特定形象，例如那些渾身散發著不屑與輕蔑態度的人。但他們並非像「紐西蘭人」或「麻醉科醫師」那樣涇渭分明的類別。憤世嫉俗比較像是一道程度各異的光譜，每個人都出現過憤世嫉俗的時刻，有些人則像我一樣，過去經歷很長一段時間的憤世嫉俗時代。問題是，即使知道這種態度會傷害自己，為什麼我們之中仍有那麼多人選擇成為憤世嫉俗的人？

部分原因在於，我們的文化透過宣揚三大迷思來美化憤世嫉俗，並隱藏其所帶來的禍害。

迷思一、憤世嫉俗讓人顯得很聰明。 憤世嫉俗者的相反是什麼？答案很簡單，那就是

善意與信任　014

笨蛋、傻瓜或容易被騙的人，天真樂觀的人遲早會遭到背叛。這種刻板印象反映出多數人的觀點：憤世嫉俗者比非憤世嫉俗者更聰明。

然而，這種觀點是錯誤的。事實上，憤世嫉俗者在認知測驗上表現較差，而且在辨別誰在說謊的能力上遜於非憤世嫉俗者。[9]當我們假設所有人都只想占別人便宜，自然不會費心了解人們的真實面貌。容易被騙的人可能是盲目的信任他人，而憤世嫉俗者則是盲目的不信任他人。

迷思二、憤世嫉俗是安全的。每一次付出信任，都像是參與一場社會賭局。許多人認為，當我們將自己的金錢、祕密或幸福交到別人手上時，對方就會擁有支配我們的力量。

然而，當我們將「信任他人的下場就是讓自己受傷」這種想法深深烙印在心底，就不太可能選擇再次冒險。[10]憤世嫉俗者甚至會主張，只要選擇永遠不信任，就永遠不會輸。

然而，這樣的做法就像是在每一手牌開始前先直接棄牌，也許可以保護我們免於受到惡意掠奪者的傷害，但也會斷絕與他人的合作與愛。憤世嫉俗讓我們永遠記住曾經傷害或群建立連結的機會，因為這些全都必須以信任為前提。

---

* 本書參考許多社會科學研究，這些研究成果都能在注釋中找到。如果讀者希望了解更多關於支持本書論點的研究，請參閱附錄二「證據評估」。

015　前言｜建構一張通往人類善意的地圖

我們的那些人,並忽略只要態度更開放些就可以交到的朋友。

迷思三、憤世嫉俗是一種有道德的表現。 難道「希望」不是一種特權?並非每個人都能相信人性有良善的一面,尤其是曾經被殘酷的社會傷害過的人。在一個充滿不公義的世界裡,一味要求受害者應該要盡量看人生光明面,似乎有些不近人情。或許樂觀者總是在粉飾問題,而憤世嫉俗者則是在努力揭露和改善問題。

這種想法乍看之下很有道理,但事實卻恰恰相反。憤世嫉俗確實能讓人意識到問題所在,但也會斷絕任何更好的可能性。如果破碎的社會不過是我們破碎本性的倒影,那麼一切還有什麼改變的可能?我們又有什麼理由去試著做些什麼?在我最憤世嫉俗的時候,就像陷入一種道德癱瘓的狀態,我不再參與志願服務和抗議活動,還會懷疑積極投入這些活動的朋友為何要繼續浪費時間。相較於非憤世嫉俗者,憤世嫉俗者更容易選擇不參與政治和社會運動。

憤世嫉俗不是推動進步的世界觀,而是維持現狀的工具。[11] 這對社會精英階層而言非常有用:宣傳者撒下不信任的種子,以便更有效控制群眾;貪腐的政客努力說服選民相信「每個政治人物都很腐敗」,藉此掩護自身惡行;媒體公司更是拿批判與憤怒交易,人們的憤世嫉俗就是他們的產品,我們愈不信任他人,他們的生意就愈興隆。

善意與信任　016

信念會影響我們如何對待他人,並讓對方用同樣的方式對待我們。信念能夠改變世界,憤世嫉俗正將我們的世界變得更加冷漠、悲觀與病態,這種狀況實非世人所樂見。如今美國人的互信程度確實遠低於以往,但有七九%的人認為,應該對他人投以更多的信任;人們經常憎惡政治立場與自己不同的人,但有超過八成的人為美國社會分裂現狀感到憂心。[12] 大多數人都希望建立一個相互同理並緊密連結的社會,但憤世嫉俗的心態卻讓我們相信,無論怎麼努力,情況依舊會愈來愈糟。所以我們開始選擇什麼也不做,世界果然變得每況愈下。

傳遞希望的火光

　　根據一則古老的希臘神話,「希望」是作為詛咒的一部分而降臨人世。普羅米修斯(Prometheus)從眾神之處偷取火種並帶給人類,宙斯為了報復這次盜竊行動,命令火神赫菲斯托斯(Hephaestus)用黏土塑造出人間的第一個女性潘朵拉(Pandora),將她送給普羅米修斯的兄弟為妻。臨行前,宙斯交給潘朵拉一個陶罐,叮囑她無論如何都不可以打開。按捺不住好奇心的潘朵拉,最終還是揭開了蓋子,於是各種苦難飛散人間:「疾病」

017　前言｜建構一張通往人類善意的地圖

與「饑荒」摧殘人類的身體，「怨恨」與「妒嫉」腐蝕人類的心靈，「戰爭」摧毀賴以維生的城邦。發現鑄下大錯的潘朵拉趕緊闔上蓋子，只留下「希望」被困在罐中。

但「希望」最初為何會與這些苦難一起裝在罐中呢？有些人認為「希望」是罐中唯一的善，沒能將它釋放出來，無疑會加劇人類的悲慘命運。另一些人則認為「希望」本來就是一種苦難[13]，如同哲學家尼采（Friedrich Nietzsche）就說：「希望是最糟糕的邪惡，因為它延長了人類的痛苦。」或許你也同意尼采的話，已經習慣將「希望」視為有害的虛妄幻想，認為它會讓人們忽視自身與世界正在發生的問題。

科學家對「希望」抱持不同看法。心理學家理查‧拉薩魯斯（Richard Lazarus）指出：「所謂懷抱希望，就是即使某些正面事物當下並未實現，但相信未來仍有可能成為現實。」換言之，「希望」是對於問題的一種回應，而不是在逃避問題。如果「樂觀」告訴我們情況**一定**會變好，那麼「希望」則是在說情況**有可能**會變好；如果「樂觀」是空想的等待，那麼「希望」則是務實的追求。希望讓人們得以瞥見一個更美好的世界，並推動人們努力去爭取實現。

我們任何人都可以實踐希望，布魯諾就是最佳範例。他看到的世界和我們多數人並沒什麼不同，但他沒有躲在憤世嫉俗之中，而是選擇努力推動和平，凝聚社群力量，用生命

貫徹自己的原則。對於我和許多熟識布魯諾的人來說，他的正向態度是種超自然的存在。他的性格、經驗、意志彼此交融而產生某種神奇化學作用，賦予他一種獨特的思想與心靈，這正是最值得我們學習效法的地方。

我想要藉由這本書，來傳播布魯諾所留給世人的智慧。在布魯諾的妻子史黛芬妮的支持下，我得以和他的家人、童年摯友、教練、隊友及同事交談，親自走訪對他而言意義重大的地方，並仔細研讀他沒來得及與世人分享的筆記。透過數十場充滿淚水與感激的對話，我終於更深刻理解布魯諾是個怎樣的人，以及他為何可能夠成為這樣的人。然後出乎我意料的，我開始感受到他的存在。每當我又開始變得憤世嫉俗時，我彷彿開始聽見他的聲音，這個聲音從一開始的偶爾存在變得日益頻繁，從微弱變得日益清晰。

布魯諾在被診斷出癌症後不久，他寫信給妻子，信中提到：「身為神經科學家，我了解我們的大腦不曾真正看見世界，而只是在詮釋世界。我的逝去也是如此，逝去並不代表真正失去。對妳而言，我的存在其實只是妳自身心靈的映照。無論過去、現在或未來，我會一直活在妳心中。」在撰寫本書的過程中，我經歷一種奇特而莊嚴的感受，彷彿布魯諾的精神在我心中復生。他所教給我的，遠遠超出我的想像。

藉由這本書，他也會將這些東西教給正在閱讀的你。布魯諾追求和平，就像醫師追求

019 前言｜建構一張通往人類善意的地圖

治癒病人。如果疾病是身體功能的異常表現,那麼在他眼中,衝突和暴行就是危害社會健康的病症。他曾帶領團隊診斷引爆仇恨的觸發因素,並設計一套心理治療方案,來減少社會衝突和增進人們的同理心。

本書將採取類似的方式,來解決我們對彼此失去善意與信任的問題。你很快就能學會如何診斷自己和他人身上的憤世嫉俗症狀及其形成原因。你還將了解憤世嫉俗是如何助長無數社會問題,無論是孤獨感的蔓延、全球的大離職潮,甚至是民主制度的侵蝕與崩壞。

一旦我們了解這種病症,就能對症下藥。布魯諾在從事這項使命的過程中不再像是個醫師,反而更像是一位奇蹟般的患者。如果把憤世嫉俗比喻成病原體,那麼他顯然具備非比尋常的抵抗力。如果有群人對於大規模流行疾病免疫,我們自然會想檢測他們的基因或血液,尋找對抗疫情的線索。因此在本書中,我透過回顧布魯諾的一生,仔細探尋那些幫助他實踐善意和信任的經歷。

在這個過程中,我發現布魯諾用來對抗憤世嫉俗的一大利器是「懷疑主義」(skepticism),也就是一種沒有證據就拒絕相信的態度。憤世嫉俗者和懷疑主義者同樣絕輕易相信,但實際上卻截然不同。憤世嫉俗者是對人的不信任,懷疑主義者則是對既存假設的不信任;憤世嫉俗者認為人性是醜惡的,懷疑主義者則會從經驗中學習,蒐集相關

資訊來判斷誰才值得他們信任。布魯諾就是一個「抱持希望的懷疑主義者」，他將自己追求準確又充滿好奇心的大腦與對人性的熱愛結合在一起。

這種思考方式提供我們一種有助於擺脫憤世嫉俗的替代方案。現代美國文化是如此過度關注貪婪、仇恨與欺騙，以至於人性的善意與信任被嚴重低估。研究一再顯示，多數人並未意識到他人其實比想像中更慷慨、更值得信任與開明；換句話說，多數人往往低估了彼此。

如果你也是多數人之一，這其實是個好消息，因為人們可能比你所想像得更好。當你開始學習成為一個抱持希望的懷疑主義者，凡事細心觀察，而不是急於做出結論，你或許會發現世界處處充滿令人驚喜的美好。正如許多研究證實的，「希望」並非一種天真的世界觀，而是對於目前可掌握資訊的準確回應。這是一種即使是憤世嫉俗者也能接受的選項，也是讓許多人擺脫心理陷阱的機會。

關於本書

在本書中，你將了解數十年來關於憤世嫉俗、信任與善意的科學研究，其中也包括

我的實驗室所做出的成果。此外，你還會認識那些持續用善意和信任來改變世界的人。我們將看到一名中學校長如何賦予學生權利，讓原本被視為「危險」的校園徹底改頭換面；一名執行長如何透過鼓勵彼此合作，來取代原有的競爭文化；一名隱居日本鄉間的離群索居者如何經由藝術找回自己。透過這些故事，我們將見證自己的心靈如何進化，從而增強社群連結，並重新想像未來。

（QAnon）支持者如何意識到，她的家庭比任何陰謀論都更重要；

我還要分享一些有助於培養「抱持希望的懷疑主義」的策略和習慣，如果讀者想更深入了解，可以在附錄一找到更實用的指南。既然我鼓勵讀者對抗憤世嫉俗的思考方式，我自然也應該身體力行。不久前，我開始努力實踐這些策略。借鑑相關的科學研究成果，我重新思考自己的教養方式、嘗試接觸不同立場的媒體、與更多陌生人交談，並試著克服自己對氣候議題的「末日心態」。過程中雖然不免感到痛苦與尷尬，但這麼做卻慢慢改變了我。我發現自己與他人的關係變得更緊密、更具有信任感，我也變得更加樂觀。

憤世嫉俗者往往在缺乏良好證據下就驟然下判斷，所以想想改善憤世嫉俗問題，關鍵就在於建立更準確的觀察他人與這個世界。我希望這本書能幫助你見證他人的善意與信任，一同為建立我們共同期待的世界而努力。

每個人心中的憤世嫉俗聲音總會不斷告訴你，你早就已經洞悉關於人性的一切。但請務必記得，人性遠比憤世嫉俗者想像得更加美好與複雜，人類的未來遠比他們所知的更加不可捉摸。

憤世嫉俗就像一副骯髒的眼鏡，每一年過去，都有更多人戴上它。我打算幫助你摘掉它，然後，你將會為自己看到的景色而感到驚訝。

第一部

告別憤世嫉俗

第一章 憤世嫉俗者的症狀

憤世嫉俗就像是一種會影響社會健康的疾病，但在開始治療之前，我們必須先了解它是什麼，以及它會如何影響我們。醫師的診斷就像是偵探在探案，症狀是我們可以觀察到的線索，是指向某些身體內部問題的徵兆：疼痛、手腳冰冷和暈眩可能暗示著貧血；如果疼痛發生在胸口，則代表可能存在更令人擔憂的問題。每個徵兆的意義都取決於它所處的情境。

心理學家將觀察人們的言語和行動，作為了解其內在心理狀態的線索。如果你不再熱衷於原本熱愛的活動，那可能是憂鬱的徵兆；如果你總是派對中的焦點，你可能是外向型人格。同樣的，我們也可以用這種方式來診斷「憤世嫉俗」（cynicism）。但這項工作並不容易，因為「憤世嫉俗」一詞的含意已經隨著時代發生轉變。回顧歷史，我們會發現這個

詞彙的起源，與現今消極厭世的形象相去甚遠。

潛藏的希望：古希臘的犬儒主義者

你知道嗎？最著名的偵探不一定是家族裡最優秀的人。根據夏洛克‧福爾摩斯（Sherlock Holmes）所述，他哥哥麥考夫擁有比他更強的觀察和推理能力，但麥考夫「缺乏抱負與活力」，而且對人們不屑一顧。他不熱衷於破案，反而為厭惡社交者創立一個名為「第歐根尼俱樂部」（Diogenes Club）的棲身之所。這個俱樂部「聚集全城最孤僻、最不愛交際的人」，任何與其他成員閒聊的人，都可能會被趕出去。[1]

「第歐根尼俱樂部」的名稱，源自二十三個世紀前一個脾氣暴躁的古希臘人，他的名字是「錫諾普的第歐根尼」（Diogenes of Sinope）。[2] 第歐根尼是銀行家之子，由於被指控鑄造偽幣，只好流浪到雅典乞討維生，晚上就睡在一個大陶甕裡。相較於大家印象中的傳統哲學家，他更像是一名反主流文化的行動藝術家，經常大力批判社會禮節與規範。他在公共場合大小便、甚至自慰，還會在大白天到處拿燈籠照陌生人的臉，說自己正在「尋找一個誠實的人」。

第歐根尼就像是僧侶、嬉皮與脫口秀演員的綜合體，讓許多人感到畏懼，但也有許多人崇拜他。當時人們稱他為「kynikos」，意思是「像狗一樣」，他則欣然接受這個稱號，並表示：「我對施捨者搖尾，對拒絕者吠叫，對無賴者張口就咬。」3 犬儒主義（Cynicism）一詞，就是由希臘文的「Kynikos」演變而來。這個古老的原始版本與現今所謂的「憤世嫉俗」有著很大差異。4

漸漸的，第歐根尼獲得一群狂熱的追隨者，這群人乖張無禮、不斷挑戰社會的虛偽束縛，但在這些行為表象之下，他們其實懷抱著理想。犬儒主義者相信人天生就能過著有道德、有意義的生活，然而社會規則和階級制度剝奪這種天賦，使我們在對財富與權力的欲望中沉淪。第歐根尼想將人們從這個陷阱中拯救出來，正如一位犬儒主義研究者所言：「他將自己視為一名醫師，透過痛苦療程來幫助患者獲得治癒。」他對陌生人的挑釁並非出於仇恨，而是為了喚醒他們，就像禪宗大師透過當頭棒喝，讓弟子從錯誤的思維方式中驚醒。5

為了治癒社會痼疾，犬儒主義者開出一張讓人生富有意義的生活處方。第一種藥材叫做「自給自足」（autarkeia），犬儒主義者無視傳統、財富與地位，主張按照自己的方式生活，不需要受任何人的束縛，得以追求自己心中真正的價值觀。第二種藥材叫做「世界主

善意與信任　028

義」(kosmopolitēs)，犬儒主義者厭棄身分與地位，認為自己既不比別人優越，也不比別人低等，所以當第歐根尼被問到來自哪裡時，他總會回答：「我是世界公民。」第三種藥材叫做「博愛」(philanthropia)，有專家指出犬儒主義者是以「傳教士般的熱情」回應苦難並救助他人，「無論哪一種犬儒主義流派，都是以關懷同胞福祉為核心價值」。[6]

犬儒主義其實和表面上看起來截然相反，他們在混亂之中蘊含著秩序，憤怒之下潛藏著關懷。第歐根尼並未逃避人群，而是選擇走入人群，試圖幫助人們活出更真實深刻的人生。如果他活到現代，我想他多半會對那問「歐根尼俱樂部」嗤之以鼻。

第歐根尼的理念為何會被後世扭曲？犬儒主義者熱衷街頭行動而非著書立論，所以即使他們的行為藝術流傳至今，相關的哲學論述卻付之闕如。正如一位歷史學家所言，犬儒主義未能留下論述，因而削弱其「說服力與魅力」。[7] 犬儒主義者並不在意自己留下的遺產，所以只能任憑後人根據所處的時代與觀點自由詮釋：有些哲學家視耶穌為進化版的犬儒主義者，因為他同樣充滿對人類的熱愛及對權力的鄙視；一名文藝復興時期作家將第歐根尼描繪成一名酒鬼，說他的陶甕裡裝滿了酒。

在人們的反覆轉述之下，許多人最終只記得犬儒主義者是一群憤世嫉俗者（確實是這樣沒錯），但他們對人性的熱情與殷切期盼，卻被世人完全遺忘。[8] 現代憤世嫉俗者保留

029　第一章｜憤世嫉俗者的症狀

一個關於人性的錯誤理論

如今多數人所認知的犬儒主義，基本上都是變形扭曲過後的版本，因此接下來，我將直接稱之為「憤世嫉俗」。這種扭曲過後的犬儒主義，每年都會感染更多人。如果你想診斷看看自己是否憤世嫉俗，請思考你是否大致同意下列陳述：

- 沒有人會認真看待你所遭遇的問題。
- 多數人不喜歡幫助他人。
- 多數人保持誠實，主要是因為害怕被拆穿。

對社會規範的懷疑，卻喪失原有的想像力及使命感。原始犬儒主義者相信人類擁有無限潛力，現今憤世嫉俗者則認為社會最糟糕的一面才是真正的人性。原始犬儒主義者之所以嘲諷規則，是為了擺脫它們的束縛；現今憤世嫉俗者同樣嘲諷規則，但他們對世事冷漠的態度，其實是面投降的白旗，因為對他們來說，世界不可能變得更好。

一九五〇年代，心理學家華特・庫克（Walter Cook）和唐納・麥德利（Donald Medley）設計出一項能用來辨別優秀教師的心理測驗。測驗共有五十道題目，每道題目都是一個陳述（包含剛剛提到的那三個陳述）。他們邀請數百名教育工作者評估自己是否同意這些陳述，結果發現：教師選擇同意的數量愈多，與學生的關係就愈差。然而，該測驗的適用範圍其實遠不止於此，後續研究證實：任何人選擇同意的數量愈多，對朋友、陌生人與家人的懷疑程度就愈高。顯然，兩位心理學家在無意間發明出一種檢測憤世嫉俗的通用工具。[9]

對於這五十道題目，一般人選擇「同意」的數量大約是三分之一至二分之一。[10] 我已經將題目簡化為三題，如果你對這三道題目都認為「不同意」，那麼你的憤世嫉俗程度可能非常低；如果你只同意其中一題，可能處於中低水平，就像三分熟的牛排那樣；如果同意其中兩題，可能處於中高水平；如果三題都同意，你很可能是個全熟的憤世嫉俗者，對人性及人類的未來感到無比悲觀。

我們需要依靠某種理論來解釋、預測並理解這個世界。例如萬有引力是主張「具有質量的物體會相互吸引」的理論，即使你沒有刻意思考，這個理論依舊存在於腦海之中，這就是為什麼你看到蘋果從樹上落下時不會感到困惑，也能輕鬆理解為什麼往樓下扔塊磚頭

是非法行為，扔塊棉花糖卻不會有太大的問題。幾乎每個人都相信萬有引力理論，但在更多事情上，人們相信的理論卻相當分歧。例如樂觀主義是認為「未來會更好」的理論，悲觀主義則是認為「未來不會更好」的理論，所以樂觀主義者會關注好的徵兆並願意承擔風險，悲觀主義者則只看壞徵兆並選擇保守行事。[11]

現代版犬儒主義是一種相信「所有人都自私、貪婪、不誠實」的理論。[12]和其他理論一樣，它會改變我們看待現實和做出回應的方式，但更大的影響在於人際互動層面。一項研究讓參與者進行庫克和麥德利設計的測驗，然後觀看一段影片，影片中有個人在談論自己遭遇的問題，另一個人則靜靜傾聽。研究結果顯示，不同意測驗題目陳述的人往往將聆聽者評價為「溫暖而專注」，同意測驗題目陳述的人則往往將聆聽者評價為「冷漠而無情」。[13]

憤世嫉俗不僅會改變我們的思考方式，還會影響我們去做和不會做的事。為了進一步診斷你的憤世嫉俗程度，讓我們來玩個小遊戲：你是一名「投資人」，一開始擁有十美元；第二個玩家則是幫你管理財產的「受託人」，是個你不會見到面的陌生人。你可以決定要將多少錢匯給這位受託人，匯出款項會自動變成三倍給受託人，受託人則可以決定要返還多少金額給你。假設你決定投資十美元，在受託人手上就會變成三十美元，如果對方

決定返還一半，那麼你們兩個人都可以各賺十五美元。當然，受託人也可以選擇將三十美元全數返還或全數保留。

根據最初的直覺，你會匯出多少錢？如果可以，請將答案寫下來，我們稍後會詳細討論。

數十年來，經濟學家一直使用這個遊戲來衡量人際間的「信任」，也就是一個人決定要相信另一個人的程度。[14] 每當你告訴別人一個祕密，或將孩子託給保母，都是將自己置於容易受到傷害的境地。如果我們信任的人信守承諾，那麼彼此都將受益，例如：你向朋友吐露心聲，對方傾聽並給予支持，便可能進一步加深彼此的關係；又如孩子和新保母玩得很開心，保母獲得報酬，而你享受到難得的自由時間。但別人也有可能擺我們一道，例如：你以為的摯友在背後大肆散布你的祕密；保母可能在你家順手牽羊，或是只顧滑手機而忽略孩子。[15]

信任是一種社會博弈，憤世嫉俗者認為只有笨蛋才會參與。讓我們回到剛才玩的遊戲。如果你像多數人一樣，那麼你會匯給受託人五美元，然後這筆錢會變成十五美元，受託人平均返還六美元，所以遊戲結束時，你能獲得十一美元，對方則得到九美元。如果你是個憤世嫉俗者，你投資的金額可能就會較低，平均來說是零至三美元。[16] 這些選擇，能

033　第一章｜憤世嫉俗者的症狀

夠揭示我們賴以生存的理論。受託人返還金錢的機率有多高？非憤世嫉俗者認為機率約為五〇％，憤世嫉俗者認為受託人會獨吞所有錢然後跑路，研究結果則顯示，約有八〇％的受託人會返還金錢。在這場信任遊戲中，憤世嫉俗者賺的錢明顯少於非憤世嫉俗者，但大多數投資人都會因為付出更多信任而賺到更多錢。

在實驗室裡，懷疑會讓人損失金錢。在現實生活中，懷疑則會奪走人更重要的資源，那就是我們彼此之間的連結。小說家馮內果（Kurt Vonnegut）寫道，人天生要在人群裡生活，就像魚天生只能存活於乾淨的水中。[17] 憤世嫉俗者不願承受損失，因而否認自己的社交需求。他們盡可能避免尋求朋友的協助，並假設所有人都在試圖欺騙他們[18]，但他們就像被沖刷上岸的鱒魚，終將發現自己其實渴望與人建立連結。

這種社交上的營養不良，會隨著時間而不斷累積。研究發現，憤世嫉俗程度較高的青少年，大學時更容易出現憂鬱徵狀；憤世嫉俗程度較高的大學生，中年時更容易酗酒或離婚。[19] 非憤世嫉俗者的收入隨著職涯發展穩定成長，憤世嫉俗者的財務狀況則可能會停滯不前。[20] 憤世嫉俗者更容易罹患心臟相關疾病。在一項追蹤研究中，兩千名男性參與者填寫庫克和麥德利的量表*，九年後，參與者之中有一百七十七人死亡，其中憤世嫉俗者的死亡率是非憤世嫉俗者的兩倍以上。[21]

善意與信任　034

記得有個老笑話是這樣的：兩位老太太聚在一起抱怨她們造訪的渡假村，第一位老太太說：「這個地方的食物真是太難吃了！」第二位老太太則附和道：「沒錯！而且份量還那麼少。」這或許正是憤世嫉俗者的人生寫照：既不滿人生充滿疏離與痛苦，又不滿人生為何如此短暫。

社會引擎熄火

憤世嫉俗者讓自己過著比一般人更艱難的人生，然而隨著愈來愈多人不再信任彼此，終將讓**每個人**都為此付出龐大的代價。為了充分理解這一點，我們可以比較高信任度國家和低信任度國家間人民的幸福感差異。二○一四年，「世界價值觀調查」（World Values Survey）詢問世界各地的人們是否同意「大多數人是值得信任的」。結果發現，越南有五○％的人表示同意，但與之經濟水準相當的摩爾多瓦，則只有一八％的人同意。富裕國家間同樣存在著這種信任斷層，例如芬蘭人的信任度是五八％，在法國則只有一九％。22

* 編注：此處是指庫克和麥德利的敵意量表（Cook-Medley Hostility Questionnaire）。

高信任度國家在許多方面的表現都大幅領先低信任度國家。高信任度國家的人民擁有較高的幸福感，平均薪資較低信任度國家高出四〇％，而且他們的身體更健康、更能包容彼此差異。[23] 他們願意向慈善機構捐款、公民參與度更高，同時自殺率更低。[24] 這樣的社會交易更有效率、更願意相互投資，讓商業活動得以蓬勃發展。經濟學家曾測量四十一個國家的信任度，並追蹤各國接下來幾年的國內生產毛額（GDP），結果發現高信任度國家的財富出現增長，而低信任度國家則陷入衰退或停滯。[25]

信任不僅能讓美好時光更加令人愉悅，也能使艱難時刻不再那麼難熬。面對逆境，相互信任的人們可以團結起來，共同應對挑戰。一個極具戲劇性的案例就發生在日本神戶市。表面上看起來，真野町（Mano）和御藏通（Mikura）這兩個社區看起來非常相似：相距不到三英里，同樣林立著工廠、作坊和住宅。但實際上，兩個社區有著本質性的巨大差異：真野町的經濟活動以小型家族企業為主，鄰里之間交易活絡，女性在其中扮演著不可或缺的角色；御藏通則更保有傳統由男性主導的色彩。

此外，真野町居民曾經攜手面對挑戰。一九六〇年代，空氣汙染隨著工廠快速增加而日益嚴重，導致四成居民飽受氣喘所苦。由於垃圾清運等公共服務中斷，街道上到處都是

老鼠、蒼蠅、蚊蟲，真野町被人們謔稱為「汙染百貨」。於是人口開始急速下滑，面臨淪為貧民窟的危機。

然而，真野町的居民沒有坐以待斃，而是積極展開反擊行動，他們成立地方規畫委員會，向政府施壓，爭取更多資源及汙染防治措施。慢慢的，原本擁擠不堪的街道開始出現公園綠地，工廠紛紛遷移，垃圾也得到妥善清運。於是兒童有了玩耍的場地，還興建給長者的安養之家，使得真野町的生活水準獲得顯著提升。相較於真野町的居民在推動公共事務過程中的團結合作，御藏通則缺乏這樣的歷史，以及隨之而來的人際信任與連結。[26]

一九九五年，阪神大地震讓神戶及周邊地區遭到重創，地震引發的火災延燒兩天，奪走五千多條生命，摧毀超過十萬棟建築。面對蔓延的火勢，社區間的差異導致截然不同的結果。御藏通的居民紛紛穿著睡衣逃到路邊，眼睜睜看著房屋燒成灰燼；真野町的居民則沒有等待當局救援，一起迅速展開行動，他們去工廠搬設備抽取河水，並排成一排人龍，逐一傳遞水桶來滅火。雖然真野町仍有約四分之一的建築物遭到焚毀，但御藏通則有四分之三的建築物都付之一炬，死亡率更是真野町的十倍。[27]

地震發生當下，信任能幫助人們保全家園與生命；地震過後，信任更可以加速災後重建工作。真野町的居民積極組織救援活動，請政府協助搭建臨時住房及臨時托兒所。而御

037　第一章｜憤世嫉俗者的症狀

藏通的居民則缺乏有組織的行動，使居民錯失許多公共服務，例如神戶市當時有提供免費的瓦礫清運服務，但當地許多居民卻沒有主動申請。相互信任的影響不僅限於這兩個社區和那場災難。[28] 不論在世界各地，人與人之間的連結，在在預示著一座城市或鄉鎮從海嘯、暴風、恐怖攻擊中恢復的能力。[29] 由信仰、社群與團結所構築的人際網路，能夠在關鍵時刻發揮作用，展現無比的敏捷與韌性；相反的，當社會失去信任就會變得不穩定，像是被抽掉底部積木的疊疊樂般搖搖欲墜，犯罪、對立和疾病都會迅速攀升。[30]

二〇二〇年的新冠肺炎疫情將這一點展現得淋漓盡致，美國民眾對政府的防疫表現失望透頂，許多國家也是如此。[31] 但還是有例外出現，例如南韓政府在疫情蔓延之初就迅速採取行動，並徹底遵循透明、民主、開放的三項原則。南韓政府在快篩檢測方面投下大量資源，定期為人民更新政府已掌握（或尚未掌握）的疫情資訊，所以能夠快速識別與追蹤感染者，並即時提供政府補助的治療。南韓的防疫措施贏得人民信任，而人民也以行動作為回報。即使並未實施封城，感染者普遍自願接受隔離。二〇二一年底，南韓人民的疫苗施打率超過八成，而美國僅有六成，英國則不到七成。[32]

正如南韓前總理丁世均事後回顧所說：「一旦你能獲得人民信任，就有可能實現高疫

苗接種率。」[33]研究發現，對政府抱持不信任的人較不願意施打疫苗，導致低信任度國家出現更高的感染率和死亡率。[34]根據一份分析顯示，如果世上每個國家都能達成像南韓那樣的高信任度，就有可能避免近四成的全球感染案例。[35]可惜的是，大多數國家更像是御藏通，而不是真野町。疫情加劇了人與人之間的不信任，而不信任又反過來加劇了疫情。

復興古典犬儒主義

如果你翻開本書是想要尋找希望，或許是擔憂人們正朝著錯誤的方向前進，這就證實你感覺這個世界正變得愈來愈糟。但萬事萬物本來就有起有落，正如我們接下來將一再見證，人與人之間的信任可以（且已經）被重建。諷刺的是，治療現代犬儒主義的解方，正源自古典犬儒主義。第歐根尼提出的「自給自足」、「世界主義」、「博愛」等原則，可以成為我們重新建立希望的起點。這套原則確實能夠發揮作用，我的朋友布魯諾就是最佳例證。

從表面上來看，布魯諾和尖酸刻薄的第歐根尼截然不同，他充滿溫暖與包容，是個好教練、好隊友，而不是離群索居的孤獨隱士。然而，兩人實際上卻有許多共同點：第歐根

039　第一章　憤世嫉俗者的症狀

尼厭棄財富，布魯諾則不曾擁有過優渥的家境，而且兩人都過著高度自由的生活。以布魯諾來說，這樣的自由源自於他的父親比爾，比爾是一位作家、園丁、書店店員，以及多才多藝的業餘愛好者。他年輕時在舊金山灣區四處漂泊，用他的話來說：「我始終生活在社會邊緣。直到我成為父親，自此改變我的一切。」36

由於妻子因病無法照顧孩子，比爾只能獨自撫養這個孩子。37 比爾通常會把還是嬰兒的布魯諾抱進裝滿二手絨毛玩具的小箱子裡，或用自行車載著他去路邊咖啡館或穿越森林。在布魯諾的成長過程中，比爾始終陪在他身邊，但很少告訴他該做什麼。布魯諾將這種教養方式稱為「不干涉的關注」（underbearing attentiveness），他說：「父親給我的最好禮物，就是允許我長成自己的樣子，這造就了今天的我。」38

布魯諾對金錢和地位絲毫不感興趣，儘管他生活的舊金山灣區充斥著金錢與地位。一名好友回憶道：「他從不害怕會失去什麼，因為他對一無所有的生活感到滿足。」39 這讓他擁有第歐根尼式的自由，能夠依照自己想要的方式過生活，並追尋自己真心想要的事物。在史丹佛大學唸書時，他加入男子英式橄欖球隊。閒暇時，他會花好幾個小時跟當地無家可歸者打交道，這種行為在帕羅奧圖（Palo Alto）的富裕社區實在很罕見。

大學畢業後，布魯諾在一所收費高昂的預科學校教授科學，但他很快就對那些浮華的

善意與信任　040

募款活動感到厭煩。[40]他選擇離開灣區，搬到密西根州攻讀神經科學博士學位。為了解母親的疾病，他花幾年時間研究已故思覺失調患者的大腦組織切片。[41]

布魯諾一有空閒時間就熱衷於四處旅行。一年夏天，他參與一個為促進愛爾蘭天主教及新教青少年交流而舉辦的夏令營。一群男孩共同度過整個夏天，一起玩耍、住宿、用餐。但就在營隊最後一天，男孩們之間爆發一場爭執，於是大家立刻回到各自的宗教陣營，瞬間摧毀營隊整個夏天的努力。當一名小隊輔將兩名吵架的男孩拉開時，一名男孩對著另一個人大罵：「你這個奧蘭治的雜種！」他指的是十七世紀的英國國王威廉三世（William of Orange）。過去的戰爭與宗教仇恨已經深深烙印在這些孩子心裡，一整個夏天的友誼並無法做出任何改變，就像想用一片OK繃治癒三度燒傷般無濟於事。

這是布魯諾人生中的一個關鍵轉折點。營隊事件一度讓他陷入消沉，但很快的，他更加堅定對人的信心。他親眼見過思覺失調症如何擾亂母親的大腦，所以決心加入科學家的行列，幫助像母親那樣飽受心理疾病之苦的人們。夏令營的經驗則讓他意識到仇恨也是一種大腦疾病，會扭曲人的思想，並驅使他們做出令人震驚的殘酷行為。但與思覺失調症不同的是，仇恨並非熱門的大腦研究課題。但如果我們無法真正了解仇恨，又如何能幫助人們克服仇恨？

041　第一章｜憤世嫉俗者的症狀

於是，布魯諾決定投身「促進和平的神經科學」研究。不過這裡還有一個問題，那就是這個領域當時並不存在。因此，他說服麻省理工學院一位知名學者和他共同開創這個研究領域。布魯諾和他的新導師運用磁振造影技術，觀察巴勒斯坦人和以色列人在讀到彼此民族遭遇到的不幸時，大腦會發生什麼樣的變化。為了真正了解仇恨，他還到歐洲研究羅姆人（Roma），到芝加哥拜訪白人至上主義的前支持者，到前往哥倫比亞幫助人們撫平內戰遺留的心理創傷。[42]

布魯諾的興趣廣泛且難以簡單歸類，也不太在意別人定下的種種規範。他從小就不愛穿鞋，大部分時間總是光著腳，直到七年級時，學校強制要求他穿鞋，沒鞋可穿的他只好跟繼母借雙運動鞋。他很少神色匆忙，總是享受迷路的樂趣，即使旅伴急著要去特定目的地，他依舊不會改變自己的步調。[43] 正如他的一位導師告訴我的：「他不是可以被『管理』的人。」[44]

此外，布魯諾從不為迎合慣例而犧牲自己的價值觀，無論眼前的選擇是至關重要或微不足道。布魯諾和妻子外出用晚餐時，都會帶特百惠（Tupperwar）保鮮盒裝剩菜，以避免使用一次性塑膠容器。她的妻子回憶道：「這有時會令人火冒三丈，但確實值得欽佩。布魯諾心中有個非常強大的羅盤，而且始終堅定的遵循它所指出的正確方向。」

信任自己，傾聽他人

布魯諾實踐著犬儒主義「自給自足」的核心理念。我不清楚他是不是第歐根尼的崇拜者，但他確實喜愛另一位將自給自足概念賦予現代詮釋的思想家。布魯諾珍視的少數財產之一，就是作家愛默生（Ralph Waldo Emerson）的〈自立〉（Self-Reliance）一文手抄本，這份抄本被他珍藏在床邊桌上的玻璃櫃裡。

愛默生並沒有像第歐根尼那樣在城市廣場上小便，但他跟任何一位犬儒主義者一樣厭惡社會的束縛。「社會無時不在密謀反對每個成員成為獨立的個體……它所愛的不是真實忠於自我的創造者，而是名聲與規範。」和第歐根尼一樣，愛默生認為擺脫這種束縛的方法，就是要絕不妥協、毫無畏懼的追尋我們的內在聲音，所以他說：「自信中蘊含著所有美德。」

在書評網站 Goodreads 上，布魯諾這樣評價愛默生的作品：

在型塑自身品格的過程中，〈自立〉一直是影響我最深的文章之一……它賦予我行動的力量與靈感，激勵我做一個更好且更真實的人，同時相信每一個人都有能力，去定

043　第一章｜憤世嫉俗者的症狀

義和實現那個理想中的自己。

這則書評令我感到困惑。我一直覺得布魯諾和我一樣,是個非常人際導向的人。事實上也確實如此,有幾位受訪者提到,當他們與布魯諾交談時,他傾聽的神情是如此的專注,讓人彷彿能從他的目光中更加認識自己。他在社群媒體上的貼文,即使涉及爭議性的政治話題,也總是充滿謙遜與開放。

這樣的特質如何能與追求忠於自我畫上等號?又如何能與「社會祕謀阻礙一個人成為獨立個體」的觀點相容?對我來說,團結友愛是人類最珍貴的特質,而許多最糟糕的問題,往往來自人們過度相信自己內心的羅盤。陰謀論者、種族主義者、煽動者並不在乎你對他們的看法,過度的自信早已讓他們目空一切。如果他們能對自己多反省一點,這個世界不是就能變得更好嗎?

這個問題足足困擾我好幾個晚上,直到我意識到答案原來近在咫尺。答案就在我的史丹佛大學同事傑夫・科恩(Geoff Cohen)所做的信念和價值觀研究當中。

你可能認為「信念」(belief)與「價值觀」(values)就像牛奶巧克力和黑巧克力,不過是同一種東西的不同口味。但事實上,它們根本截然不同:信念是假設或結論,價值觀

則是為人生帶來意義的部分；信念反映你對世界的看法，價值觀則揭示你是怎樣的人。將這兩者混淆可能很危險。當某人將個人價值觀與某種信念（無論是政治的、個人的或其他）連結在一起時，他會極度渴望證明自己是對的。一旦有人對他的信念提出質疑，就可能會被他視為對其自我價值的惡意攻擊，彷彿是在說他們不夠聰明、不夠優秀。最用力宣揚自身信念的人，往往是最害怕自己犯錯的人。

憤世嫉俗者一方面懷疑他人，另一方面又透過社會比較來定義自己。一項研究透過庫克和麥德利的敵意測驗結果，發現同意人性悲觀陳述的人有更高機率相信自我價值取決於聲望與地位，時常擔心自己比不上別人。為了讓自己感覺良好，他們會努力尋找貶低他人的證據。[45]

避免落入這種陷阱的方法之一，是專注於我們最深層的價值觀，這很像是犬儒主義所謂的「自給自足」。在科恩的研究中，參與者會拿到一份列有各種特質的清單，例如社交技巧、緊密的人際關係、創意力等。接著會請參與者選出對他們而言最重要的特質，並「肯定」這項特質在生活中的價值。假設某人選擇「幽默感」，那麼他可能會解釋幽默感為何重要，並寫下展現幽默感而讓自己感覺良好的個人經歷。[46]

當人們肯定對他們而言最重要的事物時，會讓他們想起自己生命中最崇高的目標，使

045　第一章｜憤世嫉俗者的症狀

得日常生活中的威脅變得不那麼可怕。科恩和許多其他研究者發現，肯定自我價值觀者更願意接受與既有信念相矛盾的訊息。質疑自身觀點需要擁有足夠的自信，而價值觀肯定有助於提升這種自信。研究顯示，在青少年群體中，價值觀肯定能增進他們對其他人的善意，以及對學校的信任。47 價值觀肯定能建立我們與深層自我之間的連結，引領我們遠離憤世嫉俗。

或許是受到父親的影響，布魯諾能夠輕鬆自然的表達和實踐內在價值觀。但對我們許多人來說，從小在家庭生活中就經常受到否定。一個無法堅定自身價值觀的人，內心會感脆弱與空虛，需要抓住讚美、聲望之類看來閃閃發亮的裝飾品來穩固自己。愛默生曾寫道：「是的，我們是膽怯的、無法相信自己的人」。

對於這一點，我實在再熟悉不過了。從我有記憶以來，就一直擔心自己在別人心中的地位。我不擅長團隊運動，在微積分方面也難有表現，所以當我發現自己在某些方面具有優勢並偶然取得一點成功，就會開始努力蒐集這些成功，當成自我價值觀的替代品。這反而使我陷入一種不安，愈是希望自己看起來聰明，就愈害怕自己被人識破。當有人挑戰我的研究構想時，我本可與對方交流討論，卻往往採取防衛的姿態；當有人發表精采的新實驗時，我本應感到興趣盎然，卻在心中不免感到嫉妒。

直到我女兒出生後，這種情況才出現改變。我對她們的關懷，遠遠超過自己的需求。成為人父的體驗就像是第一次戴上眼鏡，整個世界忽然變得清晰起來，開始看見過去一直被我忽略的細節。面對如潮水般湧出的愛，身為教授的故作姿態與權力競逐，竟是如此微不足道與可笑。學術領域同儕長久以來那些令人讚嘆的創新觀點，讓我感到興味盎然。就像孩子總是對世界充滿好奇，看著他們，我的好奇心也跟著豐沛起來。

成為父母，讓我內心的羅盤重新指向正確方向。許多人可能以為，我們要先獲得職涯上的成功、歷經纏綿悱惻的新戀情，或是走出一段極度失落與悲傷的過往，才能找到自己「人生中的北極星」。但我們其實完全不需透過驚天動地的事件，也能發掘自己真正的價值觀。科恩的研究告訴我們，只要透過簡單練習，任何時候都可以改變當前困局。正如第歐根尼、愛默生和布魯諾提醒我們的，如果想要在人際關係及社會群體間重建信任，我們必須先學會信任自己，傾聽那個萬籟俱寂時，內心依然發出的聲音。

047　第一章｜憤世嫉俗者的症狀

第二章 憤世嫉俗不會讓你更有智慧

如果憤世嫉俗是一顆藥丸，那麼包裝上列出的副作用將是：憂鬱、心臟病和自我孤立。換句話說，它是一種毒藥。既然是毒藥，為什麼那麼多人還是選擇吞下它？原因之一是，人們以為憤世嫉俗會帶來另一種更正向的副作用：智慧。

假設有兩個人，安迪和阿班。安迪認為大多數人會透過撒謊、欺騙或偷竊來獲取好處，因此每當有人向他表達善意，他就會懷疑對方別有用心。阿班則剛好相反，認為大多數人都是真心助人，不會無故撒謊、欺騙或偷竊，他相信人們是發自內心的善意做出無私之舉。

現在，請你根據對這兩個人的初步了解，決定該由誰來完成以下四個任務：

任務一：撰寫一篇鏗鏘有力的論證文章。

任務二：照顧一隻流浪貓。

任務三：計算一筆貸款的利息。

任務四：安慰一名失戀的青少年。

如果你選擇由安迪來執行任務一和任務三，由阿班來執行任務二和任務四，那麼你和多數人的選擇是一致的。任務一和任務三屬於認知型任務，需要仰賴精準的思考，而任務二和任務四屬於社交型任務，仰賴的是與人連結的能力。在一項近期研究中，研究人員請五百名參與者針對不同任務，選擇要交付執行的對象。結果發現，超過九成參與者選擇由阿班執行社交型任務，約有七成參與者選擇由安迪執行認知型任務。[1] 人們的選擇反映出一種普遍的刻板印象：非憤世嫉俗者雖然善良，但較為愚昧，憤世嫉俗者雖然尖銳，但較為精明。

不僅如此，多數人還認為憤世嫉俗者在社交上較靈敏，能看穿虛偽並洞察真相。在一項研究中，研究人員請參與者先閱讀一篇文章，文章內容是關於公司發現應徵者造假面試資料。然後，請參與者決定該指派誰來擔任面試官。選項有兩位經理，分別是蘇和柯琳，

049　第二章｜憤世嫉俗不會讓你更有智慧

兩者能力相當,但蘇「對人總是抱持正面看法,相信每個人都值得信賴」,而柯琳剛好相反,她認為「每個人都會盡可能鑽漏洞」。結果,有八五％的參與者選擇由柯琳擔任面試官,認為她更有能力識別說謊者。[2]

一百多年以前,作家蕭伯納(George Bernard Shaw)就曾反諷道:「擁有精確洞察能力者,往往會被缺乏這種能力的人稱為憤世嫉俗。」選擇安迪和柯琳的參與者多半會對這句話深感認同。既然到處都是容易受騙上當的傻瓜,隨著人生閱歷的增加,你應該學會不要信任別人,甚至是不要信任何人。

過去幾年來,我遇過至少幾十個自稱「犬儒主義者」的人。這些人經常會蔑視他人,還具有一個共同特徵:莫名的自傲。他們告訴我:信任別人的感覺確實很好,但我們的想法卻不能脫離現實,這就好比我們不能假裝提拉米蘇是健康食品;相較而言,憤世嫉俗者可能過著較為痛苦的生活,但這不過是「看清真相者」所必須付出的代價。

如果憤世嫉俗真的是智慧的象徵,那麼想要看起來很聰明的人,自然會像穿西裝去參加面試那樣,故意披上憤世嫉俗的外衣。有研究發現,當參與者被要求「盡可能展現自身能力」時,往往會透過與人爭辯、批評他人、刻意刪除電子郵件中的友善字眼等方式,展現自己最冷漠陰鬱的一面,好在他人心中留下深刻的印象。[3]

善意與信任　050

雖然許多人總是推崇那些「不喜歡別人」的人，但事實證明，憤世嫉俗不僅不是智慧的象徵，而且情況恰恰相反。在一項針對三十個國家、超過二十萬名參與者的研究中，憤世嫉俗者在認知判斷、問題解決、數學推理等任務中得分較低，在社交上較不敏銳，而且在識別說謊者上的表現也比非憤世嫉俗者差。[4]這意味著，我們當中有八五％的人做出錯誤的決策，本該派蘇去發掘真相，最後卻選擇柯琳。

簡而言之，憤世嫉俗者看似聰明，但事實並非如此。然而「信任他人、快樂生活的人都是傻瓜」與「憤世嫉俗、痛苦度日的人才是聰明人」的刻板印象依舊存在，而且頑強到被科學家命名為「憤世天才錯覺」（the cynical genius illusion）。[5]

懷疑主義：一種科學的思維方式

憤世嫉俗的心態會讓我們誤判他人，但這並不代表我們就該矯枉過正，毫無保留的信任所有人。根據一項測量數百名兒童的人際信任程度，並在一年後進行追蹤的研究顯示：對人抱持低信任度的兒童在憂鬱及社會上的表現最差，但對人抱持過度信任的兒童表現同樣不如對人抱持中度信任的兒童。[6]

為什麼會這樣？在判斷他人意圖時，憤世嫉俗者與完全相信他人者就像是人性法庭上的兩名律師。完全相信他人者為辯方工作，忽視可疑跡象、忘卻背叛行為、堅持提出任何有關當事人具備善意的證據；憤世嫉俗者則是為控方服務，將一切善意解釋為別有目的，仔細羅列每個涉及惡意的證據。兩名律師同樣傾向於選擇忽視一半的證據，差別只是他們忽視的部分恰恰相反。7

律師的思維方式非常適合法庭論辯，卻完全無助於學習。愈來愈多科學研究證實，當人知道自己並不知道時，才能產生真正的智慧。8 同樣的，社交智慧並非來自「相信所有人」或「不相信任何人」，而是要用證據做判斷，並以更像科學家（而非律師）的方式思考。儘管各領域科學家使用的工具不盡相同，但他們共享一種核心思考工具：「**懷疑主義**」。這種思考方式促使懷疑主義者質疑舊有觀念、渴望獲得新的資訊，並隨時根據獲得的證據來調整自身信念，以適應日益複雜的世界。9

在一項近期研究中，研究者透過一些問題來評估數百名參與者的憤世嫉俗和懷疑主義程度，這些問題包括：「在接受他人提出的結論前，我會先思考一下相關證據」等等。結果發現，一個人的憤世嫉俗程度，無法有效預測其懷疑主義程度，反之亦然；此外，憤世嫉俗者更容易相信陰謀論，而懷疑主義者則較少落入這類思維陷阱。10

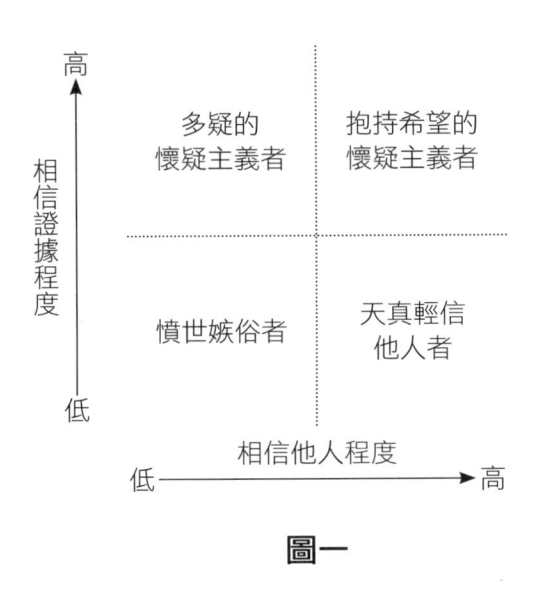

```
              高
         ↑
         ┊
    相    ┊   多疑的    │  抱持希望的
    信    ┊   懷疑主義者  │  懷疑主義者
    證    ┊           │
    據    ┊···········┼···········
    程    ┊           │
    度    ┊   憤世嫉俗者  │  天真輕信
         ┊           │  他人者
         ┊
       低
              低 ──── 相信他人程度 ────→ 高
```

圖一

我們在評價一個人的社交智慧時，與其採取「憤世或信任」的單一維度，不如從「相信證據程度」及「信任他人程度」的雙重維度來進行思考。這樣一來，就能產生人們回應他人的四種基本模式（請參見圖一）。

在這張矩陣圖的底部，分別是人性法庭上的那兩名律師。左下區塊是堅信所有人都很邪惡的「憤世嫉俗者」，右下區塊則是認為所有人都充滿善意的「天真輕信他人者」。

當我們將視線隨著相信證據的程度往上移動，代表一個人的思維方式會變得更接近科學家，能夠運用懷疑主義來決定自己是否該信任他人。左上區塊是「多疑

053　第二章│憤世嫉俗不會讓你更有智慧

的懷疑主義者」（suspicious skeptic），通常會對他人抱持負面假設，但對證據保持開放態度。我比較像是這樣的人，總是習慣先抱持最負面的假設，但身為科學家的我並不會固守成見。右上區塊則是「抱持希望的懷疑主義者」（hopeful skeptic），布魯諾就是像這樣的人，總是對一切未知充滿好奇心，而且看待他人的方式也比我正向。

你落在這張圖中的哪個位置呢？每個人身處的位置可能都不一樣，同樣是「抱持希望的懷疑主義者」，有的人可能抱持更正向的態度，就會落在更靠右側的位置；同樣是「憤世嫉俗者」，有的人可能更為主觀，就會落在更靠下方的位置。當然，我們也可能因為外在環境的變化而在矩陣中自由移動，特別是適應能力較強的懷疑主義者。例如，讓「抱持希望的懷疑主義者」加入一場高風險的撲克牌局，他們就會開始設法虛張聲勢；讓「多疑的懷疑主義者」搬到一個充滿友好氛圍的社區，他們就會開始和鄰居建立起相互信任的緊密關係。懷疑主義程度較低的人適應能力可能沒那麼好，但並不表示他們無法改變。

抱持「憤世天才錯覺」的世界觀可能會帶來一些嚴重的後果，憤世嫉俗者最終會變得更病態、更可悲、更貧窮、更容易鑄下大錯。如果憤世嫉俗並不是一種智慧的表現，為什麼許多人依舊選擇成為這樣的人？許多憤世嫉俗者或許只是試圖用表面的虛張聲勢，讓自己在面對痛苦時更有安全感。

善意與信任　054

吞下紅色藥丸

二〇二〇年六月的某個早晨八點鐘，梅根已經變得跟前一天不一樣。她花一整晚瀏覽「匿名者Q」（QAnon）的陰謀論影片，相信世上許多爭端是由十二名寡頭組成的陰謀集團所策畫，這些掌權者是兩河流域蘇美人的後裔，祕密經營一個跨國兒童販運網絡。世界很黑暗，但發現這個「真相」的梅根，心中卻充滿喜悅，她說：「那種感覺就像是親臨上帝的恩典。」[11]

梅根開始在臉書上發文，控訴微軟創辦人比爾・蓋茲（Bill Gates）正利用新冠疫情危機來監控社會，她寫道：「比爾・蓋茲在疫苗注射器上導入微刺青技術，未來就可以像購物時掃描商品條碼那樣掃描人。」文中還貼出一系列影片連結作為「證據」。社群平台上的網民開始攻擊、嘲笑她，有些朋友則與她解除好友關係，男友甚至對她說，自己有天會在睡夢中被她殺了。這些回應雖然讓她感到痛苦，但她依舊會用一種異常「友善」的態度面對，例如她在回覆留言時寫道：「首先，雖然我們的觀點不同⋯⋯但這**絕不會**改變我對你的愛、尊重與感激。」

梅根能夠保持禮貌又充滿自信，是因為她聲稱自己已經吞下「紅色藥丸」（redpilled)。「紅色藥丸」一詞源自電影《駭客任務》(The Matrix)，片中基努·李維（Keanu Reeves）飾演的尼歐（Neo）必須在藍色藥丸或紅色藥丸之間做選擇：前者能讓他繼續沉浸在幸福的無知中，後者則會為他揭示世界的黑暗真相。在現實生活中，存在各式各樣的「紅色藥丸」信徒，從陰謀論者到網路上的極端厭女者等等，他們的共同信念是：當你知道得愈多，愈能看清人類的醜惡。梅根堅信世上大多數人都在沉睡，而她的使命就是要「喚醒世人」。

其實，梅根不太像是會加入「匿名者Q」運動的人。她自稱是「加州進步派」（California Progressive），曾學習療癒冥想和非暴力溝通，知道如何透過同理心來化解意見分歧。每當與人發生衝突時，梅根會試圖尋找隱藏在行為表象下的情感匱乏，像是渴望被傾聽和被關懷等等。

梅根之所以能夠敏銳覺察他人的情感匱乏，是因為在她的人生中，大多數時間就是沉浸在這種感受之中。她在美國中西部長大，與父親哈洛有著很深厚的感情。哈洛是個隨遇而安的樂觀主義者，從不吝惜對梅根表達愛與讚美，而母親艾琳則是個強勢且疏離的人。梅根過完九歲生日不久，艾琳就把哈洛趕出家門。哈洛不想離開，但終究還是選擇順應命運的安排。梅根只能看著父親那台小小的綠色本田汽車左轉，慢慢消失在道路盡頭。

善意與信任　056

過不到一年，哈洛就交到新女友，在離家兩千英里外展開全新的生活。對於梅根來說，哈洛一直是她兒時歡樂和安全感的來源，父親的離去讓她宛如失去一條手臂般痛苦。因此，她一有機會就搬去哈洛家住，整個高中時期不斷往返於父母之間，卻無法真正依靠他們任何一方。

梅根視哈洛為受害者，而母親艾琳則是導致家庭破碎的權威者。她對母親的反叛心理很快演變成對老師、醫師及任何權威者的懷疑。梅根看待某些事情的方式跟一般人沒兩樣，例如認為「政客都是被收買的」，但有些信念則明顯偏向陰謀論，例如她深信九一一事件是由「政府內部所策畫」。二○一六年的美國總統大選為梅根帶來一絲曙光，因為時任參議員的伯尼・桑德斯（Bernie Sanders）決定競選總統。梅根很喜歡桑德斯的真誠，更對他提出美國社會財富不均的警訊深表認同。她加入競選志工團，在街上發送印有桑德斯露齒笑容的明信片和T恤，還在臉書上「一天發文五次」，大聲疾呼美國迫切需要像桑德斯這樣的領導者。

然而，桑德斯在二○一六年參與民主黨初選失利，二○二○年再度鎩羽而歸，這讓梅根對美國社會殘存的一絲信任徹底消失。緊接著，新冠疫情爆發。梅根是一個天生的外向者，封城的生活令她一蹶不振。她的男友湯瑪斯在喬治・佛洛伊德（George Floyd）被

警察殺害後陷入憂鬱。他們住的公寓頓時變得令人窒息（疫情那年，許多人的家裡也是這樣）。在這段黯淡無光的日子裡，有個親密好友傳訊息給梅根，訊息內容是邀請她觀看一則影片，標題是「陰謀集團的殞落」。這則訊息來的時機真是再好不過，但也是再糟糕不過。

有些人會被陰謀論吸引，是因為他抱持偏見或具有暴力傾向，不過梅根卻不是這樣。她心裡很清楚有些事情出了差錯，無論是她的人生，或是這個世界。她找到世界崩壞的答案，而且她確信，很快就會有一群救世者，將會為世界帶來救贖。「匿名者Q」則幫助她在其他地方得到的回應截然不同。」可以想像，在一個像艾琳一樣習於批判的世界裡，「匿名者Q」社群就像哈洛一般的綠洲，讓人得以喘息。

長期研究陰謀論的心理學家凱倫·道格拉絲（Karen Douglas）指出，許多人當存在需求受到威脅時，特別會受到這類思考方式所吸引，透過陰謀論來彌補心靈上的痛苦。[12] 相較於非陰謀論者，陰謀論者通常更容易焦慮，對於生活更缺乏掌控感，而且與家人的連結

善意與信任　058

更薄弱。[13]這就像是一個價值觀受到挑戰的人，往往會更執著於自己的信念，不管這些信念有多麼偏離現實。

只不過梅根滿足存在需求的管道，恰巧是個有如邪教組織般的社群，它鼓吹暴力，還煽動二〇二〇年一月六日的美國國會暴動。陰謀論者往往會對自己、家人和社會造成巨大傷害，了解他們的動機，並非試圖為他們擔負起的責任開脫，如果我們願意帶著多一點的好奇心去探究，就會發現這些與極端意識型態有關的生命故事，比表面上看到的更複雜，也能讓我們清楚看見憤世嫉俗將如何吞噬人心。

失望的理想主義者

我不清楚一歲時的梅根是什麼模樣，但零歲到一歲正是一個人發展信任感的成長關鍵期。一九七〇年代，心理學家瑪麗・安思沃絲（Mary Ainsworth）進行一項研究，她先請一名母親和嬰兒待在遊戲室，接著讓一名陌生人進入房間，並請母親離開。等到孩子與陌生人獨處約一、兩分鐘後，再讓母親回到房間裡。

安思沃絲從觀察中發現，無論母親離開的時間有多短，多少都會為嬰兒帶來焦慮與不

安,但每個嬰兒的行為反應卻各不相同:約有三分之二的嬰兒能適應這種變化,他們原本開心的和母親一起探索新環境,當發現母親離開時雖然感到驚慌,不過當母親返回後,很快就能平靜下來,安思沃絲將這些嬰兒歸類為「安全依附型」(securely attached);相較之下,另外三分之一的嬰兒即使有母親陪伴也顯得焦慮,母親離開時尤其極度不安,等母親返回後情緒仍難以平復,他們被歸類為「不安全依附型」(insecurely attached)。[14]

這些嬰兒長大後不會記得這次實驗,畢竟很少有人會記得一歲時發生的事。但安思沃絲發現,出生頭一年的成長經驗,會在我們心中留下深刻的烙印:安全依附型的孩子學會信任照顧者,進而相信世界是安全且充滿可能性;不安全依附型的孩子則正好相反,而這種不穩定性又會持續對人生造成影響。[15] 不安全依附型的孩子長大後,較容易對戀人、朋友、陌生人及社會體制抱持不信任的態度。[16] 更重要的是,自從安思沃絲的研究以來,人們的不安全依附型比例有增無減,一九八八年至二〇一一年間,美國人擁有不安全依附型比例上升約八%。[17] 雖然我們無法斷言這個趨勢是否加劇美國社會的信任危機,但可以肯定的是,它無法帶來任何正面影響。

情況的複雜程度還不只是這樣,不安全依附感還會以不同形式展現。例如有些人會牢牢抓住所愛的人,深怕失去他們;有些人則顯得冷漠,相信無論自己做什麼,對方終究會

善意與信任　060

離開。此外，一個人可能在某些關係中呈現安全依附型，但在其他關係中卻不是，例如有些人能夠完全信任家人，對戀人卻充滿猜疑。[18]

我很難想像自己會像梅根一樣加入陰謀論社群，但她那充滿疏離感的童年，卻深深引起我的共鳴。我的父母分別來自秘魯和巴基斯坦，這兩個國家相隔萬里，文化差異更是巨大。奇怪的是，我父母之間的共同點甚至比他們的祖國還少。八歲那年，父母告訴我他們決定分開，我沒有問為什麼，反而比較疑惑他們當初為何會在一起。我的童年，就在他們漫長的離婚過程中消失殆盡。我幾乎不記得十二歲以前的事，剩下的零碎記憶片段，幾乎都是他們之間的冷戰、激烈的衝突，以及一個又一個無盡的孤獨夜晚。

我的父母都盡力了，只是各自深陷在情緒漩渦中自顧不暇，只能任憑這些情緒像狂風暴雨般摧毀他們一手建立的家。身為他們的兒子，我每天都像走在平衡木上，戰戰兢兢留意大人對我的每個期望，生怕自己一不小心就會搞砸一切。

這種渴望得到父母認可的需求，逐漸蔓延到生活中其他的人際關係。在學校裡，我總是緊跟在好友身邊，一旦他們與其他人有較多互動，我就會害怕自己被拋棄。談戀愛時也是這樣，我總是在還沒充分認識對方前，就一頭熱的栽進去，這種近乎全心奉獻的態度偶爾能感動某些女生，但更多時候只會把人家嚇跑。我還會刻意營造充滿活力與好奇心的形

象,好讓自己看起來更有趣和有魅力,但事實上,這些形象只不過是勉強攀附在我那一條條緊繃到快斷掉的脆弱神經上。有一種信念從童年時期就深深烙印在我的內心:「生活就是一場爭取更多人愛你的競賽。除非你能獲得別人的注意力,否則根本沒人會在乎你。」

我也有深深的不安全感,只是跟梅根的不太一樣;她對這個世界充滿敵意,我則是感到萬分害怕。不過我們都把兒時的痛苦回憶轉化為看待他人的看法,並演變成不同類型的憤世嫉俗,並在離開家幾十年後仍不時困擾著我們。

美國喜劇演員泰斗喬治・卡林(George Carlin)曾說:「剝開一名憤世嫉俗者的外殼,你會發現一個失望的理想主義者。」梅根、我和數不盡的其他人,都曾經為療癒內心傷痛而轉向憤世嫉俗。這些傷痛可能留下難以抹滅的影響,就像一隻幼年時受過虐待的狗,即使遇到十分友善的陌生人,依舊無時無刻保持警戒。[19] 一段充滿創傷的戀情、一次青少年霸凌之舉,都可能瞬間摧毀一個人多年累積的信任。[20]

一個懷疑主義者在經歷創傷與背叛後,理所當然會對傷害自己的人失去信任。他們在前面那張矩陣圖中向左移動,變得更加謹慎,但對於不曾傷害自己的人,則依舊抱持開放的態度。然而,多數人在經歷創傷與背叛後往往會陷入「預期性失望」(pre-disappointed),將過去的創傷經驗套用在所有人身上,得到「任何人都不值得信任」的結

論，使他們在矩陣圖中不僅向左移動，同時還向下滑落，成為一名憤世嫉俗者。

我們或許可以把卡林的話改成：「剝開一名憤世嫉俗者的外殼，你會發現一個陷入『預期性失望』的理想主義者。」在痛苦中掙扎的這群人為了保護自己，因而放棄對世界的好奇心。21 我們雖然可以理解這種反應，但這麼一來，可能會讓憤世嫉俗者失去陌生人變成朋友、知己，或甚至是靈魂伴侶的機會，同時陷入一種負向循環：抱持的負面假設會限制與人建立連結的機會，而這樣的結果又將進一步強化他們的負面假設。22 到底，該如何才能擺脫這種困境？

一個安全的避風港

為人父母會徹底改變一個人的人生。對於我來說，這個改變是正向的，讓我放下過去對獲得他人認同的渴望；但對於布魯諾的母親琳達來說，這個改變卻是以一種可怕且不請自來的方式來到。生下布魯諾後，琳達開始受到如惡魔般殘酷的聲音折磨，這些聲音不斷嘲笑並指責她。思覺失調症將她困在自己的意識牢籠中，最終她只能離開丈夫與孩子，獨自流浪街頭。，身為一名年僅二十五歲無家可歸的女性，她長期遭受身心創傷。儘管後來

她開始尋求治療，但一九七〇年代的精神醫療環境卻同樣令人受傷。命運何其諷刺又荒謬！琳達在迎來摯愛的孩子後，卻因生理疾病而無法陪伴孩子成長。雖然她偶爾還是會出現在布魯諾的生活中，但多半看起來的模樣是混亂與邋遢的。從各方面來看，布魯諾的童年與母親之間幾乎沒有任何安全感可言，照理說，他很可能會在幼小的心靈中留下陰影；他很可能會將母親的發病歸咎於自己；他很可能因此相信「人生本質上就是醜陋與不公平的」，甚至怨恨那些人生一帆風順的人。但這些都沒有發生，為什麼？

答案來自布魯諾的家庭。儘管單親且家境拮据，父親比爾始終以「不過度干涉的全心關注」（underbearing attentiveness）陪伴布魯諾。此外，即使布魯諾和琳達的相聚時間並不固定，兩人對彼此的關懷卻從未減少。有時，琳達在兩人見面前顯得焦躁不安，但她仍努力對抗不斷冒出來的惱人聲音，試圖用意志力穩定自己的狀態。家人和朋友回憶起他們相聚的時刻，總會形容那是一段充滿寧靜和慈愛的時光，他們彷彿在短暫的相處中創造一個安全空間，將這個世間的所有艱難和琳達內心的魔鬼隔絕在外。在那裡，他們做著父母與孩子最擅長的事：相愛。

琳達在布魯諾三十多歲時過世。[23] 當時布魯諾住在美國另一端，仍選擇飛過去陪她走

完人生的最後一年。白天，他幫琳達和醫師溝通；晚上，就睡在病房地板上，以一種母親未曾給予過自己的方式，無微不至的照顧她。琳達雖然過世，卻永遠活在布魯諾的記憶中。他始終記得母親所承受的苦痛，雖然琳達從來不是個「正常」的母親，卻成為他心中的英雄，也塑造他看待世界的方式。

有不少人告訴我，布魯諾獨特的生命經歷，造就他不同凡響的「超能力」。一名友人回憶道：「布魯諾很早就明白，即使是一個美好與善良的人，也可能在完全沒做錯事的情況下深陷困境。」[24] 他天生充滿好奇心，從不會輕易下判斷。這種懷疑主義態度不僅為他日後的科學家生涯扎下堅實基礎，也讓他在投入和平促進工作上展現無比耐心。

許多人每天活在過去的創傷陰影中，被預期性失望、憤世嫉俗和失落感所困。然而對布魯諾來說，痛苦反而成為一根天線，讓他能敏銳的接收到別人的苦難，進而培養出深厚的同理心。困境能夠激發人們的善意，這是古老而普遍的真理。研究顯示：在遭受攻擊後的幾週內，多數倖存者認為自己變得更有同理心；經歷戰火蹂躪的地區居民，比其他地方的居民更願意互助合作。在實驗室研究中也發現，遭遇更多苦難的人更有可能對陌生人伸出援手。[25]

為什麼有些人在遭遇痛苦時選擇自我封閉，有些人卻選擇敞開心胸？原因可能有很

多,但其中一項關鍵因素是社群支持。如同第一章提過的真野町,就是一個人際信任程度很高的小鎮,當地震來臨時,人們通力合作、共度難關;相較之下,御藏通的人際信任程度較低,災後的事態也變得分崩離析。遭逢逆境時,孤單的人往往變得更孤單,以往的創傷會凝結成預期性失望。然而,這時只要有人願意給予支持的力量(像布魯諾與母親之間那樣),就有機會撐過難關。26

二〇一九年,布魯諾頭上頂著一道明顯的手術疤痕,和同事談起他那對即將失去父親的孩子們,他說:「創傷對孩子的影響究竟是負面的破壞,或是正面的成長契機,完全取決於他們所處的環境。」他和妻子一直努力打造一個讓孩子在苦難中成長的家庭。當孩子們知道布魯諾的病況,兩人的反應各不相同:六歲的女兒克蕾拉聽聞這個噩耗,跑進放置床單的衣櫥上層,把自己關在裡面;四歲的兒子艾提克斯則開始問著一些關於死亡的話題,像是「家人會以怎樣的順序死去」,還有「如果我是全家最後一個活著的人,我該怎麼辦」等等。

面對孩子們的反應,布魯諾和史黛芬妮的回應方式就如同比爾那樣,展現出「不過度干涉的全心關注」。布魯諾拿出木板、釘子和鎚子,和克蕾拉一起在衣櫥裡搭建一個小世界,裡頭有樓梯、扶手、手電筒,和她最愛的玩偶。布魯諾寫道:「這裡原本是她逃避現

實的地方，現在則成為釋放壓力的避難所。」當艾提克斯問到：「如果爸爸死了，該怎麼辦？」史黛芬妮會邀請他一起討論，他們一起畫了一張地圖，規畫到時他們可以一起去哪些地方，以及如何紀念布魯諾。他們用心觀察兩個孩子的情緒狀態，並盡力陪伴他們。27

如果創傷會世代相傳，那麼布魯諾和史黛芬妮決定要把愛和力量也一起傳遞下去。

當然，並不是所有父母都能為孩子全心奉獻，也並不是所有孩子都能獲得這樣的關愛。即便如此，對於大多數人而言，早期的不安全依附並不代表日後的命運註定悲慘，即使是缺乏安全依附的人，仍然可以透過自我成長與建立新的人際關係，培養出「後天的安全依附」（earned attachment）。28 我們還是能夠重新打造信任和希望。29

對於曾深信「匿名者Q」陰謀論的受害者梅根來說，她的改變來自於她的伴侶湯瑪斯。在度過最初的震驚之後，湯瑪斯還是決定留在她身邊。湯瑪斯從不假裝接受陰謀論，而是堅定的陪伴梅根，告訴她：「我不相信你相信的東西，但我了解你的心，而且我愛你。」梅根的父親也一直與她保持聯繫，同時對她表達類似的開放態度。

許多人像湯瑪斯和哈洛那樣，努力嘗試與深信陰謀論的家人維繫關係，卻與他們漸行漸遠。但從梅根的例子可以看見，低谷也能成為人生的轉捩點，在愛與接納構築的安全網中，她開始重建對世界的信任。

067　第二章｜憤世嫉俗不會讓你更有智慧

用懷疑主義取代憤世嫉俗

擁有一個安全的避風港,不僅能改變人們的情緒感受,還能重塑他們的思考方式。懷疑主義看起來像是一種認知方式,智慧則似乎是一種個人美德,但這兩者其實都與人際互動密切相關。正如安思沃絲的嬰兒研究,當人感到安全時,才會對世界敞開心胸、保持好奇。

在眾多類似研究中,有一項研究格外引人注意!研究人員讓信仰宗教者閱讀無神論的論點,結果發現相較於不安全依附者,安全依附者對那些挑戰既有信念的訊息,能夠保持更為開放的態度。令人意外的是,當研究人員請參與者回憶童年時期感到安全、被關愛與接納的時刻,擁有美好回憶的人比起回想困難或什麼都想不起來的人,展現出更有彈性與開放的心態。30 正如科恩研究的核心價值觀理論所揭示,深刻的情感連結能夠創造一個心理空間,讓我們有餘裕去質疑自己僵化的信念。信任與善意的人際關係讓我們感到被理解、被包容,也因此更有勇氣放下防衛、擁抱改變。

正如憤世嫉俗具有人際傳染力,懷疑主義也是如此。即使彼此存在巨大分歧,只要其中一方展現開放態度,就有機會讓對方感到安全,進而採取更加開放的態度。31 湯瑪斯就

善意與信任 068

是用這種方式與梅根相處，他對梅根說：「我願意懷疑自己的想法，你也願意試著這樣做嗎？」他還跟梅根約定，每週撥出一小時，聽她分享從「匿名者Q」社群讀到的內容，並一起進行反思。梅根欣然接受這個提議，她深信自己能讓湯瑪斯徹底「覺醒」。然而，隨著更加深入的思考這些論述，梅根開始感覺事情變得不太一樣。從前的她總是迫不及待讀完這些文章，並跟社群同伴討論這些「真知灼見」，就像在參加一場「紅色藥丸讀書會」。而現在，當她會試著用湯瑪斯所抱持的懷疑心態來思考，她說：「這種心態讓我更有動力深入檢視這些論述，而不只是因為標題聳動就輕易相信。」[32]

梅根也開始質疑自己的憤世嫉俗。她總是質疑政治人物的動機，那麼，為什麼不以同樣的方式質疑「匿名者Q」？當她真的這麼做時，就發現陰謀論背後的邏輯根本不堪一擊。「匿名者Q」預言政治人物和好萊塢明星即將遭到逮捕，卻從未發生；關於兒童販運的討論很快就轉換風向到選舉舞弊、中共即將接管美國、即將爆發糧食危機等等，彷彿這個社群憑空就能變出新聞話題。梅根回憶道：「我太輕易相信那些錯誤且漏洞百出的訊息。我需要的是一些動機，幫助我看穿那些破綻。」終於，有一天，她發現自己再也無法相信社群的論述。她靜靜的退出社群，開始重建自己的生活。

我從青少年時期就開始憤世嫉俗，直到在紐約就讀研究所時，情況才開始改變。當

時新交往的女友蘭朵（現在是我結褵十二年的妻子），徹底顛覆我對人際關係的既有假設。她對我一直以來在眾人面前刻意展現的形象明顯不感興趣，反而喜歡我沒那麼風趣好笑的真實模樣。在我們交往幾週後，某天，我接到祖母過世的消息。當時我正在華盛頓特區，當下便決定趕回波士頓與家人團聚。於是我搭上巴士前往東北走廊（Northeast Corridor），蘭朵則提議與我在途中會合，於是我們在紐約賓州車站（Penn Station）一家二十四小時快餐店碰面。當她輕聲問起祖母的事，那一刻我幾乎就要崩潰，過去刻意隱藏的情緒全湧了上來。而她靜靜的陪著我，用溫柔而堅定的力量，給予我前所未有的平靜感。

當然，我的不安全依附並沒有立刻消失，在接下來的幾個月裡，我仍時常因焦慮而情緒不穩，幾乎就要把蘭朵嚇跑了。但我下定決心想改變自己，於是就像曼哈頓島上半數的人一樣，我開始接受心理治療。我的諮商師徹底探察我內心的焦慮，想知道為什麼我會堅信「當我不再有趣，人們就會離我而去」。她還要求我進行一項實驗：為自己的憤世信念辯護，就像我在為一項科學假設辯護那樣；她還鼓勵我盡量收集數據，例如：如果我放下防備心一次、兩次、或甚至是大多數時候都這麼做，會發生什麼事？

我和蘭朵的關係日益穩固，這樣的關係讓我擁有安全感，能繼續嘗試這個實驗，並逐

尋找社交智慧

懷疑主義和憤世嫉俗兩者不僅不同，前者甚至可以成為後者的解藥。

超過一個世紀以來，懷疑主義一直是認知行為療法（cognitive behavioral therapy，簡稱CBT）所運用的治療工具之一。認知行為諮商師會和個案一起進行「現實測試」（reality testing），挑戰他們習以為常的假設，就像我的諮商師所做的那樣，幫助個案學習

步用「抱持希望的懷疑主義」取代憤世嫉俗。奇怪的是，當我這麼做的時候，別人反而覺得我看起來更「冷靜且不苟言笑」。過去的我總是用一種「僵化的正向態度」取悅別人，朋友甚至幫我取了「笑臉哥」這個綽號（相信我，這絕不是讚美）。而現在，做真實的自己意味著要坦承我所有不喜歡的事、所有不信任的人，或是我所處的低潮狀態。

一開始，我感覺極度脆弱，但當我開始這麼做，我發現沒有人因此而遠離我。事實就擺在眼前，「笑臉哥」終於可以退役了。在蘭朵的幫助下，我開始重塑對世界的假設。根據最近我做的一項心理測驗顯示，我和父母之間的關係還是偏向不安全依附型，但我和蘭朵之間的親密關係以及整體的人際關係，已經趨向安全型依附型。

辨別並切實表達他們的內心所想。例如一個焦慮的人可能會深信朋友都很討厭他，這時諮商師會和個案合作，共同檢視這些負面信念的合理性，像是過去是否有人表示喜歡他？是否對他表示善意？是否有人主動邀約？你會發現在大部分情況下，現實生活的證據都與個案心中非黑即白的假設出現矛盾。

下一步是進行認知行為療法的「行為實驗」（behavioral experiments），讓個案像科學家那樣主動驗證自己的想法。例如，如果個案認為每個人都很討厭他，那麼實驗的內容可以是「試著邀約幾個朋友一同看電影」。如果真的沒有人答應邀約，這個信念或許有其根據；但如果朋友們欣然接受，那麼他原有的假設就必須被調整（就像梅根和我所做的那樣）。

憂鬱和焦慮往往會讓我們對自己產生負面假設，憤世嫉俗則是進一步把這種假設擴及他人與世界；兩者都會使我們痛苦並陷入僵局。所幸，透過培養更正面的思維方式，就可以打破這個迴圈。我們不需要強迫自己假裝樂觀或自欺欺人，或是告訴自己「只要撐下去就會海闊天空」。如果你和大多數人一樣，對他人總是抱持著負面的看法，那麼不妨學著像科學家一樣抱著希望去懷疑、去驗證，重新找回與世界連結的可能。

現在的我仍在努力實踐「抱持希望的懷疑主義」。過去的陰影還是會不時浮現在我的

善意與信任　072

腦海，引發突如其來的焦慮。我還是會因為害怕失去身邊的人，而避免顯露真實的自己（每當這個時候，「笑臉哥」就會悄悄上身）。但每到這樣的時刻，我會提醒自己：憤世嫉俗看似一種自我防衛，但它只能獲得一種暫時與人隔離的安全感，就像築起高牆，卻無法帶來真正的安全。因此，當焦慮的念頭來襲時，我會運用現實測試和行為實驗來挑戰這些信念。

幾年前，我們系上加入兩名新教授，某次我們一起喝了杯小酒。當他們問起我對學校的想法，我沒有擺出「笑臉哥」的面具，向他們宣揚本系是全世界最棒的工作，而是坦白的告訴他們，史丹佛大學可能會讓教師備感壓力，以及我經常覺得當初學校雇用我可能是個錯誤。我還清楚記得，說出真實想法後，接下來幾秒鐘空氣瞬間凝結，真是令人如坐針氈。但隨後，這兩位新同事露出如釋重負的神情，於是一場原本只是禮貌性寒暄的聚會，瞬間變成幾個小時的真誠對話。直到今天，雖然我們的關係已經從同事轉為朋友，但大家還是會定期聚會，互相吐吐苦水、彼此加油打氣。

漸漸的，我愈來愈懂得如何表達自己的疑慮、焦慮與挫折。令人意外的是，這樣的坦承反而幫助我減輕壓力，讓我更能夠與他人建立連結，而不再是為了取悅他人所演出的勵志戲碼。

用智慧取代憤世嫉俗,就像攀登一座情緒高山,這意味著我們要暫時放下一部分熟悉的安全感,邁向一個未知卻充滿各種可能的未來。而在某些地方、某些時代、某些文化,這條路勢必更加險峻崎嶇。

第三章 信任危機的社會根源

起初，安德烈‧萊布蘭（Andreas Leibbrandt）並不是想得到什麼重大發現，他只是需要一張去巴西的機票。當時他在蘇黎世大學（University of Zurich）修讀經濟學博士學位，女友是一名來自巴西的科學家，他想去拜訪女友家人。和大多數博士生一樣，他的手頭並不寬裕，負擔得起南美洲之旅的唯一辦法，就是到當地做研究。[1]

萊布蘭一直在研究組織對員工行為的影響。女友告訴他有個特別的研究場域，是位於巴西東北部的漁村。這是個能夠資助旅費的大好機會，他們立刻啟程前往。和多數西方人一樣，萊布蘭預期巴西文化應該熱情友善且充滿社群精神，然而，在湖邊漁村觀察到的情況讓他十分驚訝。他回憶道：「漁民都是以單打獨鬥的方式工作，每天凌晨三點出去撒網，然後整天都獨自待在小船上。」村莊小徑上到處都是垃圾，但大家似乎習以為常。漁

民們只有在爭奪最佳捕魚位置時，才會見到彼此。

這個湖是一個競爭激烈、孤獨冷漠的工作場所，這樣的工作環境，會對人們造成怎樣的影響？為了回答這個問題，萊布蘭需要找到另一個社區作為對照。他沿著湖水流入的河川一路往下游走，這條河在大約四十英里外入海，那裡座落著另一個漁村。兩個漁村聚落無論規模、收入、信仰都相差無幾，但在居民的性格卻截然不同。當萊布蘭抵達海邊漁村時，有幾十個村民從家中走出來歡迎他；當他準備離開找地方過夜時，有兩個男人堅持送他走過那條通往城鎮的十英里危險山路。

為什麼第二個漁村比第一個漁村更加友善？萊布蘭的研究發現，海上捕魚需要大型船隻和重型裝備，因此需要仰賴團隊合作。這裡的漁民必須合作才能維生，偶爾也有人被貪婪沖昏頭，選擇在洶湧波濤中獨自行動，有時就一去不復返。

萊布蘭還請兩個漁村的居民玩第一章提過的信任遊戲，在扮演投資人角色時，海邊漁村選擇匯出約四〇％的金額給另一名參與者；而湖邊漁村匯出的金額則低於三〇％。在扮演託人的角色時，海邊漁村將得到的錢半數返還給投資人，讓投資人能夠獲得回報；而湖邊漁村則返還不到三分之一，導致投資人蒙受虧損。[2]

重點在於，這兩個漁村的居民在一開始沒有什麼不同。在他們剛開始從事捕魚工作

時，兩地漁夫對他人的信任度相當，但隨著時間過去，工作環境逐漸改變了他們。一個人在湖邊工作愈久，猜疑心就愈強；在海上工作愈久，就變得愈開放和慷慨。在海邊漁村，人們學會彼此信任，事實證明他們是對的，因為大家在緊密互信的關係中獲得雙贏；在湖邊漁村，人們學會憤世嫉俗，事實證明他們也是對的，因為信任別人幾乎得不到回報。

如果你在沙漠裡種植一株蘭花，而它後來枯萎了，你不會診斷它患有「蘭花枯萎症」，而是會從周遭環境中尋找原因。[3] 心理學家往往將人視為孤立的個體，但事實上，人類是與周遭環境互動下的產物。巴西漁夫為了適應所處社會環境的需求，演變成不同的自我。已經有數十項研究證實，人們會受到環境所影響，因而變得更友善或更殘酷。[4]

雖然不信任的態度會在家族中傳承，但當中只有不到一半可用基因遺傳來解釋。[5] 換句話說，憤世嫉俗並非與生俱來，而是後天環境型塑的結果。現代生活中充斥著文化上的「既有病徵」，使得人們本能性傾向於不信任別人，或是只顧自身利益，我們顯然已經建立起一個規模空前的「湖邊漁村」。所幸，當我們了解造成信任危機的社會根源，就可以幫助我們得到逆轉情勢的線索，建立真正友善的「海邊漁村」，讓人際信任開始重新萌芽。

077　第三章｜信任危機的社會根源

不平等的鴻溝

一九八〇年，美國中產階級所擁有的資產總和，比全美最富有的1%人口還要多五〇%。[6]然而到了二〇二〇年，情況出現戲劇性逆轉：位居金字塔頂端1%富人所擁有的資產，已超過所有中產階級的資產總和。這個現象在其他國家還不是很明顯，但也開始出現類似趨勢，顯示財富有愈來愈集中在少數富人手中，可能導致數以百計的人陷入經濟困境，翻身機會更加渺茫。[7]研究指出，一九四〇年代出生的美國人擁有90%的機會能賺到比父母更多的錢，但到了一九八〇年代出生的這一代人，這個數字下降到50%。隨著大學學費調漲、房價飆漲，到了二〇二〇年，約有七〇%的美國人已經無法負擔父母那一代所能支付的教育及購屋成本。許多人甚至只要發生意外事故，就可能面臨破產危機。

信任能成為凝聚人心的力量，讓人們攜手合作，成為團隊、社區與國家的一分子。但貧富不均卻會消解這些連結。在貧富差異較大的地區或國家，人們較容易出現對立、敵意、壓力，變得孤立、崇尚物質主義[8]和容易猜忌。[9]然而這種現象並不是因為貧富不均的國家本身較窮所造成，例如二十世紀下半葉的美國儘管經濟蓬勃發展，但是社會信任度卻依然下滑。問題的根源在於，當多數資源掌握在少數人手中，社會便容易籠罩在一股憤

善意與信任　078

世嫉俗的氛圍之中。[10]

在一個憤世嫉俗的社會中，處在社會底層的人自然會質疑讓他們陷入困境的體制與文化，但諷刺的是，富人也往往不願意信任他人。原因之一是，貧富不均助長了零和心態，也就是認為人之所以成功，必然是建立在別人的失敗上。在這種心態下，即使是贏家也會感到焦慮不安，無時無刻擔心自己的優勢可能被奪走，因為很多人正虎視眈眈想搶奪這些資源。這麼一來，連原本可能成為合作夥伴的同事、鄰居和陌生人，都變成自己的競爭對手。

上層精英的權力濫用

第二次世界大戰結束後，東德共產黨政府設立國家安全機構「史塔西」（Stasi），由祕密警察負責監控人民並揪出異議分子。史塔西擁有龐大的情報網絡，你家樓下的肉販、酒友或遠房表親，任何人都可能是領著微薄薪酬的線人，只要你表現出一絲絲反叛的跡象，他們隨時準備舉報你。這個制度徹底摧毀人與人之間的信任，正如一名政治學家所言：

「光是知道有史塔西在私底下監視，就足以讓社會結構拆解成孤立的個體，除了權力核心

外，不再存在任何獨立討論的空間。」[11]

一九八九年柏林圍牆倒塌，史塔西組織也隨之瓦解，但它仍在社會大眾心中留下深遠的創傷。[12]即使到了今天，在曾被史塔西嚴密監控的德國城鎮中，居民的信任度、投票率，以及幫助陌生人的意願，都明顯低於受史塔西影響較小的城鎮。即使祕密警察已經消失，他們的幽靈依舊盤踞在人們心中，奪走一代又一代人內心的安寧。

值得慶幸的是，史塔西是政府濫權的極端案例。然而，全球民主的倒退程度卻逐年加劇。非政府組織自由之家（Freedom House）指出，過去十五年來，全球民主大開倒車。在二〇一九至二〇二〇年之間，全世界有四分之三的人生活在民主程度下降的政體之下。[13]在美國也不例外，許多州的公民權正逐步被削弱。一名政治學者不久前計算美國各州的「民主分數」（democracy score），檢視有哪些因素會增強或削弱選民行使投票權，例如是否允許選民線上登記投票，或是為了贏得選戰而不公正畫分選區等。結果發現，二十一世紀以來，許多州的民主分數持續下滑，尤其是共和黨立法者占據多數的州。[14]

當政府或企業掌權者濫用人民信任時，信任就會迅速消失。二〇二一年，英國媒體報導首相鮑里斯‧強森（Boris Johnson）封城期間在首相官邸舉辦私人派對（一般民眾甚至連親人葬禮都無法參與）。在「派對門」（Partygate）醜聞被揭露後，認為「政治人物只為

善意與信任　080

「自己打算」的英國民眾比例，從原本的五七％迅速增長到六六％。這個數字上一次增長九個百分點花了七年，再上一次甚至花了四十二年。[15]

想想十年前的自己，當時的你對於企業和政府的信任感是否已經開始動搖？如果是，那麼你早就是這股感到厭倦的龐大族群中的一員。這種不信任感並非無緣無故產生，畢竟我們身處在企業醜聞與騙局輪番上演的年代裡，共享辦公室 WeWork、新創公司 Teranos、加密貨幣交易所 FTX 等案例輪番上演，有時我們幾乎以為這世界上只剩下兩種人：詐騙者和被詐騙者。[16]

但這不表示憤世嫉俗可以為人們帶來好處。當精英濫權成為常態，人們假設別人都會傷害我們，一旦這種預期性失望心理開始擴散，有可能會使受害者再次受傷。尤其當這種情況發生在某些階級、種族或族群身上，更會加劇社會的不平等。

二○○四年，威斯康辛州密爾瓦基市發生一起事件，幾名警察在非值勤期間殘忍毆打一名手無寸鐵的黑人男子法蘭克·裘德（Frank Jude Jr.）。這起事件發生後隔年，緊急報案電話大幅減少，特別是在黑人社區。根據研究推測，當年約有兩萬兩千起緊急事件未被通報，顯示此事件對人們的影響。[17] 對密爾瓦基市的黑人來說，有充分理由不信任警察，但這份不信任，也讓他們在面對犯罪時更加孤立無援。

預期性失望的心理也可能加劇醫療落差。當第一批新冠疫苗推出時，有數百萬人拒絕施打。其中有些人是因為相信陰謀論，但在加州奧克蘭市（Oakland）一個聚集大批移民的果谷（Fruitvale）社區，居民不信任疫苗是出自其他原因。長久以來，黑人與棕色人種族群獲得的醫療資源遠遠不及白人，導致少數族群自然抱持「醫療制度不是為我們設計」的信念。[18] 不僅如此，果谷居民對政府同樣存有恐懼。疫情爆發前不久，美國總統呼籲要移民與海關執法局（Immigrant and Customs Enforcement）加強掃蕩非法移民，甚至公開譴責奧克蘭市長莉比·夏芙（Libby Schaaf）為無證移民提供庇護。許多移民因而擔心，預約疫苗接種會變成自投羅網，落入移民官設下的陷阱。[19]

二〇二一年八月，果谷社區的疫苗施打率只有六五％，而距該社區僅六英里的富裕社區皮蒙特（Piedmont），疫苗施打率卻超過八成。[20] 一項針對超過一千名果谷居民的研究顯示，拉美裔居民感染新冠肺炎的比例是白人的八倍！至於全國數據也顯示，疫情導致拉美裔居民的預期壽命減少三年，遠高於白人所受到的影響。[21] 果谷居民確實有理由不信任政府，但最終也讓他們為此付出代價。

善意與信任 082

網際網路：一個待價而沽的世界

精英階層的財富和腐敗或許讓人們更難信任彼此，但我們生活方式的轉變，也可能導致相似的結果。假設一位朋友請你幫個不算大、也不算小的忙，比如半夜去機場接機，你會期待他日後對你的善意有所回報嗎？如果他沒有這樣做，你會感到不滿嗎？如果你的答案為「是」，那麼你的人際交往模式可能傾向於「交換關係」（exchange relationship），會計算彼此的付出與回報；如果你的答案為「否」，那麼你可能傾向於「共享關係」（communal relationship），會為關係本身而主動付出、接受或分享。22

「交換關係」最常見於自由市場，我們願意付款，是因為相信之後能拿到商品；我們願意簽約，是因為相信對方會履行承諾，因為這樣做符合對方的利益。正如經濟學家查爾斯・舒爾茨（Charles Schultze）所言：「市場機制的安排……降低了人們對同情心、愛國主義、兄弟情誼、文化團結的需求。」舒爾茨的本意是在稱讚市場機制的優點，卻也無意間點出它的缺點：市場交易固然會促進人們展現善意，但難以辨別對方是否發自真誠。當銷售員跟你說：「這件衣服讓你的眼睛更有神！」他的話或許發自內心，但你很難指望他會在不適合時告訴你實情。

083　第三章｜信任危機的社會根源

市場經濟是由自身利益所驅動,並容易讓我們將一切行為都解釋成追求自利。[23] 我的研究團隊發現,人們往往於認為「為獲得經濟回報而行善的人」(例如為減稅而捐款給慈善機構)比「什麼都不做的人」更自私。交換關係在商業世界中無可厚非,但會讓人無法相信單純的利他行為。[24]

「共享關係」一直是人們逃離交換行為的避風港,在那裡,人們得以停止計較得失,單純的相互支持。若說金錢是「交換關係」中的蜜糖,那麼在「共享關係」中,它則如同毒藥。如果你付錢給約會對象,那就不再是單純的約會,而是伴遊;如果你收費為別人提供建議,那就不再是單純的建議,而是諮詢。[25] 大多數朋友之間都會避免涉及金錢交換,但問題在於:我們已經開始用計算金錢的方式,衡量生活中的一切。你從商店走回家的步數、冥想時間的長度,到最新一則社群發文按讚數,無不被計算、買進和賣出。

精神科醫師安娜‧蘭布克(Anna Lembke)指出:「每當我們量化某件事,或賦予它一個數字時,就會增加成癮的風險。」[26] 數字一直在商業活動中扮演重要角色,但如今,它已經入侵我們的健康、自我認同與人際連結。這種現象被稱為「市場滲透」(market creep),不僅會改變我們追求的目標,更悄悄改變我們追求目標的方式,讓我們追逐數字而非實際體驗。量化當然有其優點,但同時會帶來全新的焦慮,尤其是無法達到標準的恐

懼。一份來自失眠診所的報告指出，如今人們到診所求助並非因為睡眠問題導致疲倦，而是因為智慧手錶顯示睡眠品質未達標準。[27]

市場化思維進一步改變我們跟自己的關係，以及我們看待別人的方式。蘿根・藍恩（Logan Lane）是紐約市布魯克林區艾德華莫羅高中（Edward R. Murrow High School）的學生，社群媒體時常讓她感到窒息。藍恩每天搭地鐵上學時，總會遇見幾十名不同年級的同校生。她回憶道：「那裡彷彿是個伸展台……展示著社群媒體與真實世界之間的碰撞。」[28]學生們一邊打量其他人，一邊緊盯著手機螢幕，有時滑到的貼文發文者，就離自己不過幾步之遙。

藍恩很早就開始使用社群媒體，她在六年級時拿到第一支手機後，就註冊 Instagram 帳號，不時會在上面分享一些搞笑的自拍照，以及自己的繪畫和編織作品。她打造的網路人設是一個古怪又愛冷嘲熱諷的人，雖然使用社群媒體，但又不把它當一回事。不過，真實世界的藍恩可不是這樣，她經常滑手機滑到睡著，認為「只要拍到一張好看的照片，就一定要發布」，也會密切關注別人對每則貼文的反應。

線上和線下生活之間的衝突多半只是小事一樁，但有些衝突卻會造成真正的傷害。當人們不斷記錄自己和他人的生活，任何人都可能變成臥底記者，也可能隨時成為別人的

085　第三章｜信任危機的社會根源

話題焦點。在這樣的背景下,分辨什麼是真的變得愈來愈困難,而懷疑別人只是在作秀卻變得愈來愈容易。疫情爆發後,學校改成線上教學,藍恩更將大把時間花在社群媒體上。一旦覺得自己的形象在別人心目中可能變差,就會貶抑自我價值,她說:「我不斷在社群上看到長得更漂亮、更有藝術天分的人,我也想變成那樣。我為自己不是那個『理想中的我』感到萬分羞愧。」

社群媒體影響人們的生活將要邁向第三個十年。以臉書(Facebook)為例,它在二〇〇四年於哈佛大學成立,兩年間迅速擴展至數千所大學,並於二〇〇六年公開上線。近來有研究者檢視臉書進入校園後對大學的影響,發現大學生使用臉書後幾個月內,出現更頻繁的憂鬱、焦慮、疲憊和飲食失調;他們更常求助於心理諮商,也增加服用精神科藥物的次數。29

導致這種情況的罪魁禍首之一是社會比較(social comparison)。使用臉書後,學生看到同儕在開派對、度假,彷彿每個人都在享受人生。社群媒體展示出人們生活中的精采片段,使得使用者拿來與自己比較,結果對工作、家庭、人際關係和身體形象感到不滿。不僅如此,許多社群媒體還將人際關係數據化,透過計算按讚數、分享數、轉推數,讓比較和競爭變得無所不在,與他人進行深度交流卻變得更為困難。

在二○一○年代初期，曾被譽為「地球村再創造」的社群平台，如今卻轉變成披著社群外衣的市場集散地，無時無刻鼓動一種交易式的友誼關係。二○一八年《紐約時報》(New York Times)一篇專欄提供一則小測驗，幫助讀者評估身邊朋友的「實用價值」，鼓勵讀者「找出得分最高的朋友」。30 這麼做，根本就是在把人際關係「市場化」！

如果說市場化思維已經悄悄滲入人際交誼圈，那麼它在愛情關係裡，簡直有如摧枯拉朽般橫掃而來。在二十一世紀初，透過網路交友的伴侶只占五％，然而到了二○一七年，這個比例已經上升到將近四成，遠遠領先其他交友方式。31 人們抱著熱切的心情，手指一滑便打開友誼的橋梁，這本身沒有問題，但像是 Tinder 之類的交友應用程式，彈指之間就能送上源源不絕的潛在約會對象，這有可能改變大腦看待吸引力的方式；Tinder 應用程式的設計本質，是用賭場裡吃角子老虎機的概念來建構。32 愛情或許是種遊戲，但在網路上，它更像一個賭局，每個人都在計算賠率和押注籌碼。或許你只跟身高超過一百八、蓄著鬍鬚，不擔心自己職業生涯的男性約會，但是到底要多高、毛髮多濃密、事業多成功才算是「理想情人」？當人選紛至沓來，使用者像在購物似的挑選、衡量各個追求者的數據，33 彷彿是買電視機要先比較一般。久而久之，人們可能也開始用同樣的方式看待並調整自己的生活，來迎合這種數據化的選擇機制。

087　第三章｜信任危機的社會根源

將信任變成預設模式

歷史不是科學實驗，我們無法像排骨牌那樣重複試驗一千次，用不同的排法來避免骨牌倒下。科學家無法確切得知為何社會信任度在過去半個世紀急劇下降，但我們確切發現，社會不平等、精英濫權和整體社會的憤世嫉俗趨勢存在連動關係，而且三者仍在持續上升。

這一切並非意味著我們只能懷念從前那段美好時光。幾個世紀以來，嬰兒死亡率、饑荒與暴力事件死亡人數已明顯減少，即使世上仍然存在壓迫和不公平，但相較於幾十年前，許多邊緣族群的遭遇已經獲得大幅改善。哈佛大學心理學家史蒂芬・平克（Steven Pinker）便指出，從各項指標來看，現在是人類歷史上最好的年代，我們應該懷著感恩的

如今，數十億人生活在由矽谷科技巨頭用數據堆砌起來的夢想之中。我們總是被鼓勵優化生活各個面向，卻沒有人警告我們，這些海量數據可能會扭曲我們的人際關係。同時，這些數據也為地球上的頂尖企業和富豪們，創造出一般人難以想像的龐大財富。或許應該這麼說，我們已經成為歷史上最有利可圖的商品之一。

心，看待前人所帶來的進步。[34]

平克或許說得沒錯，但對於身處二十一世紀的我們來說，實在很難把自己的生活跟青銅時代的人相比，畢竟此時此刻的我們，觸目所及盡是各種真實且令人不安的趨勢。因此，若說人們（包括你和我）忘記對過去抱持感恩，而是對現實世界感到惶惶不安，這也讓人不難理解。

當社會不平等、精英濫權與市場化全面影響人們的生活，將會把所有人類全都困在一個相互競爭的湖邊小鎮（就像萊布蘭研究的那個彼此激烈競爭的小漁村），這對人們的心理狀態造成什麼影響？法國社會學大師艾彌爾・涂爾幹（Émile Durkheim）曾指出，當社會價值觀和期望面臨崩壞時，會出現一種「失範」（anomie）狀態。這種狀態與內心的期望失落感不同，而是一種對社會失去信任的無望感。當我們生活在一個愈來愈功利、不公平、自私自利的世界裡，內心所懷抱的希望也逐漸磨蝕殆盡。正如前文提到的貧富不均、精英濫權與萬事萬物市場化，都會加劇個人的失範感受。[35]

所幸，我們不只是被動受到文化的影響，我們還能積極創造文化。改變整個社會文化或許讓人覺得是遙不可及的事，但我們每個人都可以試著在自己所屬的小型社交生態圈（例如學校、家庭、社區）中著手，建立以信任為基礎的「海邊漁村」。

打造信任的學校文化

一九七五年，布魯諾的父親比爾騎著腳踏車，帶著小布魯諾在門洛公園（Menlo Park）的山丘上馳騁時，發現有個劇組在拍攝迪士尼的科幻電影《巫山大逃亡》（*Escape to Witch Mountain*）。他們走近一看，才發現拍攝地點是半島學校（Peninsula School）。當他們漫步在這個樹林茂密、荒野氣息濃厚的校園中，比爾立刻感受到，這裡是適合兒子學習與成長的理想環境。只是，他實在負擔不起昂貴的學費，直到得知學校為教職員子女提供獎學金時，他的眼睛馬上亮了起來。後來，比爾和布魯諾展開每天五英里的通勤生活，週一到週五，布魯諾在學校上課，到了週末，父子倆一起到學校當清潔工。36

相較於加州自由開放的學習風氣，半島學校絲毫不遜色。學校主建築是一棟帶有十九世紀義大利建築風格的宅邸，原先潔白的外牆歷經歲月的洗禮，如今轉為沉靜柔和的米白色。正門上方的三角山牆和環繞式門廊上雕刻著藤蔓和花卉圖案，讓人一踏進來便有一種回家的感覺，而它也確實像是學生的第二個家。學校大多數課程是在座落於古老樹林間的獨棟小屋中進行，在布魯諾就讀的年代，學生們還會為自己心儀的樹命名並攀爬上去。有時他會和同學一起爬上那棵三層樓高、名為「平頂」的雪松樹，坐在寬大的樹枝上吃午餐，

遠眺整個海灣的壯麗美景。

四十年後，我為了尋找布魯諾的童年線索來到半島學校。第一次到訪時，我看到至少四個孩子光著腳丫奔跑，後來我才知道，學校裡只有一半的學生會穿著鞋子。顯然，布魯諾的怪癖在這裡顯得相當自然。每逢一月雨季，每座建築物之間留下大片水坑，這讓學生突發奇想，用水桶做成小船在水中划行。

這種令人混亂卻又不失友善的氛圍，其實是學校刻意營造的文化。半島學校採取混齡教學，鼓勵學生彼此合作，並從小培養領導能力。正如一名教師所言：「說話的人，通常才是有學到東西的人。」成績的重要性被刻意淡化，以減少零和思維。在布魯諾就讀半島學校時期，孩子們會在操場上自行發明遊戲，像是「芭蕾舞者抓鬼」和「四分制足球」。他回憶道：「這些遊戲強調高度的合作和創意，不太重視競爭和規則。」[37]

半島學校延續了比爾對兒子的教養理念，在小布魯諾心中播下珍貴的種子，鼓勵他勇敢成為自己想要成為的人。在學校裡，他培養出冒險精神和對大自然的熱愛，據說同學都叫他「猴子」，因為他能迅速爬上樹頂。老師則是透過讓學生自行做選擇，協助他們培養自立能力。研究也支持這樣的教學理念，當成人（尤其是父母）願意信任孩子，孩子更有可能信任朋友，在學校會感到較少的壓力，並願意爭取更好的表現。[38]

091　第三章｜信任危機的社會根源

布魯諾的母親偶爾會出現在校園裡，試圖尋找兒子。布魯諾的妻子史黛芬妮回憶道：

「想像一下，一名無家可歸、衣衫不整、患有精神疾病的女人，在大白天闖進校園，想和那個監護權並不屬於她的兒子說說話，這想必會在校園引起軒然大波。學校的處理方式很可能會讓孩子為母親感到羞愧，不只阻礙母子之間的感情，甚至會對孩子造成創傷。」

然而，半島學校的老師們卻選擇張開雙手，真誠的歡迎琳達，並為她和布魯諾創造一個可以共處的空間。是的，逆境可能會讓人墜入深淵，但也可能激發人成長，關鍵在於是否有人願意在重要時刻給予支持。對布魯諾來說，這些支持主要來自比爾和琳達，而半島學校則將這份安全感擴展至整個校園。在半島學校，學生們就像一個大家庭，也真的像手足一樣會打架。布魯諾記得一年級時，教室之間的大沙坑是孩子們的戰場，有一次，大家為了爭執誰做的沙堡該被推倒而僵持不下。無論是生活中的小爭端或是各種大小衝突，老師們始終相信學生有能力自行調解衝突。而布魯諾往往會擔任調解者的角色（就像長大後的他一樣），帶領大家一同達成共識。

一九五〇年代的半島學校老師和家長完成一件別具意義的事，他們在校園裡最大的橡樹上，搭建一座精緻的樹屋。要爬上這棵樹並不容易（我試過一次，但很快就放棄了），許多孩子將此視為一種成長儀式。三十年後，布魯諾也在自家後院蓋了一座類似的樹屋。

布魯諾離世後，學校特別在橡樹樹屋下方加裝一張繩網來紀念他。這張繩網不僅鼓勵孩子勇敢攀爬，也在他們攀爬中腳不小心打滑時，穩穩的接住他們。

在半島學校求學的經驗，顯然對布魯諾的一生造成深遠的影響。他的「人生預設模式」就是與人共享：他總是慷慨的為人們投注時間、精力和關懷，而且從不求回報。他接住那些跌倒的人，因為他知道，他們也會為他做同樣的事。

這種精神也體現在布魯諾致力於促進和平的理想與實踐方式上。相信許多科學家都是帶著探究真相的崇高使命踏進這個行業，但隨著職涯的推進，現實壓力使得人們忘卻初衷。科學界的學術環境向來不公平，無數研究者為了爭取夢寐以求的終身教職而犧牲一切，但真正達成目標的人卻寥寥可數，而且成功往往與運氣有關（包括我自己）。這種競爭文化導致的結果是，許多懷抱理想的研究者紛紛住進知識分子界的「湖邊小鎮」，相信成功是透過比較得來：朋友或同事若是勝出，就意味著你的機會變少了。

割喉的競爭文化不僅讓許多人承受龐大的壓力，對科學發展本身更是弊多於利，它助長研究者囤積資訊、誇大研究成果。相較之下，布魯諾從創建「和平與衝突神經科學實驗室」時，就決定走一條不一樣的路，打造一個像是「書呆子同樂會」的團隊。他鼓勵學生分享想法和榮譽，團隊成員的目標不是成為研究領域中的唯一權威，而是在建造知

093　第三章｜信任危機的社會根源

識大樓的共同目標上，貢獻屬於自己的一磚一瓦。實驗室的早期成員莎曼珊・沐爾柏格（Samantha Moore-Berg）說：「這裡的氛圍令人耳目一新！科學界不必相互競爭，你也不需要承擔知道所有答案的壓力。」

這種做法或許會讓布魯諾錯失一些獎項或榮譽，但卻讓他身邊的人看到一條截然不同的研究之路。布魯諾過世後，賓州大學設置「艾米爾・布魯諾和平與衝突紀念研究計畫」，由沐爾柏格擔任研究員。她表示：「布魯諾的願景現在成為我的願景。我一開始思考的是：『我們如何利用科學做好事、發揮影響力？』但現在，每當我感到一絲猶疑時，我會問自己：『布魯諾會怎麼做？』」

海邊漁村生活指南

布魯諾很幸運，打從兒提時代起就能置身在一個「海邊漁村」。長大後的他，也創建出重視互信互助文化的團隊。我們能否以他為榜樣，創建出屬於我們共同的「海邊漁村」呢？以下是幾個建議：

一、停止計算

雖然市場化思維鼓勵人們在生活中不斷計算和競爭，但許多幸福感研究早已明確顯示：如果人類真的想要茁壯成長，需要追求的是那些單純為自己而追求、無法量化的體驗。[39]這些體驗就像我們的嗜好，雖然可能不具實際功能，卻能為我們帶來深刻的滿足。

在這個由市場化思維主導的世界裡，我們必須有意識地改變原本習慣的人際連結方式，學著「停止計算」。

例如參與一個班級報告、共乘計畫或產品開發團隊時，你當然會重視公平，但對於你深愛的人，請務必按捺住內心那股「計分」的衝動。請記得時不時撕掉你心中的帳本，尤其是在幫助別人時，動機比行動本身更關鍵。雖然施予善意是最快、最有效提升幸福感的方法，但若出於交換的心態，效果便大打折扣。我的實驗室發現，當人們因同情心而幫助朋友，他們整天都會變得更快樂、感受到的壓力也愈少。[40]

當你幫忙別人時，自然會衡量自己付出的時間、汗水、注意力等是否值得。但更好的做法是思考：我為了什麼而付出？是為了滿足所愛之人的需求，或是基於你對他們的愛與關懷，或是你想為世界帶來一些正向影響。奉獻是對抗「不停計算」的最好解方，憤世嫉俗則很難觸及人性中美好的一面。

在某些情境下，停止計算相對來說比較容易，例如在靜坐冥想和陷入初戀的時候，但在其他情況下，則幾乎不可能做到。就像之前提到的藍恩，二〇二一年陷在Instagram的量化社交世界中，藉由演算法，她知道誰喜歡或不喜歡她。但當她發現這對她的身心造成傷害時，做出一個多數美國青少年都無法想像的選擇：決定退出社群媒體，停用帳號，甚至把iPhone換成一支傳統型的折疊式手機。

起初，巨大的寂寞吞噬了藍恩，同學們紛紛抱怨她「好像從地球表面消失了」，彷彿一旦退出社群，自己便不存在於這世上一樣。但有些意想不到的事也同時發生：藍恩開始早起，創作更多藝術作品；從前在線上和她互動的朋友，如今不再聯繫她，這讓她開始思考：這些人真的算是她的朋友嗎？但有些人還是會透過電腦版FaceTime與她保持聯絡，或直接打電話給她（雖然有時會讓人有點不知所措）。藍恩發現自己建立起一種不同於以往的人際關係，這種互動緩慢卻真誠，不會留下任何公開紀錄，不需要藉由按讚認可，也更值得信任。最重要的是，這些主動願意和她進行線下互動的朋友，是真心想跟她做朋友。

在一場戶外音樂會上，藍恩遇見另一個也拿摺疊手機的高中生。這個小小的相遇激發出藍恩創辦「盧德俱樂部」（Luddite Club）*的想法。這個俱樂部是由一群誓言拒

善意與信任　096

絕社交軟體的高中生所組成，成員約有六至二十五人。他們每週在布魯克林的展望公園（Prospect Park）一起閱讀、聊天或只是靜靜的什麼也不做。在這裡，他們得以逃離數位科技無所不在的監控，不再被按讚數或演算法影響，自由且真誠的互動。

我很欽佩藍恩創辦的盧德俱樂部，也對這群年輕人的自發作為感到自愧弗如，因為我從藍恩還在念幼兒園時，就已經沉迷於滑手機，也習慣這種市場化的思維方式。這個讓我上癮的「毒品」是「推特」（Twitter）。我於二○○九年開設帳號，當時的理由是這個平台可以讓我學習和分享。但事實上，我的動態牆上盡是一些無趣至極的推文，充斥著學者們的自我行銷或互相攻擊，或是人們藉由各種題材來發洩厭世情緒，當然還有對突發新聞的評論。我自己也是，每當我發表一則新貼文後，便會不停查看別人的回應，有時還會偷偷刪除沒人回應的貼文。

受到藍恩的啟發，我決定停用推特帳號兩週。當我好不容易按下那個意外難找的停用按鍵後，我竟然會擔心帳號會不會被永久刪除。確定帳號安全無虞後，一些變化便慢慢浮現：每當我感覺無聊，就會不由自主打開瀏覽器，輸入「Tw……」，就像有人在週六早晨

＊ 譯注：Luddite 原意為盧德主義者，是指十九世紀英國民間對抗工業革命、反對使用新技術的社會運動者。

無意識把車開往辦公室。我看待新聞的方式也變得有些不同。有個俄羅斯寡頭疑似遭政府暗殺、美國總統候選人進行辯論……我心想：「大家對這些事有何看法？」但我很快意識到，我可能永遠不會知道，因為等我下次登入推特時，這批新聞早已退燒。

話說回來，我本來就不會真正知道「所有人」在想什麼。不只如此，我的動態牆上看似充滿各種真知灼見，但實際上都是相同的幾百個人在大聲嚷嚷。上頭還有「只有推特才有的新聞」，每週輪番上演的網路論戰、網暴對象，以及只有特定圈內人才看得懂的迷因……即使我沒有參與，這一切仍舊會繼續上演。但這些故事到底為我的生活帶來什麼幫助？心理學家之間的內鬨削弱我的工作熱情，政客間的彼此攻訐讓我失去對政府的信任，推特把我從一場危機推向另一場危機，如同海洋廢棄物般隨波逐流。

離線後的我則重新掌握注意力的主導權，我與他人的互動方式也意外出現改變：在我進行「網路斷食」期間，史丹佛大學任命了新教務長。對此，我沒有發文評論或上網觀察意見風向，而是用簡訊和幾個同事進行討論；那是一場安靜且真誠的交流，我相信他們分享的是內心真正的想法，比我在網路上看到的留言更加真實。一位朋友發行新專輯，他應該有在推特上發布相關訊息，如果是以前，我會在線上留言恭喜他，但現在，我親自打電話給他道賀。他在電話中告訴我製作過程的酸甜苦辣，我也表達我對他的真摯祝福。如果

善意與信任　098

我像以前那樣單純透過螢幕觀看他的生活,這樣深刻的交流將永遠不會發生。

兩週很快就過去,當我再次登入推特時,那種感覺就像一邊吃甜膩的海綿蛋糕,一邊抽了半包香菸。我並沒有感受到糖分和尼古丁在體內流淌的刺激,而是感覺滿腦子被塞滿熟悉的爭吵、人物和無聊事件。大部分的資訊都讓我感到厭煩,那種感覺就像在家族聚會中,突然看見你早就遺忘的嘮叨舅舅。我終於意識到,不去追蹤推文串有多麼美好!過去我有「錯過恐懼」(Fear of missing out,簡稱FOMO),如今卻轉變成一種清靜的自在。

關於這種感覺,我並不孤單。二〇一八年,研究人員找來近三千名參與者停用臉書帳號四週,結果發現經過「數位斷捨離」,人們的憂鬱程度平均降低二五%到四〇%,效果堪比接受心理治療。[41]

現在,我還是會登入推特發表推文,或花幾分鐘看看別人的近況,但它對我的影響已經遠不如從前。我努力從線上生活回歸線下世界,並且用真實的人際關係取代網路社交。我發現當我選擇發私訊而不是潛水或按讚,用打電話的方式而不是靠滑手機來維繫關係,這種一對一的互動更能清楚溝通彼此的想法,並平息網路世界無盡的喧囂。

099　第三章│信任危機的社會根源

二、放慢腳步一起玩

近來有一項針對紐約市近兩千名父母的調查，詢問他們希望自己的孩子相信這個世界是什麼樣子。結果有三分之一的父母認為，若孩子把世界視為彼此競爭、而非彼此合作的地方，他們更可能出人頭地；而超過半數的父母則認為，把世界視為危險的地方，對孩子較有助益。[42] 在另一組訪談中，有七成的父母表示，他們鼓勵孩子不要相信陌生人。其中一位母親儘管基本上相信他人，但仍然表示：「這聽起來有點瘋狂，但我們必須教導孩子不要幫助別人⋯⋯所以很遺憾的，我教給女兒的第一件事，就是要提高警覺，只能跟認識的人講話。」[43]

父母透過「讓孩子感到世界不安全」來保護孩子的策略，效果實在驚人！在二〇一二年，僅有一八％的美國高三生認為大部分人是可以信任的，這顯示Z世代是有史以來最缺乏信任感的世代。[44] 信任赤字之所以成長，可能是因為人們變得愈來愈憤世嫉俗，或者是因為老一輩的人逐漸凋零，而年輕人很早就學會憤世嫉俗。

憤世嫉俗的思維方式可能對孩子造成深遠的傷害。心理學家傑・克理夫頓（Jer Clifton）研究人們對於世界抱持的「原初信念」（primal beliefs），但令人驚訝的是，這些信念跟個人成長環境的關聯性很低⋯家境富裕的孩子不一定認為世界是豐衣足食的，經

善意與信任　100

歷創傷的人也未必認為世界比較危險。當然，我們的世界既安全也危險，人們既會相互合作，也會相互競爭，與其爭論誰才是對的，不如思考：我們的信念是如何塑造我們的人生？在一項囊括四十八種不同職業、共五千名受訪者的研究中，克理夫頓發現，相對於認為世界是安全且人人互相合作的人，認為世界是危險且人人會彼此競爭的人，職涯發展較不順遂，生活滿意度也較低。

記得我初次造訪半島學校時，因為時間還很早，於是開始四處閒逛，猜想應該有人會對我投入懷疑的目光：「奇怪，怎麼會有個中年男子在雪松樹林裡走來走去？」但事實正好相反，學校裡的孩子和大人都對我揮手微笑，一名學校工作人員甚至在還不知道我是誰的情況下，就邀請我進入辦公室。幾分鐘後，我已經和學校主任聊了起來。或許有人會認為，這所學校實在天真得無可救藥，但我反倒開始思考：為什麼我們要教孩子對一切感到失望？這樣也許能保護孩子們免於受傷，但更有可能限制他們探索世界，並削弱對於他人的信任感。

半島學校所做的就是堅定的對抗這種世界觀，我們也可以這麼做。當你在領導團隊或是養育孩子時，就是在為他創造一個好的環境。最近，我開始認真檢視我的教養方式。我和女兒們會一起閱讀，討論多數人是善良的。但她們也會聽到我和太太抱怨有些政治人物

101　第三章│信任危機的社會根源

和企業的卑劣行為。有時在開車上學的路上，她們也看過有些駕駛超車搶道的危險行為。

前一陣子，我開始與孩子一起「品味生活」（savoring），這是一種覺察與欣賞生活中美好事物的練習。[45]我們的「課程」包括：吃冰淇淋、看日落，還有放風箏。我們不再狼吞虎嚥的吃掉椰子冰淇淋，而是用心享受這個過程，讓這些時光成為日後回味無窮的體驗。這是我在拜訪半島學校後的啟發，我意識到過去從未陪著孩子學習放慢腳步，欣賞人們的良善日常。

現在，當我在孩子面前抱怨別人時，我會同時指出，有些人會為社會做出貢獻。例如在抱怨某個城市的公園很髒亂後，我會立刻補充說明：「但有許多人願意加入志工幫忙清理。」上週我開車行經一條壅塞的街道，被一輛工程車堵住，直到有個好心的駕駛願意停下來，讓我得以切換車道。平常，像這種陌生人的小小善意，總是在忙碌的上班上學行程中一閃而過，但這一次，我特地向女兒們解釋，一個陌生人是如何放慢腳步、互相幫助。這些事件或許看起來微不足道（事實上也可能真是如此），但孩子們就像敏銳的小小科學家，大人的語言會影響他們看待世界的方式。為了給孩子們做「平衡報導」，我開始留意到不同的事物，並發現找出友善或願意合作的陌生人，其實一點也不難。改變一下說話的習慣，就會改變思維的習慣。

善意與信任　102

三、從信任身邊的人做起

在像半島學校的團體裡，人與人之間比較容易建立連結和信任。一項涵蓋二十一國、共兩萬五千人的研究發現，僅有三成的人認為「多數人」可以信任，但有高達六成五的人認為「社區或鄰里的人」是值得信任的。這項差異在憤世嫉俗興盛的國家最為顯著。例如在菲律賓，只有六％的人信任陌生人，但有超過一半以上的人信任自己的鄰居。[46]

如果有個洞可以穿透憤世嫉俗，那個洞的名字叫「社區」，它為人們創造正向改變的機會。在疫情期間，奧克蘭的果谷社區有一家非營利組織就是這麼做的。過去五十年來，合一促進會（Unity Council）一直致力於社區服務，特別是幫助貧困的居民，也協助建造並維護平價住宅社區、學校、醫療照護設施、長青中心的運作。合一促進會的辦公室大多坐落在市區主要街道，當孩子上學時，他們的祖父母就會到附近的促進會玩西洋棋和上健身舞蹈課。促進會執行長克里斯·易格拉斯（Chris Iglesias）說：「雖然很多人都不知道我們在做什麼，但他們信任我們。」

在日本，社區關係緊密的真野町居民曾一同團結滅火，而在果谷社區，合一促進會則運用長期耕耘的社區關係，協助居民對抗新冠疫情。促進會和加州大學舊金山分校、當地組織拉札診所（Clínica de la Raza）共同合作，訓練一批大學生成為「疫苗大使」，他們學

習新冠肺炎相關知識，帶著iPad平板走遍大街小巷，主動接觸行人和商家，提供資訊並協助預約接種。

根據合一促進會估計，這個活動在二〇二一年幫助一萬五千人施打疫苗。[47] 果谷社區得以快速變得安全，是因為人們信任那些他們早已信任的人。我們也能用同樣的方式，對抗全球蔓延的憤世嫉俗。研究發現，當保守派選民看到共和黨政治人物鼓勵人民施打新冠疫苗，並願意支持二〇二〇總統大選的結果時，他們對於接種疫苗的態度就會變得更加開放，對於選舉也變得更有信心。

我們每天都在電視和手機裡讀到各種貪腐、不平等、犯罪的新聞，但是平日當我們走進雜貨店、學校或是朋友身邊，他們身上往往具有更多善意與信任。如果我們能把焦點擺對位置，就能夠建立一個彼此信任、洋溢溫情的社群，打造屬於我們自己的「海邊漁村」，一個可以隨時間逐漸擴展的世界。[48]

善意與信任　104

第四章 他人非地獄

請先別查詢資料，猜猜以下問題的答案：

一、二〇〇九年，《多倫多星報》（*Toronto Star*）進行一項社會實驗。報社員工在多倫多市各處放置二十個錢包，每個錢包都裝有錢和一張名片，這表示拾獲錢包的人一定有辦法聯繫失主。請問，最後有多少錢包被送還？[1]

二、與疫情爆發前（二〇一七至二〇一九年）相比，在疫情期間（二〇二〇至二〇二三年），你認為人們從事志願服務、慈善捐款、幫助陌生人的比例是增加、減少或維持不變？

在揭曉答案之前，我們先思考一下為何要討論這些問題。幾千年來，人們共享食物、住所及互相庇護。互助合作使人類這個物種得以延續，但同時也讓我們容易受到欺騙者的

105　第四章｜他人非地獄

傷害，這些人從群體中獲取好處，卻從不回饋。

在動物國度裡，許多美麗的裝飾其實是防禦的盔甲，白鼬冬季時變白的毛皮、毒蛙身上鮮豔的色彩、劍羚的彎角，都能避免自己成為掠食者的大餐。對人類來說，最常見的掠食者是其他人，所以我們逐漸演化出犰狳般的心理硬殼，這又稱為「欺騙者偵測機制」。[2] 我們天生就會尋找欺騙與惡行的跡象，這是很好的防衛本能，但當我們過度運用這種機制，就可能帶來一些害處。例如當我們無時無刻提防欺騙者，可能會導致高估這些人的數量，同時忽略人性的良善面，心理學家將這種現象稱為「負面偏誤」（negativity bias）。

現在，回到本章開頭的小測驗，我們一起從測驗結果，了解你的負面偏誤程度：

一、在多倫多，二十個錢包中有十六個（八〇％）被人送還。在後續一項以四十個國家為研究對象的大型研究中，研究人員「遺失」的一萬七千個錢包中，大多數都被送還；幾個國家的送還率甚至達到八〇％。

二、《世界幸福報告》（World Happiness Report）是針對人們生活經驗和行為所進行的全球性調查。在二〇二三年度報告中指出，人們從事志願服務、慈善捐款及幫助陌生人的比例，全都在疫情期間大幅提升。儘管疫情為社會帶來極大苦難，卻同時彰顯人類的善意，擁有巨大潛力。[3]

善意與信任　106

你是否同樣低估人們的善意？如果是的話，你並不孤單。即使是被認為是很有禮貌的加拿大人，也被猜測只有約二五％的多倫多居民會送還錢包。我在二〇二三年對一千名美國人進行的調查中詢問人們：「你認為疫情對全球人們的善意行動有何影響？」結果大多數人認為善意行動應該會減少，只有四分之一的人注意到疫情期間席捲全球的大量善行。[4] 這類誤判在生活中隨處可見，研究發現，人們經常低估他人慈善、可信任和富有同情心的程度。[5] 換句話說，助人者無處不在，只是我們視而不見。

這些誤判反映出的是大腦運作的方式，就像負面偏誤意味著我們對壞事的關注多過於好事。請容我再次強調，從演化的角度來看，這種思維方式其來有自，畢竟你能忽視夕陽有多美，但你不能忽視海嘯有多大。正如心理學家佛瑞德‧布萊恩（Fred Bryant）所說：「麻煩會踢開門，主動找上我們⋯⋯快樂和喜悅卻不會主動來敲門，強迫我們好好享受。它們總是在等待，有時甚至會躲起來。」[6]

但負面偏誤會影響我們體驗世界和與人互動的方式。人們往往會更容易留意那些看似不可信任的臉孔，而不是看似可信任的臉孔；對於可疑的人也會比看似無害的人印象深刻。當人們讀到某人既做過好事、也做過壞事時，往往會直接判定他是個不道德的人，彷彿一個人做過最壞的事，才是其品格的最佳寫照。[7]

107 | 第四章｜他人非地獄

如果我們總是把他人看做普遍比實際更糟,便會很容易認為人類的品格表現一代不如一代。不久前,一群心理學家回顧七十年來涵蓋五十九個國家、近六十萬人的道德觀(例如善意、合作和公平的程度)調查,結果超過八〇%的受訪者展現出驚人的負面偏誤,認為人類的道德品質正在衰退。就受訪者的基本背景來看,無論來自鄉村或城市、是自由派或保守派、是嬰兒潮世代還是Z世代,他們在許多議題上缺乏共識,但一致認為人性正不斷倒退。

然而,實際數據卻不是這麼一回事,近期一項研究檢視一九五六至二〇一七年間超過六萬人的合作行為,結果發現,隨著時間的推移,人們的合作程度不僅並未減少,而且還提升了九%。8 儘管如此,我們仍然抱持錯誤的認知,一邊感嘆人心不古,一邊緬懷一個從不曾存在的溫柔良善時代。

想保護自己不受欺騙者侵害,是一種自然且明智的本能,但當我們以憤世嫉俗的態度低估他人善意,這種本能就會失控。這個問題源自我們的內心,但當我們開始與他人交談(和聊八卦)時,情況就會變得更加糟糕。9

善意與信任　108

全球性的八卦引擎

一九九〇年代，人類學家們守在酒吧、火車和大學餐廳裡，偷聽人們的對話。結果在他們蒐集到的對話中發現，其中三分之二與人際關係、社交經歷或關於他人的話題有關。換句話說，我們說話時吐出的空氣中總是充滿八卦。八卦的名聲一直不太好，正如那句諺語所言：「偉大的心靈討論思想，平庸的心靈討論事件，狹隘的心靈談論他人。」但研究顯示，我們或許該給八卦多些肯定。

大學二年級時，我和七個男生同住一間宿舍。一開始，大家還會各自把環境整理乾淨，但一週之後，水槽裡開始出現成堆的髒碗盤，卻沒人願意承認這是他弄的。當然，大家都不想當傻瓜，於是紛紛對髒亂的環境視而不見。漸漸的，棄置在流理台上的食物開始長出小植物，過沒多久，還引來各種小動物，原本乾淨的廚房變成一場可怕的災難。

我們經常不自覺落入「公共財」困境，在自私與合作之間掙扎。曾有科學家設計一種類似於男生宿舍但較不噁心的線上遊戲，遊戲中研究人員安排四位匿名玩家捐款給一個公共基金，基金中的錢會翻倍並平分給所有玩家。理論上，如果人人都捐款，所有人的收益最大；但有人可能會選擇不捐款，為自己賺取更多利益，這種行為被稱為「搭便車」（free

109　第四章｜他人非地獄

riding）。許多研究顯示，總會有人選擇搭便車，當其他玩家發現無力制止這種行為時，也會跟著仿效，導致合作瓦解、所有人收益歸零。很明顯的，這和我大學時廚房變成叢林的過程如出一轍。

如何遏止搭便車行為？八卦可以派上用場！在另一個版本的遊戲中，玩家可以談論誰有貢獻、誰沒貢獻，甚至可以透過投票，將欺騙者踢出虛擬團隊。這個設計徹底扭轉情況，基於對羞恥和報復的恐懼，人們合作得更頻繁也更持久。[10]

如果「欺騙者偵測機制」能強化我們的思維，那麼「八卦」則能強化群體的凝聚力。雖然被騙者無法追回損失，但他們可以透過散布資訊來制裁不誠實的人。然而這套機制也有缺點，就跟欺騙者偵測機制一樣，八卦也可能會落入負面偏誤的陷阱。我的實驗室做過一項研究，以四人一組玩公共財遊戲。遊戲結束時，每位玩家可以寫一張便條紙，描述其他玩家的行為風格，留給未來玩家參考。結果顯示，大部分人都沒有搭便車，但當有人這樣做時，玩家們談論他們的次數卻是公平玩家的三倍；讀到這些便條的後續玩家，也因此大幅高估搭便車行為出現的頻率。[11]

人們渴望得到彼此的訊息，但我們的天性卻喜歡談論那些負面的部分。我們的注意力容易被不良行為所吸引，思緒與對話全都集中在負面的人事物上。隨著耳語傳播，負面訊

善意與信任　110

息會被放大，正面訊息則被忽略，這種「傳話遊戲」往往讓人變得更加憤世嫉俗。八卦者原本想要保護社群，卻反而在無意間傳遞錯誤資訊給其它成員。

在從前，八卦就像是鄰里間的新聞廣播，在人與人之間慢慢傳播。如今，八卦依然存在，只是媒介變成媒體這種全球性擴音器。記者就像那些每天都在八卦的人一樣，認為自己的使命在於揭發欺騙者。知名記者大衛・博恩斯坦（David Bornstein）說，新聞產業裡有許多人深信「揭發社會重大問題，就能讓社會變得更美好」。[12] 過去一個世紀以來，記者確實踢爆許多社會問題，從工廠和物流中心不人道的工作條件，到恐怖的私刑和警察暴力，再到天主教教會隱瞞的醜聞惡行。

負面訊息不僅有助於推動社會正義，它也成為一門好生意，因為它能滿足人們的負面偏誤。有研究分析 Upworthy 網站＊上十萬多則文章，發現標題中每使用一個負面字眼，文章點閱率就會提升二％。[13] 這使得媒體會藉由堆砌聳動標題，來增加大量網站流量。而媒體公司既然作為一間企業，自然會提供市場渴望的產品。二十一世紀以來，新聞標題中出現負面情緒（例如厭惡、恐懼、憤怒等）的比例逐步增加，[14] 甚至連歌曲也變得消

＊　譯注：一個標榜發表正向、具鼓舞性內容的媒體網站。

極。在一九七〇年至二〇一〇年間，流行音樂歌詞中提到「愛」的比例減少一半，而出現「恨」的比例卻增加三倍。15

如今，當媒體已經成為一台憤世嫉俗機器，而且每年都變得更加精準與高效。在我小的時候，電視就像陰鬱的盤古大陸，充斥著單一負面訊息，所有人都看過相同的石油危機、客機爆炸和謀殺案審判報導。一九八〇、一九九〇年代後，有線新聞台開始迎合觀眾的既有信念，以培養忠實收視戶。於是原有的大陸開始分裂，自由派與保守派各自漂流到用各自不滿情緒所畫分的較小板塊上。三十年過去，社群媒體將每個人困在「只有我們自己」的孤島上，每當點開一則攫取我們注意力的文章，演算法馬上推送更多令我們恐懼和厭惡的內容。16

新聞媒體之所以這麼做，是為了迎合人們對負面偏誤的偏好，即使這種偏好明顯把我們引導到錯誤的方向。一九八九至二〇二〇年之間，蓋洛普（Gallup）公司進行二十七次民調，詢問美國人國內犯罪率比前一年增加、減少或持平。結果除了兩次例外，多數人均認為犯罪率上升。17 在圖二中，我用黑線來標示大眾認知的趨勢：這條數線從零開始，每當多數美國人認為治安變差，曲線就會往上移；如果認為治安變好，曲線就會往下降；如果認為沒有變化，曲線就維持不變。這張圖具體呈現出我們對社會的共同想像：一

善意與信任　112

相較於前一年的犯罪率變化

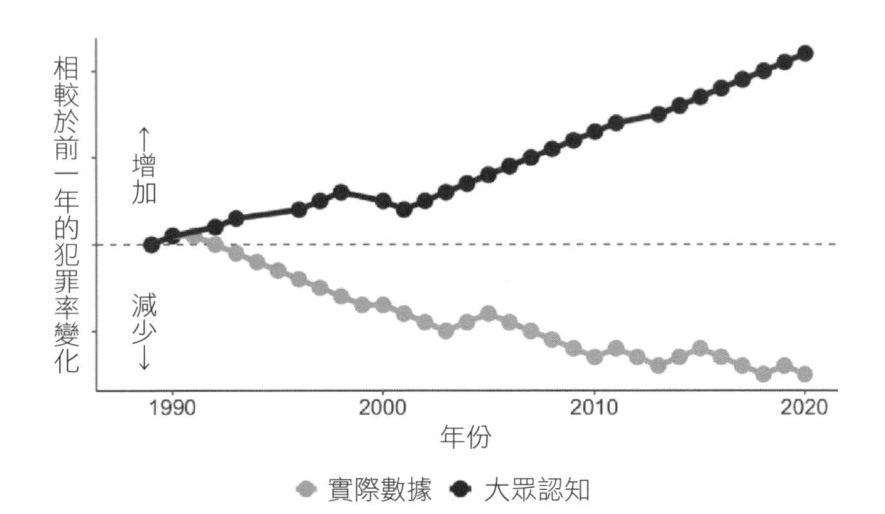

↑增加
↓減少

1990　2000　2010　2020
年份

● 實際數據　● 大眾認知

圖二

個正在逐步吞噬自己的國家。

但事實並非如此。圖表中的灰線代表的是聯邦調查局（FBI）公布的暴力犯罪率（以每十萬人為基準）。虛線是指一九九〇年犯罪率，往上表示犯罪增率加，往下表示犯罪減率少。從圖表中可以發現，在一九九〇到二〇二〇年之間，實際犯罪率其實下降將近五〇％。[18]

如今的人們其實比過去幾十年來都更安全，卻反倒感覺危險無所不在。真正的罪魁禍首並不是犯罪潮，而是報導「犯罪潮」（crime-wave）的媒體浪潮。[19]研究指出，媒體在二〇一九到二〇二一年間使用「犯罪潮」一詞的頻率，比以

113　第四章｜他人非地獄

往增加一倍。經常關注新聞動態的人最容易相信犯罪率正在上升,也就是說,他們可能是最容易被誤導的那群人。20 這種現象不只發生在對犯罪議題的關注上。儘管研究結果各有不同,但多數研究都指出,新聞消費會助長人們對於貪腐、社會分化、經濟困境的悲觀與錯誤看法。

當然,犯罪確實是嚴重的問題,氣候變遷、貧窮與壓迫也很重要,但當新聞媒體為了「吸人眼球」而無所不用其極,最終耗盡的是我們的精力。有份新近調查要求受訪者完成這個句子:「新聞讓我感到⋯⋯」,結果蒐集到的答案包括「絕望茫然」、「緊張不安」、「難過無助」,這些反應橫跨不同政治傾向和出身背景。記者博恩斯坦曾將新聞媒體比喻成一輛鳴起警報聲的救護車,每隔幾分鐘就會響一次,他說:「過了一陣子,你會覺得它已經內建在身體裡⋯⋯讓你時常感到心神不寧。」21 在過去,人們每天只看兩次新聞,一次是早報,一次是晚間新聞;但現在,新聞卻追著我們跑,口袋裡的手機叮叮咚咚響,隨時都能接收到世界各地的災難消息,並一次又一次的受到驚嚇。甚至會讓我們有種感覺:除了坐等下一次的震驚,我們什麼也做不了。

與博恩斯坦的談話,讓我突然發現自己也深陷在這樣的迴圈裡。我和許多人一樣,每次點開新聞應用程式前都有些忐忑,不知道又會被哪個新夢魘占據心神。而最讓我焦慮

善意與信任 114

的新聞,是關於氣候變遷和民主倒退的文章。一旦點閱這類文章後,生活中的每一台裝置就會「貼心」的為我量身打造,不斷推送相關資訊,例如:南極洲有一塊像美國德瓦拉州(Delaware)那麼大的冰層正在崩解[22];美國自二○一三年起,已經關閉一萬七千家投票站,其中有許多位於少數族裔人口眾多的地區。[23]

也許關心時事是我的責任,但這些報導無法激發任何實質行動,反而像湍急的河流,把我捲進焦慮、憤怒和滿滿的憤世嫉俗之中。有時,我到了深夜還沉溺在這些資訊中,讀到無法自拔;有時我感到筋疲力竭,好幾天都不想看新聞。我並不是唯一有這種症狀的人,根據二○二二年的數據顯示,有四二%的美國人、四六%的英國人和五四%的巴西人表示,他們會避免閱讀媒體新聞。[24]

平衡壞消息

當負面偏誤和全球性八卦聯手,便如一面哈哈鏡,扭曲人們對自己的看法,讓我們誤以為人類這個物種比實際上更殘酷、冷漠且缺乏關懷。法國哲學家沙特(Jean-Paul Sartre)曾寫道:「他人即地獄」。但這個地獄,也許是我們自己想像出來的幻影。

115 | 第四章 | 他人非地獄

事實上，有愈來愈多人對此感到厭倦。一份二〇二一年的民調顯示，有近八成的消費者希望媒體別再報導壞消息，道出人們內心的真實需求：他們渴望看見人性的良善面。幸好，人性的善意無處不在。敞開心扉看見社會的良善面，不代表就是對問題視而不見，我們真正需要做的是培養新的思考習慣，重新分配我們的注意力，把焦點放在真正值得擴大、模仿與支持的地方。

崔比安・蕭特斯（Trabian Shorters）藉由身體力行，培養起這些正向的思考習慣。他的家鄉在密西根州的龐帝亞克（Pontiac），那裡曾是汽車產業的重鎮，後來逐漸蕭條。他是個家境貧窮的黑人，而諷刺的是，這是世界看待他的唯一方式。不過，蕭特斯從小就在智力測驗上表現出色，並獲得一所私立貴族學校克蘭布魯中學（Cranbrook School）提供的獎學金。從龐帝亞克到克蘭布魯中學只需十分鐘車程，校園中人行道綠樹成蔭，石造高塔更讓蕭特斯感覺「彷彿遠離塵世」。更重要的是，他在那裡找到對電腦的熱情，這點成為他日後職涯的關鍵轉折。大學畢業後，他成立一家科技公司，後來轉而投入非營利和募款事業。

在寫程式的過程中，蕭特斯發現「要讓一個系統運作得比原本的設計更好，就必須徹底理解它的結構與邏輯」。然而，他在非營利系統中看到的是一個失靈的系統，部分問題

出在他們描述人們故事的方式。許多社會福利機構在募款時，往往會強調受助者的匱乏與脆弱，彷彿他們的命運就是繼續受苦，並持續需要別人的幫助。蕭特斯將這種敘事方式稱為「赤字式框架」(deficit-framing)。為了打破這種思考框架，他提出的嶄新思考方式是「資產式框架」(asset-framing)。

以黑色和棕色人種兒童就讀的學校為例，媒體和社會福利機構經常把這些孩子描述為「高風險少年」，或預設他們恐將走上「從學校到監獄之路」。這些描述雖然凸顯教育機會不平等讓數百萬人蒙受其害，卻沒有意識到自己將孩子們貼上標籤。他反思道：「這樣的敘事讓我們忽略問題的原因，彷彿這些孩子本身就是問題的根源。」因此，蕭特斯建議把原本的敘事方式改成：「一群希望順利畢業的學生，因學校缺乏資源而面臨諸多障礙。」在新的框架下，孩子的目標被重新看見，不再無視社會不公正的現況，並拒絕將人簡化為無助的受害者。

「資產式框架」能幫助我們對抗負面偏誤，並喚起人們另一種深層的社會本能：看見他人內心的善意。想像有兩位父親：艾爾和亞米爾。艾爾過去是個不負責任的父親，從不真正關心孩子，但現在的他已經改頭換面，是個積極參與孩子生活的好爸爸；亞米爾則完全相反，過去的他是個熱心投入孩子生活的慈父，但現在卻一點也不想管孩子的事。

117　第四章｜他人非地獄

兩位父親都有表現良好與差勁的地方,哪一面才是他們真正的樣子呢?在一項經典的研究中,參與者閱讀好幾則類似的故事,故事中都有人變得更好,有人變得更差。接著,參與者被問到:「故事中人物的改變,是否反應他的『真實自我』?」27 當角色從不負責任轉變為好爸爸時,有近七成的人認為這是真正的他;而當角色從好爸爸轉變為甩鍋的人時,則有近七成的人認為他「背離真正的自己」。換句話說,人們普遍相信人性的良善本質。

如果布魯諾同意這一點,你多半不會覺得意外。但令人驚訝的是,無論美國、俄羅斯、新加坡或哥倫比亞,世界上大多數人也是這樣想,而且即使高度憤世嫉俗者也會出現這種「善良真我效應」(good true self effect)。28 更令人驚訝的是,這種效應竟然能夠扭轉負面偏誤。這是因為當我們感到威脅或壓力時,會更聚焦於人性的黑暗面,加強自我防衛;當我們放慢腳步並感到安全時,好奇心就會提升,自然出現「資產式框架」的思考方式。

這正是為何我們應該重視自己的親身經驗。如前所述,人們普遍不信任所有人,卻比較容易信任自己熟悉或常看見的人。在一項持續三十年、共進行二十七次的調查研究中,有二十五份顯示多數美國人認為「全國犯罪率」比前一年更糟;但同時有十七份調查顯

善意與信任　118

示，多數美國人認為「所在地區的犯罪率」比前一年持平或下降。[29]另一項研究發現，多數人普遍相信人類的道德品質正在顯著衰退，但他們也同時表示，自己的同事、朋友、甚至是接觸過的陌生人都跟過去幾年來一樣友善。

我們大部分人其實都對壞消息呈現一種上癮狀態，因此壞消息的生產者自然會持續調製威力更強大、更客製化的口味，來滿足我們的需求。好消息是，光是意識到這一點，就能讓情況有所改善。二〇二二年，一項研究者邀請六百名美國人從一份新聞標題清單中，選出自己有興趣閱讀的新聞。有些標題側重單一驚悚事件，充滿釣魚式標題風格的報導，例如「男子遭保齡球攻擊後受到重傷」；有些標題則傳遞正面且真實訊息的報導，例如「美國犯罪率持續下降」。結果發現，憤世嫉俗程度較高的人更容易相信犯罪日益猖獗，這些人之中有近七成選擇閱讀負面報導。這些報導不僅加深他們對犯罪的恐懼，還把他們拖進一個負向迴圈。[30]

不過，研究者也找到能破解這個負向迴圈的方法。在參與者選擇新聞之前，研究者先讓他們閱讀一段有關媒體識讀的訊息，主要內容在傳達：人們天生傾向於關注負面訊息，所以媒體會製造扭曲的報導，以便攫取人們的注意力來賺錢。這些訊息激發人們的懷疑主義思維方式，使得參與者在閱讀後選擇負面標題新聞的比例明顯下降，尤其是那些比較憤

世嫉俗的人。

顯然，我們都渴望擁有更好的新聞內容。但問題是，有人在提供這樣的新聞嗎？

「資產式框架」媒體

就跟許多新聞工作者一樣，博恩斯坦對於媒體產業的未來也感到茫然，但一趟前往孟加拉鄉村銀行（Grameen Bank）的採訪之旅後，情況開始出現變化。孟加拉鄉村銀行的誕生源自一場悲劇。一九七四年，孟加拉發生飢荒，造成超過一百萬人死亡。當時，孟加拉南部的經濟學教授穆罕默德·尤努斯（Muhammad Yunus）實地走訪附近的村落，看到無數家庭瀕臨飢餓邊緣。他發現許多人其實都擁有一技之長，也很渴望擺脫貧困，但他們缺乏的是一筆創業基金，卻始終求貸無門。尤努斯詢問一群村民（共四十二位）需要多少錢，結果這群村民告訴他：只要二十七美元；不是每個人需要二十七美元，而是四十二個人加總起來需要的金額。

那一天，孟加拉鄉村銀行誕生了。接下來的三十年間，這家銀行為數百萬孟加拉人提供微型貸款，貸款者幾乎都是女性。孟加拉鄉村銀行的借款規則跟大多數銀行很不一樣，

善意與信任　120

債務人無須抵押資產就能借款，銀行還經常借款給零資產的人。有些經濟學家認為尤努斯一定會失敗，那些申請貸款的人絕對會捲款而逃，然而結果正好相反：該行的還款率高達九九％，跟美國小型企業的水準相當。[31] 正如尤努斯所說的，這意味著他有九九％的時間選擇相信人性，而其他銀行家則因不信任而錯失良機。

像尤努斯一樣，博恩斯坦剛到孟加拉時，完全想像不到這家銀行的服務對象是什麼模樣。他說：「我對孟加拉人的唯一印象，是從媒體上看到當地人民在遭遇風災過後，等待美軍空投米袋的畫面。」[32] 但當他來到孟加拉，所遇到的村民卻具有「卓越的想法，積極為改善自身生活而努力」。這讓他為自己抱持的成見而備感愧疚，也意識到這種成見，正是來自於他所處的產業構築的「赤字式框架」。就跟蕭特斯提出的「高風險兒少理論」一樣，媒體常將貧困、犯罪、天災的受害者描繪成無助、被動的人，忽略他們所具有的行動力與韌性。[33]

媒體能否採用一種更真實、更立體的報導方式？博恩斯坦和同事緹娜・羅森柏格（Tina Rosenberg）決定放手一試。二〇一〇年，他們在《紐約時報》的「解決之道」（Fixes）專欄中，報導社會中的「正向異類」[34]，也就是在解決社會重要問題上表現出色的個人和社區；換句話說，這個專欄報導的是「資產式框架」的新聞。幾年後，大衛・

伯恩（David Byrne）也成立一個類似的計畫。後來在二〇一六年時，伯恩過去曾是知名新浪潮樂團「臉部特寫」（Taking Heads）的主唱，因為看到報章雜誌的負面報導而倍受打擊。他曾這麼寫道：「早上起床，打開報紙，老天，又來了！我經常因此而消沉了半天」。[35] 為了減少負面情緒，也或許是為了療癒自己，伯恩開始蒐集鼓舞人心的故事，還成立《開心的理由》（Reasons to Be Cheerful）線上平台，專門報導全球各地的倡議者。

如果你閱讀「解決之道」專欄和《開心的理由》平台上的文章，很快就會發現這些文章跟主流媒體的新聞有些不同。主流媒體往往聚焦於掌權者與精英的所作所為；而「資產式框架」報導則關注日常生活中的人們，如何在公共資源匱乏的社區互相幫助。如同伯恩所言：「大多數好事，都是在地方發生的。」「解決之道」專欄曾報導過一個名為「女性更生人再犯防治計畫」（Women Overcoming Recidivism Through Hard Work，簡稱WORTH），這是由康乃狄克州一所監獄的年長受刑人所發起，為年輕受刑人提供創傷、成癮、求職等方面的諮詢。[36]《開心的理由》也曾報導一名在烏克蘭出生的史丹佛大學醫學生，他創辦「烏克蘭電話協助服務」（TeleHelp Ukraine），為戰火中的人們提供免費線上醫療服務。[37]

這些故事（以及其他成千上百則故事）都讓我們看見，許多與自己沒什麼不同的人，

善意與信任　122

都在自己能力所及的範圍裡，努力藉由不同的方式推動社會變革。這些故事並沒有把人們吸進憤世嫉俗的漩渦中，而是為讀者開啟一扇通往可能性的窗口。博恩斯坦和羅森柏格將他們的工作稱為「解方新聞學」（solutions journalism）。解方新聞不會報導小貓會滑水的娛樂新聞，目的也不是讓人們像鴕鳥一樣把頭埋在沙子裡。它直接碰觸全國性和全球性議題，聚焦於公民的尊嚴和改變力量，積極展現由下而上的草根性改變。在某地發揮效用的解方也可以作為其他地方的參考藍圖（同時帶來正向的壓力）。如果報導中介紹某座小鎮或某個州致力於提高大學申請率或降低受刑人再犯率的方案，或許會引發讀者思考：「我們說不定也能做到？」

讀者也渴望看到更多這樣的報導。二○二一年的一項民調發現，相較於閱讀一般報導，讀者認為解方新聞的文章更有趣、新鮮且令人振奮。不僅如此，調查還顯示，有超過一○％的讀者表示，解方新聞可能促使他們改變對某些議題的看法，超過二八％的讀者也表示對這樣的報導具有信任度。

解方新聞在當今充滿憤世嫉俗與誘餌式標題的媒體環境中仍屬小眾，但它的動能正在增長。博恩斯坦和羅森柏格的「解決之道」專欄在二○二一年結束，推出另一個計畫「解方新聞網」（Solutions Journalism Network，簡稱SJN）。[38]自二○一三年起，解方新聞網已

經為將近五萬名報導者進行「資產式框架」敘事法的訓練。兩人還成立「解方新聞追蹤站」(Solutions Story Tracker)，這個資料庫主要蒐集各種議題的「資產式框架」報導，提供讀者搜尋具有正向力量的新聞。這個資料庫非常豐富，你在本書讀到的某些故事就是從中擷取出來的。

跟博恩斯坦對談後，我決定要改變以閱讀新聞的方式。不使用推特已經發生效用，不過主流媒體仍舊充斥大量負面偏誤報導。為了尋求平衡，我決定從閱讀「資產式框架」文章做起。現在，我把《開心的理由》網站設成瀏覽器首頁，每天從閱讀世界上各種正向發展作為一天的開始。這個改變實在令人精神振奮，跟我以往的新聞閱讀經驗根本是天差地別。

這個改變，並不表示我拒絕面對現實。我還是會像之前的伯恩那樣，一邊閱讀主流媒體新聞，一邊感嘆：「哦，不會吧！」但現在的我會進一步提醒自己：我和多數人一樣對壞消息特別關注，而媒體會利用這一點來引我上勾。當我這麼想的時候，自然會切換到「抱持希望的懷疑主義」去思考：「或許還有別的理解方式來看待這件事？」或者：「我們是否仍有理由抱持希望嗎？」接著，我會上「資產式框架」報導的網站尋找同個主題的文章。例如在讀完一篇關於氣候變遷的悲觀文章之後，我搜尋到康乃狄克州現在有個「綠色

善意與信任　124

銀行」計畫，為裝設太陽能板和其他關心氣候的計畫提供補助，還成為二〇二三年啟動的全國性綠色銀行雛型。」在讀完一篇關於選民權益受到壓迫的報導後，我會去「解方新聞追蹤站」搜尋關於佛羅里達州的地方創制計畫，這項計畫的目的不僅要恢復先前遭到箝制的選民權利，而且還是由同批選民自行推動。40

這些報導並不會讓我陷入盲目的樂觀主義之中，也不會讓我相信一切必定會變好。但它們把我從傳統媒體帶來的精神麻痺狀態中喚醒，進入一種懷抱希望的狀態，知道事情有可能改變，而且一直都有人致力於促成改變。

我們每個人都能選擇更平衡、更真實的新聞來源。但別忘了，你說出的故事，同樣會影響他人。八卦本來就是一種古老的媒體形式，而且總有人會聽你在說什麼。或許我們可以試著減少對話中的負面資訊，多分享親眼見證的善意和真誠經驗，成為一個能夠滋養他人心靈的媒體。41

第五章
擺脫憤世嫉俗的陷阱

我們會變成我們假裝的人，所以要留意自己正假裝成哪種人。

——美國小說家 馮內果

一九九九年，《波士頓環球報》(Boston Globe)發表一篇措辭嚴厲的報導，揭發波士頓市消防局長期以來因組織膨脹和貪腐問題，浪費公帑高達數百萬美元。[1] 消防局長在各方壓力下請辭，由新任局長聘請管理顧問進行精簡改革。他們整頓的目標，其中一個就是消防員本身。一份報告指出，消防員因公受傷的比例驚人，並暗示有人濫用病假政策。[2] 為了揪出作弊者，新政策正式上路：今後，凡是在值勤中受傷的消防員，都要接受醫師檢查，以證明他們沒有裝病，而且康復期間不得在家休養，必須轉為內勤工作。

這項改變引起許多消防員的不滿,或許真的有少數人假藉受傷休假,但大部分消防員都是冒著生命危險在服務人民。正如《波士頓環球報》所報導,許多消防員「就算過勞或生病,依然堅守崗位」。[3] 而今,消防局長卻將他們視為想方設法翹課的中學生。一名消防員說:「我們一旦受傷,就真的無法正常工作。」[4] 而今,他們的老闆卻要他們就算受傷也要硬撐;而且,消防員已經好幾年沒加薪。消防員們於是選在市長幾次公開行程時進行抗議,有好幾次場面「相當難堪」。[5]

歷經兩年抗爭,消防員和市政府終於達成協議,內容包括新的病假制度:過去病假是依「實際需要」進行申請,新制度則是讓每位消防員每年最多可請十五天病假。消防局長也承諾,會對濫用病假的人進行調查,並依法懲處。[6]

新的勞動契約於二〇〇一年十二月生效,結果卻出人意料。那年,消防局總病假天數達到六千四百天,二〇〇二年時更超過一萬三千天。[7]「病假潮」尤其出現在獨立紀念日、勞工節和跨年夜前後,由於出勤人數過低,導致好幾個消防隊被迫關閉數日。而請滿十五天病假的人數,更是暴增近十倍。既然社會指責消防員自私自利,他們乾脆就做個自私自利的人。[8]

這又是負面偏誤在作祟,讓我們認定人的素質比實際上還糟糕,這種錯誤會滲入我

127　第五章　擺脫憤世嫉俗的陷阱

們的行為當中。為了在一個自私橫行的世界裡自保,憤世嫉俗者經常會先發制人,使出監視、威脅,甚至傷害他人的手段。例如,當員工懷疑別的同事暗地裡說自己壞話,更有可能偷聽別人的談話[9];當你不信任自己的伴侶,就可能向對方情緒勒索[10];如果你認為朋友在你遇到困難時不會幫忙,那麼當朋友需要幫忙時,你就會置之不理。[11]

在球場上,最好的防守或許真的是進攻;但在現實生活中,先發制人只會帶來對立與讓人反感,就像是挑起一場微型社交戰爭。波士頓消防員的故事正是一記警鐘:當你不信任別人,別人往往會變成你預期的那種人。

自我應驗的預言

美國詩人瑪雅・安吉羅(Maya Angelou)曾說:「當人們向你展現他是怎樣的人時,請相信他。」不過,他人在你眼中展現出的樣貌,主要取決於「你」是什麼樣的人。我的學生每次在輔導時間,都會展現出對心理學的高度興趣,我或許可以就此斷定,未來將會誕生許多深具潛力的社會科學家。但更可能的原因是,學生特地帶著他們想要研究的問題來跟我討論,而這些問題,或許他們並不會隨便跟別人提起。大學部學生對我的態度比較

畢恭畢敬、用功認真（這些特質確實適合展現在教授的辦公室裡），但我不會指望他們在每個週六晚上都是如此勤奮。

人們往往會低估自己對他人的影響力。心理學家凡妮莎・博恩絲（Vanessa Bohns）將這種行為模式稱為「影響力忽視」（influence neglect）。在她的研究中，博恩絲請參與者向陌生人提出要求，例如請求對方借給他們手機，或是向對方問路。在實驗正式開始前，博恩絲先請參與者預估有多少人會答應這個要求。多數參與者都猜測成功率應該會低於三成，但實際上，有半數以上的人都樂意提供舉手之勞。 在另一項研究中，參與者被要求請陌生人破壞圖書館裡的書籍。同樣的，參與者預測應該只有不到三分之一的人會照做，但最後仍有超過一半的人照章辦理。 這些實驗結果顯示，不論是助人還是做惡，我們都低估自己對他人的影響力。

我們對他人的成見會改變我們對待他們的方式，而這又會連帶改變對方的行為及人生軌跡。舉例來說，當教師認為某個學生天資聰穎，就會多花點時間指導學生，促使學生表現得更加出色；某個主管若是從同業挖角一名人才，這份信任也很可能提升這個人的成功機會。同樣的，你的朋友、同事、鄰居會「變成」什麼樣的人，往往取決於你「假設」他們是什麼樣的人。

讓我們回到第一章提過的信任遊戲。當時的你扮演投資人角色，決定要將手中的十美元匯出多少給受託人。接著，這筆金額會自動變成三倍給受託人，受託人則可以決定要返還多少金額給你。請回想一下，當時你決定匯出多少錢？

現在，輪到你扮演受託人的角色。

假設對方手中的十美元只匯出一美元給你，網路上有個陌生人可以決定要給你多少投資基金。如果投資人匯出九美元，對你展現高度信任，你又有何感受？又會如何回應？如果投資人匯出一美元，不管原因為何，他顯然並不信任你，你對此做何感受？又會如何回應？

事實證明，一個人的信任程度，確實會影響他人的回應方式。根據涵蓋三十五個國家、超過兩萬三千名參與者的研究發現，當投資人匯出較多金額時，受託人不僅返還金額變多，連返還的比例都會增加。平均而言，若投資人匯出五美元，受託人可以得到三倍金額，也就是十五美元，此時受託人會返還四〇％，也就是六美元，讓投資人獲利一美元；投資人匯出六美元時，受託人獲得十八美元，此時受託人返還的金額會增加五〇％，也就是九美元，投資人的獲利會提升為三美元。[15] 換句話說，每增加一美元的信任，就可能帶來三〇〇％的回報；相反的，要是投資人愈小氣，受託人返還的金額與意願也會隨之降低。

為什麼會這樣？當投資人對人性抱持悲觀，擔心受託人捲款潛逃，便不願意匯出太多

金額。但這樣做其實會傳達出一個明確訊息：「我不相信你。」當受託人感受到被懷疑與不信任，可能會產生被侮辱和憤怒的情緒，而唯一能回應這種侮辱的方式，就是真的捲款潛逃。[16] 相反的，當投資人選擇信任對方時，所傳達的訊息是：「我相信你。」即使只是一點點肯定，受託人也會感到被尊重，因而回報這份信任。經濟學家將之稱為「贏得的信任」（earned trust），這是指當我們對別人懷抱較高的期望時，對方也更有可能努力達成這份期望。[17]

像這樣的「自我應驗預言」（self-fulfilling prophecies）在生活中比比皆是。當公司同仁發現員工窺探同事的行為而議論紛紛[18]；當嫉妒心重的人指責伴侶不忠而漸行漸遠[19]；當某人認為朋友不尊重自己，就用冷嘲熱諷的方式來回應，反而讓朋友再也無法尊重他[20]。憤世嫉俗者的敘事中充斥著「壞人」，最終他們也真的活在一個到處都是「壞人」的世界。先發制人的攻擊不僅扭曲我們真正認識他人的機會，也讓我們以無法知道，如果當初用更信任且善意的方式對待他們，他們的回應會是如何。當別人對那些猜疑、鄙視和攻擊做出負面反應時，憤世嫉俗者反而會認定自己最初的判斷果然正確，就像那些先栽贓、再宣稱自己破案的偵探。[21]

波士頓消防員的遭遇正是一個例子。當局長採取先發制人的措施後，消防員以請更多

131　第五章｜擺脫憤世嫉俗的陷阱

病假來反制。記者注意到這種現象,卻沒有深究原因。《波士頓環球報》的一名專欄作家曾抱怨:「生活中有一條基本原則:無論體制怎麼調整,總會有人鑽漏洞⋯⋯消防員的所作所為顯示出,即使社會大眾普遍認為他們具有工作使命感,也無法免疫於這種陋習。」[22]

但這是落伍的想法,人們並不總是會濫用體制,不過,當體制遭到他人濫用時,確實會做出反擊。這正是憤世嫉俗如何將我們拖進憤怒和攻擊的循環,每個人都堅稱:「是對方先起頭的。」好消息是,如果先發制人的舉動會啟動某種自我應驗預言,那麼選擇信任與尊重,我們還是能將現實轉向更正向、更溫暖的方向。

信任是一種力量

二〇〇二年,年輕的聯邦調查局探員羅賓・德瑞克(Robin Dreeke)約艾文(化名)見面小酌,艾文是來自前蘇聯國家的情報員,他早就對機構內各種權力濫用感到厭倦。這種不滿情緒正中德瑞克的下懷,因為他的工作就是要策反外國情報員,說服他們為美國做間諜工作。艾文對此很有興趣,不然兩人也不會坐下來喝這杯酒。但要是他再往前踏出一步,就可能冒著危及個人職涯、家庭和生命的風險。但眼前的情況更加複雜,艾文不曉得

德瑞克是為誰工作，也不清楚要是他選擇進一步了解，接下來會與誰合作。

德瑞克看起來一點也不像傳統中的間諜獵人（spy-catcher），他成長於紐約州北部，父母靠著同時兼好幾份工作，領取最低薪資，努力把孩子養大。冬天時，他必須上山砍柴，拖著柴火穿越結冰的湖面，只為了讓家裡維持溫暖。畢業後，德瑞克加入美國海軍陸戰隊，他在軍中遇見一名聯邦調查局招募人員，詢問他有沒有興趣用另一種方式為國效力。一開始，德瑞克感覺反情報訓練像是充滿欺騙和詭計的「暗黑藝術」，每位間諜獵人要運用各種技巧，發展出自己的風格，有的人會四處撒網探問情報，向潛在線人喊出百萬美元的酬金，有的人則是用欺騙或恐嚇的手段逼人就範。

德瑞克很快就發現，這些策略各有其限制。有一次，他因為太關注自己的表現而失去一個情報來源。他說：「我當時在耍小聰明，但那根本沒用。」他決定向局裡最成功的情報員請益。據說這位被稱為有如電影《星際大戰》中「絕地大師」的前輩，曾單槍匹馬策動十幾個高價值的線人。他不會像釣魚那樣引間諜上鉤，而是像朋友一樣跟對方交談，甚至向對方坦承自己的身分及可能的合作方式。他會盡可能了解線人的需求，努力理解對方的處境。

與艾文互動時，德瑞克試著運用這種技巧。他們的酒還沒送上桌，他就隨口說

第五章　擺脫憤世嫉俗的陷阱

道：「俄羅斯情報員最大的問題，就是他們沒有意識到大家都知道他們隸屬於格魯烏（ＧＲＵ，俄羅斯軍事情報總局）。」這句話沒有明說身分，但卻是一種行內人才懂的暗號：德瑞克很清楚自己在跟誰打交道。艾文馬上心領神會，就起身離去。對德瑞克來說，這是一個好徵兆。

接著，德瑞克詢問艾文的需求。他沒有開空頭支票或提供賄賂，而是提議可以為艾文安排顧問工作，甚至讓他的兒子到美國求學。他們之間的信任關係維持了數年，為美國帶來許多珍貴的情報。德瑞克深知，信任不是弱點，而是一種幫助人們達成目標的力量。

三十年前，密西根大學（University of Michigan）政治學家羅伯特・艾瑟羅（Robert Axelrod）就從完全不同的角度，發現類似的原則。艾瑟羅一直對於一個古老的生命問題相當著迷：如果生物為了生存而必須彼此競爭，那麼合作又是如何演化而來？艾瑟羅無法回到史前時代做觀察，因此他選擇用虛擬遊戲「囚徒困境」來模擬狀況。在遊戲中，參賽者以兩人為一組，每個人都要決定是要欺騙對方，還是與對方合作。如果雙方選擇合作，得分最高；如果雙方都選擇欺騙，得分最低；如果其中一人選擇欺騙，欺騙的一方會比另一方獲得更高的分數，就像囚犯藉由出賣同夥來擺脫困境那樣。

有趣的是，在艾瑟羅的虛擬遊戲裡，參賽者並不是人類，而是來自全球的數學家、經

善意與信任　134

濟學家、心理學家撰寫的程式碼,每個程式都代表一名玩家。有些玩家表現得相對天真,就算夥伴一直在欺騙,仍舊繼續合作;有些則是試圖欺騙別人來博取好處。艾瑟羅讓這些玩家「代理人」就像上了發條的玩具一樣,不斷重複與彼此對戰。最終得分較高的參賽者可以透過「繁殖」生成下一代,就像動物成功傳遞基因那樣創造更多的自己。接著,新一代玩家又彼此競賽,整個過程會不斷重複,儼然像是演化的微型宇宙。

當時參賽的大多數程式都包含大量程式碼,規則中套著規則,還有各種應變計畫,但事實證明根本是「聰明反被聰明誤」。最終贏得比賽的程式叫做「以牙還牙」(Tit for Tat),是所有參賽者當中設計最簡單的。它的運作方式是:一開始選擇合作,之後每一回合都根據對手上一回合的反應來行動:如果你背叛它,你就會被它背叛;如果你跟它合作,它就跟你合作。[23]

「以牙還牙」就像是個完美的懷疑主義者,它會先觀察夥伴,接著根據這個觀察做出行動。它能夠有效防禦那些愛騙人的對手,同時也能與較友善的程式建立同盟關係。不過,它還是有個致命弱點,那就是即使對方只欺騙一次,他也會立刻報復,結果雙方陷入不斷互相欺騙的惡性循環,落入雙輸的局面。

這個問題的解方(也是後來更多比賽的冠軍策略),叫做「寬容的以牙還牙」

（Generous Tit for Tat，簡稱ＧＴＦＴ）。它大部分時間都會模仿對手的行為，但如果對方只是偶爾欺騙，它依舊會選擇合作。這個策略能給予對手「贖罪」的機會，在懷疑之中注入一絲希望。正是這樣的寬容態度，讓彼此得以跳出相互欺騙的惡性循環，重回合作之路。

艾瑟羅總結道：「令人驚訝的是，最能預測參賽者得分高低的特質是『友善』」。[24] 這並不讓人意外，「寬容的以牙還牙」策略之所以成功，並不是單純因為它想當個好人，它的友善是一種聰明的策略，有助於自身的壯大與生存。

當然，這不代表我們應該無條件信任所有人。如果艾瑟羅規定參賽者只能玩一回合，那麼欺騙者將成為最大贏家。「寬容的以牙還牙」之所以能夠獲勝，是因為參賽者必須一再與對方互動。欺騙者可以在一開始贏得分數，但長遠來看，對方也會展開報復，最終得不償失。正如艾瑟羅所言：「要讓合作得以長久穩定，雙方必須意識到未來還要培養長遠的互動關係。」[25]

換句話說，信任的力量在長期關係中最為強大，而不信任則會摧毀長遠關係。德瑞克在情報工作中親眼見證這一點：你可以透過操弄技巧來套取情報，然而一旦被識破，關係就會瞬間破裂。所以德瑞克說：「操縱技巧或許一時有效，但最終必將反噬自己。」

所以，請安心無視於那些宣稱國王遺產將匯入帳戶的詐騙郵件，或是那些聲稱「只

善意與信任　136

要一招」就能讓你被動收入暴增的網紅言論。面對一再占你便宜的人，你可以毫不猶豫的與他斷絕往來。但如果你希望建立或加深一段關係，請記得：信任不是天真，而是一種力量，是一種能夠建立連結、開創機會，讓彼此變得更好的力量。

當我們憤世嫉俗時，往往很難記住這一點。我們都曾冒險信任某人，沒想到卻遭對方背叛。「預期性失望」會讓我們相信，每個人最終都會讓你失望，而「先發制人的攻擊」則是我們回應這種狀態的方式。這兩種態度都能帶來安全感，卻又會讓我們困在孤獨不滿的迴圈之中。要逃離這種狀態，我們需要對人性有更深入了解。

互惠心態

二〇二一年，布魯諾過世之後，他的妻子史黛芬妮在他的手機上找到一則筆記，內容是種族主義的神經科學授課大綱。上頭條列的重點讀起來就像是一首關於大腦的散文詩：

- 改變是神經科學（以及佛教！）的一項重要組織原則。
- 不是我們無法改變，而是我們的大腦本質上就是這樣設計的。

● 在研究所裡,我的研究團隊發現,突觸(神經元與目標的連接點)具有高度的活動力,這讓我深刻體會到,在次細胞層級,大腦本來就是為了改變而設計。

換句話說,從生物學的角度來看,人類唯一無法做到的事,就是「不改變」。即使是我們認為恆常不變的特質,像是個性、智力、價值觀等,也都會隨著時間與經驗的累積,跟著大腦一同演化。有些人可能會對此感到不安,但它其實也讓我們感到振奮。人生這艘船已經啟航,我們無法讓它停下來,但可以引導它航行的方向。

我們每個人心中都存在著憤世嫉俗的聲音,總是根據別人最惡劣的行為來將對方定型,認為曾經欺騙別人的人,永遠都會是個騙子。如果你是用這種方式看待世界,你可能會用玩吃角子老虎的方式來看待新朋友,隨時盤算哪些人會為自己帶來回報,哪些人則會讓自己吃虧。但就如同我們之前提到的,人不僅是會改變,我們還能透過自己的期待和行動來改變別人。

影響力愈大,責任也愈大,但不管是哪一種影響力,都帶有不同程度的責任。不久前,我的實驗室進行一項研究,想知道如果幫助人們了解他們的影響力,是否會幫助他們更謹慎的運用這種力量。[26] 在實驗當中,我們讓一半的參與者閱讀關於信任的「固定心

善意與信任 138

態」：有些人值得信任，有些人則不值得，就像吃角子老虎那樣；另一半參與者則閱讀關於信任的「互惠心態」：當人們獲得信任時，更願意回報對方；當人們被當成騙子對待，更可能會想要欺騙別人。

接著，我們邀請參與者分享生活中關於信任的小故事。結果發現，讀到固定心態觀點的人較常回憶起自己受傷的往事。例如一名參與者寫道：「我曾經交往過一個不值得信賴的對象，他不可能改變，我對他不再有任何期待。」

相反的，讀到互惠心態的人則是寫下他們對其他人發揮的正面影響力。一名父親描述他的八歲兒子：「我總是告訴孩子，不管如何我都會相信他⋯⋯在那次談話之後，他變得更願意對我敞開心胸。」另一名參與者則寫道：「儘管我曾經受過很深的創傷，我還是決定要讓我的現任男友走進我的生命。現在的我，正處於人生中最健康、最幸福的一段關係裡。」

不僅如此，互惠心態還會改變人們的行為舉止。在後續的信任遊戲中，抱持「互惠心態」的參與者更願意在陌生人身上投注信任。這不僅讓受託人感到被尊重、更快樂，也更願意回應這份信任，進而建立起更緊密的關係。從艾瑟羅的理論來看，這也是一種聰明的策略：當一方收到較多的投資，往往也更可能回報更多，這正是「贏得信任」的具體展

139　第五章｜擺脫憤世嫉俗的陷阱

現。

換句話說，當人們了解信任的強大力量，就會像德瑞克和「寬容的以牙還牙」策略那樣善加運用它，從而改變他們的信念、現實處境、與人際關係。在實驗室裡，你能在信任遊戲裡賺到更多錢；而在現實生活中，它所帶來的往往是比金錢更加珍貴的改變。當被妥善運用時，「互惠心態」能幫助人們一步步建立起更加牢固的關係。

信心之躍

布魯諾進入青春期後，爸爸帶著他和新繼母搬到威利次（Willits），那是一個位於史丹佛以北兩百英里的林間村莊，人口不到五千人。布魯諾進入威利次中學就讀七年級，很快便發覺他的母校半島學校是多麼特別。威利次中學的老師比較權威，學生們會打量彼此的「分量」，這讓布魯諾第一次感到害羞和難為情，而他處理這些情緒的方式，則是讓自己的體格變得更強壯。後來，布魯諾回半島學校找他的老朋友時，有個人驚訝的說他「轉眼間就變壯了」。27

布魯諾的高中時期在參加摔角、撐竿跳和短跑競賽中度過，他念史丹佛大學時加

入男子英式橄欖球隊。英式橄欖球是種激烈且容易受傷的運動，受傷率是美式足球的三倍。[28] 布魯諾是個球風犀利的球員，也是強悍的擒抱手。在一場與加州大學沙加緬度分校（Sacramento State）的對戰中，他做了連續十幾次的高速撞擊。回憶起那一刻，教練法蘭克・柏伊威爾（Franck Boivert）難以置信的說：「他在弄傷自己，也在弄傷別人，而且在這麼高的運動強度上，他全程異常亢奮。」[29]

儘管英式橄欖球是一項充滿暴力的運動，但它同時也是相當重視團隊合作的運動。在美式足球當中，當某個人帶球奔跑時，隊友要想辦法阻擋對手，但英式橄欖球反而禁止球員做出阻擋動作，隊友需要跑到持球員後方，讓他得以在側後方傳球。布魯諾曾寫道：「你要做的不是移除隊友路徑上的障礙，而是要待在他身旁，以備不時之需，這叫做『提供支援』，讓隊友知道你在他身邊。」[30]

布魯諾被這種運動的互助特質所深深吸引，柏伊威爾教練也是。每當有比賽在史丹佛大學麥洛尼球場（Maloney Field）開打前，柏伊威爾教練總會召集所有隊員，一起用喊口號和唱歌來提振隊伍的士氣。柏伊威爾教練最喜歡的一句口號來自他的家鄉加泰隆尼亞（Catalonia）：「忠誠於民的勇士們，一路順風。」在這個團隊裡，球員願意對球隊保持一生的忠誠，他們絕對不會錯過隊友的婚禮，還會照顧彼此的孩子。在喪禮上，布魯諾身穿

141　第五章｜擺脫憤世嫉俗的陷阱

球衣下葬，隊友們也都穿著球衣送他最後一程。連無法親自到場的隊友，都從世界各地拍下自己穿著球衣的照片作為致敬。

柏伊威爾教導史丹佛的橄欖球員要彼此信賴，他也對球員們展現充分的信賴。跟其他球隊相比，他隊上的球員體格都小了一號、經驗不足，而且大多是書呆子。要是換成是其他教練，大概會對他們採取緊迫釘人的策略，大肆操練每個動作和招式，擔心一不小心就會慘敗。但柏伊威爾採取完全相反的做法：不給壓力的關注球員。在練習時，他為隊員創造宛如比賽般的情境，然後放手讓他們自己發揮。

這讓每一次訓練變得更好玩，這就是柏伊威爾的策略，他說：「如果你覺得不好玩，你的專注力就會下降；如果你覺得好玩，就會保持高度警覺。」31 這個策略也釋放出一個訊息：他信任他的球員。柏伊威爾說：「每個人都必須針對自己面臨的問題提出答案，然後主動出擊。」即便遭遇挫敗，他對球員們的信心仍然不減。例如某次輸球重重打擊球隊的士氣，柏伊威爾出其不意的帶著紅酒和起司找大家一起慶祝，給所有人一個驚喜。正是這份絕不動搖的信心，促使球員努力贏得教練的信任，敦促他們達到原本無法企及的高度。後來，這支球隊征戰全世界各地，不只打敗身材更魁梧的球員，有些資深球隊也成為手下敗將。

善意與信任 142

大學畢業後，布魯諾回到史丹佛指導女子英式橄欖球隊，這是他夢寐以求的機會。這支球隊就像當年的大學球隊一樣，球員身材普遍不夠高壯、技術不佳，而且還被人看扁。布魯諾曾這樣形容這群娘子軍：「或許說他們更像個打打英式橄欖球的聯誼社團。」為了帶她們更上一層樓，布魯諾採取柏伊威爾的做法：讓球員自由發揮，並對他們報以信任。

隊上有位明星球員叫珍娜・露易斯（Janet Lewis），她打接鋒（fly half）的位置。就像美式足球裡的四分衛，接鋒要擔起球隊裡進攻的角色。珍娜過去待過的球隊裡，教練都會對球員下指令。她回憶道：「我知道要如何遵循作戰計畫。」不過布魯諾拒絕給她任何計畫。其他教練都會在場邊大吼大叫，但布魯諾只是全神貫注地觀看，出奇地安靜。珍娜說：「教練這麼做讓我們得以喘息和打球，找出我們自己的優點，從比賽中學到教訓。」[32]

就算是賽況變緊急，布魯諾還是保持這種「不干涉的關注」。珍娜因為賽季要開始而緊張，因此要求布魯諾再重述一次策略。她想知道什麼時候要採取哪一種招式？教練能不能給她一串指示？布魯諾微笑著告訴她：「上場自行判斷就好。」她感到難以置信，用另一種方式重新問了一次，但布魯諾只是重複他的回答。「我們會做很多練習來培養我的直覺⋯⋯但他希望由我自己擬定作戰計畫。」珍娜回憶道。

就像柏伊威爾教練那樣，布魯諾相信球員，而這也讓球員建立起對自己的信心。在

他的指導之下，這支球隊贏得區冠軍，拿下進軍全國賽的資格。隔年，他們也拿下全國冠軍，這是史丹佛女子英式橄欖球隊截至目前拿下四次冠軍的頭一回。

美國作家海明威曾說：「要知道某人是否值得信任，最好的方法就是先信任對方。」這句話只對了一半，信任不只能讓我們看清一個人，還會改變那個人。信任是一份禮物，收到禮物的人會對你有所回報。

所謂「互惠心態」就是對這一點的理解；而「信心之躍」（leaps of faith）則是由這種理解所引發的行動，是一種對他人的刻意押注。「先發制人的攻擊」會引出人性最糟糕的那一面，而「信心之躍」則會激發人性最美好的那一面，尤其當對方感受到我們對他的信任時（就像布魯諾從柏伊威爾、露易斯從布魯諾那裡感受到信任）。當我們大聲宣示我們的信任時，信任所發揮的力量會最強大，這讓對方有機會向我們展示他是個怎樣的人。

這種「大張旗鼓的信任」（loud trust）有時看起來並不理性，像是把車借給一位新認識的朋友、把重要任務交給新進員工，或是遠渡重洋去見網友。但正是這樣衝動、無條件、不計算利害得失的信任，讓信任產生最強大的力量。³³研究發現，當他人展現「不計代價」的信任時（例如信任剛認識的人，或在無法確定對方是否會回報的情況下給予信任），反而更能激勵他人去證明自己值得信任。³⁴

這並不表示信任是與生俱來的本能，我們憤世嫉俗的大腦會不斷重複播放那些遭到背叛的經歷。信任確實很強大，但也令人感到畏懼，對曾經被傷害過的我們來說更是如此。不過，「信心之躍」可大可小，我們可以從小地方開始，例如先將腳踏車借給新朋友（而不是汽車），或是先讓新進員工一開始先處理非關鍵性任務。「大張旗鼓的信任」加上些許「懷疑主義」，能讓我們與他人建立關係時兼具溫度與智慧。這就是聯邦調查局探員德瑞克與「艾文」合作時採取的方式，也是「寬容的以牙還牙」拿下電腦競賽冠軍的致勝策略，也是鄉村銀行支持孟加拉創業者的起點。

當我們放大信任的聲量，奇妙的事情就會發生，甚至可能曾幫美國避免掉一場戰爭。

一九六三年六月，就在古巴飛彈危機發生八個月後，美國和蘇聯都在加緊囤積核子武器，生怕落後對方。就在這時，當時的美國總統約翰・甘迺迪（John F. Kennedy）發表演說時做出一項大膽之舉：公開宣示和平立場。甘迺迪總統拒絕接受兩國早已放棄希望的憤世心態：首先，讓我們審視自己對和平的態度。我們當中有太多人認為和平是不可能的，太多人認為和平是不現實的。然而這是一種危險的、失敗主義的信念。它會導致一個結論：戰爭不可避免，人類在劫難逃，一切都取決於冥冥之中某種無法控制的力量。但我們不必接受這樣的觀點。我們的問題是由人所造成，因此也能夠由人來解決。

甘迺迪總統宣布，美國要停止在大氣層進行核試。這是美國單方面的舉動，事前無法確知蘇聯會否跟進，甘迺迪政府裡的鷹派人士紛紛指責他主動示弱。但蘇聯領袖赫魯雪夫（Nikita Khrushchev）卻開誠布公的做出回應，蘇聯人民通常被禁止聽見任何美國言論，但甘迺迪的演講卻在全蘇聯各地重複放送。赫魯雪夫接著宣布，蘇聯會停止製造核子轟炸機。[35]

情勢降級一步步發生。先是核子試爆禁令通過，接著兩國重新開放貿易，甚至開始協商共同探索太空。這是一場全球舞台版本的「寬容的以牙還牙」遊戲，美蘇兩國給予對方「大張旗鼓的信任」，並採取小步伐、但漸次提升的「信心之躍」，直到戰爭的陰影完全退去（至少是某段時間內）。[36]

從間諜、電腦程式、橄欖球員到國家元首，彼此乍看之下毫無共通之處。但它們都傳遞出同一個訊息：憤世嫉俗的劇本可能變成自我應驗預言，但懷抱信任與希望的劇本，也可能因而實現。只要我們願意去感受和善用信任的力量，就能扭轉憤世嫉俗的惡性循環，讓它成為一種善的循環。

善意與信任　146

第二部

重新發掘彼此

第六章 社交也許沒那麼可怕

當渡邊篤意識到自己的狀況時,他已經關在房間裡足不出戶將近六個月。跨年那天晚上,渡邊在家收看一個串流平台的節目(他清醒時多半流連在這個網站上),他看到一名觀眾留言:「我上一次看見天空,是在海之日*的時候。」他頓時驚覺,自己也是這樣。

他已經變成一名「繭居族」(hikikomori),這個日文詞彙指的是生活中社交孤立的人。[1] 渡邊是如何變成這個樣子的?在我們的電子郵件往來中,他分享自己的故事。渡邊的家鄉在橫濱,那是一個位在東京以南二十五英里的海港城市。家裡的氣氛不甚和睦,他和姊姊很常爭吵,也因此總是被父親嚴厲痛罵。渡邊經常會看電視來逃避現實壓力,所幸,他在藝術創作中獲得自信。他兒時就展現出繪畫和手工藝的天賦,高中念的是專門學校,畢業後就讀於日本東京藝術大學(Tokyo University of the Arts)。

善意與信任　148

大學生活才剛開始,渡邊就發覺藝術界跟其他行業一樣競爭激烈。年輕藝術家必須承受不斷創作的壓力,以及國際市場與媒體的評比,舉凡策畫展覽、媒體報導、獲獎紀錄等等,樣樣都必須接受評價和比較。2不僅如此,藝術家遭到騷擾的情況也數不勝數,甚至還被視為「業內潛規則」。渡邊原本期待進入一個充滿創意活力的「海邊漁村」,卻發現自己置身在充滿壓力的「湖畔小鎮」,這使得原本就飽受憂鬱和焦慮折磨的他,到了大學後情況更是變本加厲,在他的眼裡,這個世界充滿各種冷漠、貪婪、虛偽的人。他憤而把手機摔爛,變得愈來愈宅,內心也更加封閉。漸漸的,他對世界的失望情緒累積成「預期性失望」。

渡邊決定回老家,但家庭卻無法提供他任何倚靠。父親仍舊不改嚴格挑剔,母親則似乎是無意或無能改變現況,這使得渡邊對父母的憤恨不斷膨脹。家裡唯一能讓他感到安全的地方,是他的房間,於是他就一直待在裡面。日子一天天過去,房裡堆滿各種食物包裝和裝著尿液的寶特瓶。

繭居族一詞意指「向內封閉」,描述的是至少有六個月以上,過著幾乎與外界隔絕的

---

* 編注:「海之日」是日本的國定假日,時間是在每年七月的第三個星期一。

149 第六章 | 社交也許沒那麼可怕

成年人。根據日本一項全國性調查發現，每一百名成年日本人中，約有一人是繭居族。[3] 這種情況並非日本獨有，西班牙、阿曼、美國也都有類似案例。[4] 新近研究顯示，許多國家總人口中有將近一％的成年人，每天過著與世隔絕的狀態。[5] 繭居族是一種較為極端的退縮狀態，如果程度緩和一點的孤獨狀態，情況恐怕更為普遍。根據一九九〇年的一項調查發現，美國有三二％的男性表示自己沒有親近的朋友，到了二〇二一年，這個數字躍升成一五％，在短短三十年間暴增五倍。[6] 同樣的現象也發生在女性上，而青少年的孤獨問題成長得更快。二〇一八年一項橫跨三十七個國家的調查顯示，表示自己「經常感到孤獨」的青少年人數比六年前多出將近一倍，這還是在疫情爆發前的統計數字。[7]

孤獨會加劇憂鬱、干擾睡眠、加速細胞老化，並讓人在遇到壓力時更慢恢復健康的身心狀態，[8] 甚至連感冒等一般疾病的症狀，都會變得更嚴重。[9] 在一項可能讓人不適的研究中，研究人員將鼻病毒（會引起輕微呼吸道感染的病毒）直接噴入受試者鼻孔。在接下來的一週裡，每當這些可憐的受試者擤鼻涕時，研究人員會將他們使用過的面紙稱重，結果發現：孤獨者比人際關係良好者更容易感冒，產生的鼻涕也較多。孤獨者和憤世嫉俗者甚至較為早逝。在一項針對三十萬名年長者進行的大型研究中，發現嚴重孤獨感所導致的死亡風險，等同於一天吸十五根香煙、酗酒或完全不運動。[10] 這意味著對老年人來說，與

善意與信任　150

朋友家人在一起飲酒、吸菸、開懷暢談,都可能比獨自喝茶和快走來得更健康。

孤獨是一種神經毒素,而這種毒素正在持續蔓延中。二〇二三年,美國公共衛生署長維維克·莫西(Vivek Murthy)發布一項全國性建議,指出「孤獨已經成為一種流行病」,並提出警告:如果美國人無法建立更穩固的社交連結,整體社會「將付出日漸升高的代價,損及個人和群體的健康」。[11]

現代孤獨病的原因有很多,就像人們在工作中感到疏離、對政治感到不滿,原因也有很多。不過,正如後續章節所揭示的,憤世嫉俗在所有問題中的重要性普遍被忽視,它就像一根隱形的線,把各式各樣的重大問題都串在一塊。但只要我們意識到這個問題,就可以試著為難題找到解方。

社交鯊魚攻擊

我是在美國東北部的麻薩諸塞州長大。每逢夏天,我母親偶爾會在週六時開車載著外婆和我,到鱈角(Cape Cod)的海濱消磨一整天。兩位女士總會待在岸上,我則逕自朝大海游去,直到海灘上的人看起來像是一個個模糊的小點。遠離了所有人,我得以在海浪間

151　第六章｜社交也許沒那麼可怕

自由穿梭、自得其樂。大海捲起一道道波浪，總讓我感到全然的平靜。在那段不太好過的童年時光中，大海讓我獲得暫時的喘息。直到鯊魚攻擊事件發生⋯⋯

別擔心！不是我遭遇鯊魚攻擊，而是在一萬英里以外，一名澳洲人幾乎被大白鯊咬成兩半。這聽起來令人毛骨悚然，不過請放心，你我被鯊魚咬死的機率，比被雷擊還要低五十倍。即便如此，新聞報導的駭人細節仍深深烙印在我十一歲的心靈。有時我夢見自己從高處墜入漆黑的大海，海水不斷朝我湧來，接著，一對幽暗的眼睛從海面浮現。更恐怖的是，有次我去海邊游泳，我發誓真的看到一片魚鰭從白色浪花間冒出來。從此之後，我決定好好跟陸地培養感情，有好幾個月沒再下水。

想像中的鯊魚攻擊，奪走我現實中的快樂。對我們許多人而言，與人互動也是如此。在數十項研究中，研究人員比較人們的社交預期與實際經驗。一些參與者被要求想像與他人互動的經驗；其他參與者則實際與他人互動，並回報過程中的感受。結果發現，人們的預期普遍比實際情況更糟。例如芝加哥和倫敦的通勤族表示，和陌生乘客聊天是件可怕的事，只有不到二五％的人願意主動嘗試。但當研究人員要求參與者無論如何都要跟陌生人交談，許多人意外發現，那是當天最愉快的十分鐘。他們和新認識的人聊天氣，發現彼此有共同的興趣，有些人還因此變成朋友。12

我們有時會對陌生人產生誤解，其實對熟人亦是如此。很多人以為，自己只能跟熟識的朋友聊些無關痛癢的話題，擔心談論的話題太嚴肅或涉及與情感相關的議題，會讓對方感到過於沉重。但事實上，深度對話反而會為雙方帶來充實與意義感。同樣的，我們以為開口請別人幫忙會麻煩他們，但多數人都樂於伸出援手[13]。

我們經常低估讚美、感激和支持的力量，但這些行為都會鼓舞別人，拉近彼此的距離；[14]我們也經常低估言語會造成的傷害，因而導致關係陷入僵局。父母、朋友、愛人隨口拋出的冷言惡語，像尖刺般割裂著我們的心，有多少關係之所以陷入僵局，只因我們忘了，一句善意的話語就能修補裂痕、重建連結。我們習於讓對話流於表面或乾脆選擇沉默，但其實只要主動一點，或許就能交到一個新朋友，或挽回一段珍貴的友誼，然而我們仍一廂情願認為這就是自己想要的。也許你曾聽父母說：要是你沒有好話可說，不如閉上嘴巴。但或許我們該記住另一種建議：如果你真的有好話想說，請直接說出口吧！

與他人互動，其實比大多數人預期得更愉快、更有意義，這是一個好消息。但壞消息是：要真正理解這一點其實並不容易。部分原因來自我們的「負面偏誤」。當我們想像和陌生人交談時，腦海中就會充滿最糟糕的情況，例如被直接拒絕、陷入尷尬的沉默、對方翻個白眼後戴上耳機等等。即使是想像和熟識的人說出一直藏在心裡的話，腦海中的畫面

往往依舊像災難現場。這就是所謂的「社交鯊魚攻擊」，明明發生機率極低，但實在太令人害怕，因而占據我們所有的想像空間。

身為一名隱性內向者，我深刻體會這種預期與現實之間的緊張關係。在公開演講前後，我總喜歡獨處。偶爾在路上遇到認識的人，我會冒出一身冷汗，於是又冒出更多冷汗。我盡量不主動取消聚會行程，但如果剛好別人要取消，我的內心會暗自歡呼。然而，每次與人相處之後，我的感覺又會有所不同。有好幾次，我在派對或聚餐前幾個小時，會想盡各種理由試圖讓自己待在家裡；但幾個小時候，我又會很慶幸自己如期赴約。

對我來說，「出門」有點像「運動」，做之前感覺很可怕，但做的時候和做完之後卻覺得很棒。多數內向者應該也曾有過類似感受。在幾個研究中，研究人員要求參與者表現得像個性外向（如活潑、健談、自信）或個性內向（如比較安靜、被動）的人，並持續幾個小時或幾天。結果發現，被要求做出外向表現的人會覺得更快樂，即便他們是天性內向的人。[15]

「社交鯊魚攻擊」有時是反映我們內心的不安（例如擔心我的笑話很難笑、我有口臭、我總是給朋友添麻煩等等），但更多時候，其實隱藏著我們對他人的負面看法。渡邊

善意與信任　154

篤覺得父母背叛了他，因此他到哪裡都只看到背叛。艾倫・張（Alan Teo）是一名研究繭居族的精神科醫師，他從其他患者身上看到相同的情況。他說：「他們會覺得別人都在傷害自己，但這種懷疑與被拒絕的感受，往往與現實嚴重不符。」[16]

一種更加隱微的孤獨，發生在我任教的學校。每年秋天開學時，我都會為數百名史丹佛學生開設心理學概論課程，課後的輔導時間讓我能持續掌握學生的生活狀況與校園氛圍。二〇二〇年疫情爆發，這門課改為線上進行。透過Zoom會議平台，學生告訴我，他們十分渴望回到校園與同學相聚。二〇二一年疫情趨緩，他們終於回來了，但情況似乎變了。宿舍變得很安靜，學生紛紛抱怨比疫情前更難認識新朋友，就連以前認識的同學，也變得很難建立連結。

這讓我開始懷疑，是否是學生的錯誤認知，影響他們的社交生活。於是在二〇二二年，我的實驗室對數千名學生展開調查，問題分為兩類：第一類詢問他們是什麼樣的人（例如：你有多關心同儕？有多樂於助人？有多渴望認識新朋友？）；第二類則是詢問他們對一般史丹佛學生的看法。

結果我們發現，這個校園似乎存在兩個「史丹佛」：一個是真實的「史丹佛」，根據學生的描述，史丹佛是個充滿溫暖與善意的校園，約八五％的學生表示想要認識新朋友，

155　第六章｜社交也許沒那麼可怕

九五％的學生表示樂意幫助心情低落的同儕，展現出高度的同理心；另一個史丹佛則存在於學生的想像中，是個冷漠又自私的地方，他們認為「一般的史丹佛學生」比較不友善、愛批評且冷漠無情。

這種認知錯誤並非史丹佛特有，我曾對學校體系、政府機關、跨國企業做過類似調查，幾乎每次都出現相同情況：每個群體中的「實際平均人」其實都具有同理心且樂於助人；但人們心中的「想像平均人」卻顯得更刻薄、好鬥，甚至充滿惡意。

人們對社交互動的判斷之所以會出錯，是因為他們低估彼此的善意。就像其他負面偏誤一樣，這種偏誤也會轉化為具體行動，不過這次不是「先發制人的攻擊」，而是「先發制人的退縮」。因為害怕那群想像中不友善的人，我們會努力想避開現實中不友善的人。在史丹佛大學裡，學生愈是認為同儕不友善，就愈不願意向別人傾訴困難或聊天；愈無法用事實證明自己的恐懼是空穴來風，其實周遭有那麼多友善又充滿關懷的人。

全世界的年輕人正經歷焦慮、憂鬱、飲食失調和自我傷害行為激增等問題。而這些問題背後，往往隱含著一種被忽視的孤獨感，以及孤獨感反映出內心潛在的憤世嫉俗，也就是一種認為「他人既不想要我們，也不需要我們」的錯誤想法。17

錯誤的診斷 v.s. 錯誤的處方

孤立會悄悄消磨我們的精力，等到人們感受到這樣的後果時，往往會歸咎於其他因素。孤獨的人經常會因為身體上的病痛到診所和急診室報到[18]，然而，一般醫師治療的是生理問題，不一定能治療人們心理的「孤獨」，所以在無法查出病因的情況下，多數醫師只能開立藥丸或根本不開藥。

我們的文化甚至會進一步鼓勵人們變得更加孤立。以「倦怠」（burnout）為例，這個詞彙大約是在數十年前出現，主要是用來描述護理師工作繁重，因而在情緒上出現心力交瘁的現象，後來也被醫療和教育等照護型產業使用，並逐漸擴大至其他產業。根據一項研究指出，大約有二〇％至五〇％的大學生表示有某種程度的倦怠，也有五％至一〇％的父母表示自己有嚴重的育兒倦怠。在疫情期間，在維持社會運作所需的「必要服務工作者」（essential workers）、父母和社會大眾的倦怠感都大幅上升。[19]

許多人的狀態已經無法用「倦怠」來形容，而是有如燃燒殆盡的木炭，幾乎想不起自己原本的模樣。因此，現在有更多人將心力投注在一種重要的解方，那就是「自我照顧」（self-care），也就是從事各種讓自己遠離煩憂的活動。疫情爆發初期，Google上搜尋「自

157　第六章｜社交也許沒那麼可怕

「我照顧」的次數增加兩倍以上，連企業、學校和醫院都特地安排特定的抒壓日，幫助人們減輕壓力。甚至在公眾領域愈來愈重視這類活動之前，自我照顧產業的年營收就已經超過一百億美元。[20]

瘋狂追劇、吃糖果、泡泡浴都很棒（尤其是全部一起進行時），但有時所謂的「自我照顧」其實是在回答錯誤的問題。被譽為職業倦怠研究之母的克里斯蒂娜・馬斯勒（Christina Maslach）指出，倦怠問題具有多重面向。倦怠者會感受到自己不想要的情緒（例如痛苦和易怒），還會失去大多數人都想要的東西（例如目標感）。在極度疲憊的狀態中，倦怠者會變得更憤世嫉俗，只看到別人自私的那一面。畢竟當你已經沒東西可以給別人時，每個人看起來都似乎想跟你要點什麼。[21]

感覺疲累、痛苦、缺乏意義感和憤世嫉俗，這些都是人們出現倦怠感的症狀，但這些症狀的根源不盡相同，例如工作過度會加劇疲倦，充滿惡意的工作環境會助長憤世嫉俗。因此，針對不同的倦怠來源，需要採取不同的解方。自我照顧確實能減緩人們的痛苦和疲倦，卻不一定能幫助人們找回目標感。[22] 想要擺脫倦怠，另一個更好的做法是為他人付出。當人們付出自己的時間、金錢和精力，經常會感受到有充飽電的感覺。[23] 研究發現，自願協助陌生人解決問題的人較不容易感到憂鬱，當學生幫助某個同學，他在當天會感覺

善意與信任　158

不那麼孤單。24 根據一項針對醫護工作者的近期研究顯示，唯一能減輕憤世嫉俗的因素，是對他人的同理心，而不是自我照顧。25

幫助他人是獻給自己的禮物，但同樣的，這個好消息往往被人們所忽略，反而總是（且錯誤的）以為，多花時間和精神在自己身上會讓自己更開心。26 我們總是將別人看待成比實際上更自私的人，並將這樣的憤世嫉俗心態投射到鏡中的自己，這使得我們犯下社交上的錯誤。在一項令人感傷、卻又深具啟發的研究中，研究者請大學生每星期回報他們的感受及社交目標。結果發現，當學生感受到愈多焦慮和憂鬱，就會花愈多時間在自己身上；當他們愈專注在自己身上，憂鬱情況就變得愈嚴重。27

大多數醫師都不知道該如何診斷這種人際斷裂，而大多數人也是如此。當我們陷入一種無力的委靡狀態時，常會認為最好的處方就是「以更舒服的方式獨處」。企業樂於迎合這種想法，不斷推出各種高價商品讓我們獨自享用。我們渴望人際連結，但卻讓自己落入市場經濟的懷抱之中，任憑彼此間的距離愈來愈遙遠。

疫情過後，數百萬人（尤其是年輕世代）希望後半輩子都能在家工作。外送平台 Seamless 則在紐約市地鐵站刊登這樣的廣告：「紐約市有超過八百萬人，而我們能幫你避開他們」。

159　第六章｜社交也許沒那麼可怕

獨處能帶來創造力與內心的平靜，現在可說正是風頭正盛。然而若要真正擁有豐富的人生，就必須要走出去，跟其他人一起。獨處看起來很輕鬆，但久而久之，與人相處就會變得更加困難。在慣性的影響下，腦海中的「社交鯊魚」會變得愈來愈大、愈來愈兇猛。

逃離「獨處」的深淵

在度過與世隔絕的七個多月後，渡邊開始覺得再這樣下去，他會死在自己的房間裡。但接下來發生的事，完全超出他的控制範圍。那天，他的父親打電話找來一家專門將繭居族強行拖出、送進庇護所的公司。得知此事，渡邊勃然大怒，他破門而出，衝進對他來說變得陌生的客廳。他看見茶几上堆滿之前從沒見過的書，並拿起書翻閱，這才發現，這些全是母親買來理解繭居族的書籍。他回憶道：「原來她一直努力想了解我的內心世界。」母親的關愛瞬間瓦解渡邊長期以來的武裝與防衛。當母親返家後，兩人進行很長一段時間的談話，終於敞開彼此心扉，承認各自的痛楚與挫敗，也開始思考如何挽救彼此的關係。談到一半，渡邊還因為太久沒講話，喉嚨乾到發不出聲。在這次談話之後又過了好幾個月，他才真正回到社會，但這次談話改變他的人生，他說：「從那天起，囚禁內心的鎖

善意與信任　160

鏈開始一點一滴的消失。」

與曾經深陷「匿名者Q」陰謀論的梅根一樣，渡邊從困境中解脫的關鍵，也在於獲得人際關係帶來的安全感，而這樣的改變，又一步步帶動其他面向的改變。對他來說，這並非易事，畢竟在那段繭居時光裡，他的身心有了很大的改變，不僅衣服不再合身，還成為晝伏夜行的人。後來，在母親的支持下，他住進一家診所三個月，在那裡練瑜珈、做陶藝，重新恢復健康。

在診所裡，渡邊在一名醫師的帶領下學習「內觀」（Naikan），這是一種源自於日本佛教，教人觀照內心的技巧。內觀的核心觀念是「看見自己」，因為我們有時會欺騙自己，因而做出誤判。內觀治療的方法是，讓內觀者透過自我探問，審視自己與外界的關係，例如：「今天我從別人身上得到了什麼？」、「今天我給予別人什麼？」、「我們往往會忽視他人對我們的付出，卻放大自己所承受的委屈。與人發生衝突時，我們總記得別人犯下的錯誤，對自己做過的事卻選擇性遺忘。就像認知行為治療中的「現實測試」，內觀治療藉由質疑人們的信念，用「抱持希望的懷疑主義」替換掉內心原有的負面假設。[28]

以渡邊來說，他形容過去的自己是「非黑即白的思考者」，總是用僵化、偏狹的二分

161　第六章｜社交也許沒那麼可怕

眼光看待家人和社會。但自從他開始學習內觀，才發現原來可以用多元角度進行思考，不只是感受到自己的痛苦，也體會到母親的痛苦；不只是對藝術界各種不公平現象感到憤怒，也看見許多人正致力於改善現況。回憶起從前的自己，渡邊說：「我從前生活中的那些困難，現在幾乎都消失了。」

「現實測試」徹底改變渡邊的身心狀態。在史丹佛大學，我們也曾採用這種方法來對抗「社交鯊魚」對學生的攻擊。二〇二二年時，我們推出一個廣告促銷活動，促銷對象是史丹佛大學部學生，而促銷產品，也是史丹佛大學部學生。我們知道有些學生對於其他同儕抱持錯誤的印象，因此，我們想運用科學數據來呈現學生的真實樣貌。透過一系列全校性活動，我們試圖讓學生看見，大多數同學多半具有好奇心與善意。

事實上，這種認知偏誤在世界各地都很常見，這意味著我們也許可以運用懷疑主義和科學數據，幫助人們重新思考自己對他人的假設。不過，想要測試社交的「水溫」，唯一的方法就是直接跳進池子裡，雖然剛開始難免會感到害怕，但多數情況下，池裡的水溫都是讓人舒適的。不久前，心理學家進行一項實驗，邀請三百多人參與一項名為「對話獵人」（conversation scavenger hunt）的挑戰。參與者要在一週之內與不同類型的陌生人攀談，例如穿著亮眼、戴圍巾或富有藝術氣息的人等等。活動開始前，參與者先對挑戰成功

善意與信任　162

率進行自我評估，結果發現，參與者認為平均每攀談兩人，才能成功展開對話；換句話說，他們預估的成功率為五〇％。但等到累積一些實際經驗後，研究者再次請參與者自我評估，結果預估成功率提升到八〇％。可見，真實的互動經驗能讓人們發現，別人其實比我們想像得還要友善。29

這種「信心之躍」會重新校準我們的想法，但它真的能用來打敗孤獨嗎？在英國，醫師開始為病患開立「社交處方」(social prescribing)：當診療病患的疼痛後，醫師會順帶詢問病患的人際關係狀況，並針對不足之處提供建議。例如，醫師會建議熱衷騎自行車的人加入自行車俱樂部，建議喜歡閱讀的病患到圖書館當志工。

在新冠疫情初期，英國國家健保局（National Health Service）甚至投入超過一千萬英鎊的預算施行社交處方，雖然目前它的實施效益仍待更多研究的釐清，但根據初步研究顯示，實施效果相當好。遵照醫師開立社交處方的病患表示，他們的人際連結、生活意義感和幸福感都增強了。30 或許有人會想，開立社交處方不會加重醫師的負擔嗎？如今醫師除了治療病人，還要兼任社工？但事實上，社交處方計畫似乎能同時提高治療的效益。一項早期研究顯示，社交處方能減少患者的孤獨感，使病患求診醫療院所和急診室的次數下降五〇％。31

美國公共衛生署長在二〇二三年發布的建議中,敦促美國效仿英國,給予醫療專業人員社交處方訓練,幫助病患擴大社交範圍,培養樂於行善的「連結文化」(culture of connection)。這些都是很好的建議,但即使醫師開出社交處方,要是人們之間缺乏信任,他們還是不會按時「服藥」。

我並不清楚你的社交生活面貌,但你有可能也跟大部分人一樣,沒有意識到周遭的人其實多麼渴望交談,也沒有發現與他人建立連結能為你帶來多大的滿足感。我就是如此。

我人生中絕大多數時間都在努力討好別人,因而被謔稱「笑臉哥」。直到我意識到這個問題並試著改變,便漸漸能做真實的自己,也更能從容自在的獨處。但疫情封城的那十六個月裡,那份從容自在卻開始變質。我原本滿心期盼「重回人間」,渴望與新舊朋友聯繫,卻發現人際社交變得像爬一座陡峭的高山那般困難,原本自然而然的互動,轉為一種生澀的羞怯。明明在對街看到認識的人,卻在邁出腳步時有所遲疑,隨即轉身走進咖啡店裡躲起來。

我花了好多年的時間鼓勵人們勇於嘗試社交水溫,但出於懶惰和害怕,我卻沒有實行。所以不久前,我決定進行一個新實驗「相遇計數器」(encounter counting),實驗方法很簡單:在兩天內,只要有機會能跟某人聊天,我就會把握機會。我會為每次談話寫下筆

善意與信任　164

記，等到兩天後，再來檢視互動的結果。

在實驗期間，我必須出差到北卡羅來納州，整個旅程中要搭四趟飛機、用餐六次、上健身房兩次。這個實驗看似簡單，但當我搭上飛往華盛頓特區的五小時航班時，才發覺根本不是這麼一回事。搭機時，我習慣戴上降噪耳機武裝自己，如果不戴耳機，感覺就像是穿著睡衣上戰場一樣尷尬。我看了看身旁的乘客，他看起來是個友善的男士，但我又想，他可能並不想聊天。就算我在飛機上試著與他交談，他應該會用最低限度的禮貌來掩飾他的不感興趣，我們的對話肯定會無疾而終，接下來還要忍受三百分鐘的尷尬沉默。我彷彿感覺到「社交鯊魚」正在身邊游來游去。

這時有位路人經過，讚美我身旁乘客的毛衣，那是一件灰藍色底，點綴著橘黃色圖案的毛衣。毛衣確實很漂亮，所以我也表示附和。鄰座乘客笑著說：「這恐怕是我最後一次讓太太幫我挑衣服，她的品味太過時髦了。」我們的對話就此展開，他說自己是來自西非獅子山共和國（Sierra Leone）的穆斯林難民，後來輾轉來到美國南方，從商學院畢業後就在大小企業中打拚。他說：「我不太確定自己算是實現『美國夢』，還是實現『美國的噩夢』。」我回答：「那要看你問哪個美國人了。」談話很快就變得深入，聊到育兒經歷時，他提到他那患有自閉症的兒子，徹底改變他對人生事項的優先順序；聊到家鄉時，他

165　第六章｜社交也許沒那麼可怕

說自己曾依照家鄉的喪禮傳統，親手將祖母的遺體放進簡樸的土坑，那一瞬間，將他年輕時的所有傲氣都洗刷殆盡。

過了大約一小時左右，我們暫停對話，各自拿出筆電，度過兩百四十分鐘一點也不尷尬的沉默。飛機降落後，我們告訴對方自己的名字，握手道別。這個「相遇計數器」實驗的初體驗給予我動力，讓我更樂於投入與人互動的美好時光中。我通常會坐在餐廳吧台，一邊閱讀小說，一邊觀察有無機會與人交談。在一家小餐館裡，我驚訝發現有人戴了一只跟我一樣的罕見手錶。在一家法式餐廳裡，酒保和兩位客人則熱烈討論著哪些甜點最受大眾歡迎。

我通常會主動開啟聊天，最後實驗期間共進行八次對話。出於尊重，我總會為別人留個退場機制。此外，只要交談對象是女性，為了避免對方會錯意，我會盡快提到我太太。

不過，大部分的防備措施都派不上用場。在實驗尾聲，我將五次對話感受評分為「愉快」或「非常愉快」，一次（第一次搭機的鄰座乘客）是「極其愉快」，兩次是「普通」。有些對話雖說是馬馬虎虎，但沒有一次令我感到痛苦。

其實，讓我感到震驚的是，這個實驗竟然會讓我如此驚訝。過去幾十年來，我的實驗室對美國及世界各地的上萬人進行研究，我很清楚一般人都是善意且開放的。但在我的內

善意與信任　166

心深處，這些知識卻沒有被真正內化。

在一個癡迷於衡量一切的文化中，「停止計算」可以幫助我們找回內心平靜。但人生中還有其他值得我們投入更多關注的部分，例如我們與他人分享的美好時刻。這些時刻能提高我們的覺察力，讓我們更珍惜人際連結的美好。

在北卡羅來納州度過的那個週末，並沒有完全扭轉我因疫情而產生的社交羞怯；同樣的，一次簡單的實驗可能也無法改變你的人生。但現在，當我猶豫是否要和某人建立連結時，我會提醒自己：我所感覺到的害怕，多半與對方無關。我們每個人都可以更細緻地觀察自己，以及觀察我們與他人的互動。如果你對人們的溫暖回應感到驚訝，請好好記住那種感覺，下一次，你就不再那麼驚訝了。

照顧他人，就是照顧自己

那天第一次和母親促膝長談後，渡邊回頭望向自己的房間。那一刻，他似乎變了一個人，以一種陌生人般嶄新又超現實的視角，重新觀看那個空間。房內的混亂與骯髒，「是一種絕不該讓別人看到的樣子」，完全透露出居住者的心理狀態。對渡邊來說，這是一間

167　第六章｜社交也許沒那麼可怕

獨特、令人感到羞恥的空間,但全日本有超過一百萬人同樣生活在自己構築的繭巢中,讓自己變得愈來愈封閉。

他從一團混亂中挖出一台相機,拍下自己和房間。他告訴我,這是他的反抗行動。

「我必須翻轉過去那些封閉退縮的日子,讓它們得以昇華,成為一次強而有力的反擊」。

他花費近兩年的時間重新適應外面的世界,但拜這段時間的沉潛所賜,渡邊重新開始藝術創作。他沒有否定身為繭居族的經歷,反而深入探究它的輪廓。在他回歸社會後所做的第一批藝術作品中,有件作品是他在一家藝廊裡建造一座混凝土小屋,然後他把自己關在裡面。整整七天,他就生活在這個不超過一張佛教冥想者使用的榻榻米空間裡。一週結束後,渡邊鑿破牆壁,迎面而來的是相機閃光燈的光,象徵著迎接光明。這件作品比起他以往的任何作品都更具私密性,而這個作品也成功引起許多人的共鳴。

藝術就像化學反應一樣,可以轉化人們的經驗。對渡邊來說就是如此,他將繭居族與世隔絕的親身經驗,轉化為對於社會的觀察。接著,他轉而將創作主題放在關注別人的痛苦,例如自己的母親。在他結束繭居族生活六年後創作的一個影像作品中,他和母親兩人隔桌對坐,桌上則放了一座自家的陶土模型。在幾秒鐘內,他們一起用榔頭敲碎這座模型;接著,又花了好幾個小時把所有的碎片黏合回去,影像同時搭配口白,描述這個家庭

這些年來所經歷的一切。

這個辛苦修復的過程令人聯想到「金繼」（kintsugi）的意象，那是一種將不完美的陶器變得更美的日本傳統修復技法。我不禁想到，人生中總有某些時刻不知道會發生什麼樣的事。我們有時會搞砸事情，生命中某些部分因為自己一手造成的謎團而粉碎。這種時候，我們該做的就是將能找回來的任何碎片，慢慢的組合回去，就像渡邊和他母親所做的那樣。現在的渡邊自己獨自生活，母親則經常到離家才二十分鐘的工作室看他，渡邊的父親則對工作室的位置一無所知。

在另一場展覽中，渡邊邀請日本各地的繭居族分享自己房間的照片，這個策展獲得數十名繭居族響應。渡邊將這些照片排列在藝廊的一堵破牆後面，觀眾得用類似偷窺的方式，透過牆面縫隙才能看見照片。這些照片顛覆觀眾以往對於繭居族的刻板印象，例如，並不是所有繭居族都有囤積症，或是有酗酒及打電動的習慣。有些人的房間非常整潔，或擺設許多宗教物品。每一張房間照片都傳遞著自己的聲音，而當這些照片集合在一起，便形成一種大合唱，呈現出一群由孤獨所定義的人群樣貌。

展覽開幕首日，吸引大批媒體和觀眾前來觀賞。出人意料的是，有些寄照片過來的繭居族竟然也來了，他們已經有好幾個月、甚至好幾年都沒有走出家門。

渡邊的人生兜了一個大圈，現在的他，畫出一個圓滿的圓：從感覺到藝術界的壓迫，到如今能夠在其中發揮影響力，運用自己的創作為受傷的人們發聲。現在的他定期收到日本各地的藝廊和美術館委託製作作品。這樣的轉變或許在某種程度上療癒了他，但那從來不是他的初衷。他說：「我從來不把創作當作自我療癒，我認為幫助別人、關心別人，才是讓社會變得更好的方式。我相信，唯有讓社會變得更好，我才會得到救贖。」

緊緊相繫的共同體

專注投入社會正向變革的渡邊，無意間接觸到「自我照顧」一詞的歷史脈絡。他發現這個詞彙，其實源於一段關於自然與互助的思想傳統。十九世紀，俄國博物學家兼親王之子（後來成為無政府主義者並被捕入獄）彼得・克魯泡特金（Peter Kropotkin）曾跋涉穿越西伯利亞觀察野生動物。在那片生存條件嚴苛的凍原上，動物們會彼此合作：狼成群結隊的狩獵；馬則聚集在一起，結成防禦陣形來抵禦狼群；鹿群一同覓食及尋找新牧場；鳥兒彼此依偎保暖。克魯泡特金在著作《互助論》（Mutual Aid）中主張，生命最原始的動力是合作，而非競爭。為了在惡劣環境中生存，動物必須彼此照顧。32

當代社會將邊緣群體置於同樣嚴苛的生存條件下，貧困地區淪為新鮮食材供應稀缺的「食物沙漠」，身心障礙者則面對無障礙設施不足、公共空間設計不友善等處境。許多人不再坐等世界改變，而是自己組成互助群體。在一九六〇年代，非裔美國人組成的黑豹黨（Black Panther Party）推出「生存計畫」，為窮困社區提供藥品、健康食材、瑜珈課程。這些行動不只是一種自我照顧，更是向一個否定黑人價值的社會，發出人性與尊嚴的吶喊。[33]

一九八八年，身兼作家、教授、社運人士的奧德雷‧洛德（Audre Lorde）在其著作《乍現之光》（A Burst of Light）中寫道：「自我照顧並非自我放縱，而是自我保存，這是一種面對壓迫時的戰爭行為。」[34]如今，人們可以在商店販售的馬克杯和海報上看到這句話。照顧自己當然很重要，然而，當「自我照顧」成為商品化的產業時，焦點便轉向個人享樂與身心平衡，逐漸偏離它原本根植於集體抗爭與社會正義的意義。[35]

在洛德和其他人的觀點中，自我照顧從來不是個人的事，而是必須根植於社群和團結。這不僅呼應克魯泡特金對自然界物種生存的觀察，也與心理學及神經科學對人性的認識一致：自我與他人之間沒有明確分界。我們是彼此連結的物種，幫助他人就是善待自己，照顧自己也是在支持他人。

互助其實是一個古老且延續至今的傳統。疫情期間湧現數千個這樣的計畫：人們自

171　第六章｜社交也許沒那麼可怕

願幫免疫力低下的鄰居採買物資、集資支持遭資遣的服務業者，以及成立臨時的快閃食物銀行。[36]當美國西部農民自殺率開始攀升，社區便發起「咖啡休息計畫」（Coffee Break Project），由人們主動關心身邊可能陷入困境的人。這項計畫的標語是：「你是否用照顧作物和牲畜般的用心，來照顧你的鄰居？」[37]

只需要一點點改變，就能夠讓互助在我們的日常生活中扮演更重要的角色。職場和學校可以在強調「自我照顧」外，加入「他人照顧」（other care）的想法，例如：設計定期、有組織的善意參與機會，像是每月安排一天讓員工或學生參與志工服務。如果你是領導者，無論是在企業、學校、民間社團或公家機關，都可以將所屬組織打造成「海邊漁村」般信任合作的共同體。但對許多領導者來說，這並不容易做到，因為想要做出改變，第一步必須徹底改變目前缺乏信任且有礙合作的領導方式。

善意與信任 172

第七章 構築信任的文化

二〇一四年一月三十日，彭博新聞社發表一篇標題不留情面的文章〈為什麼你不會想當微軟執行長〉（Why You Don't Want to Be Microsoft CEO）。[1] 儘管這間公司曾取得巨大成功，卻在電子閱讀器、作業系統、智慧型手機等領域錯失原有的領先優勢。二〇〇〇年，微軟市值超過五千億美元，是蘋果（Apple）的上百倍。但二〇一二年時，微軟市值已經蒸發一半，蘋果則上升至五千四百一十億美元。光是iPhone手機帶來的營收，就超過微軟所有產品的營收總和。[2]

這個科技業的歌利亞巨人，被組織更精簡、更具野心的對手重重擊倒。在微軟嚴重挫敗的背後，其實藏著更為隱性的內部問題：其企業文化充斥著不信任與勾心鬥角，而且往往過度追求短期利益而犧牲長期願景。工程師兼漫畫家高漫翔（Manu Cornet）在作品「組

織架構圖」（org chart）中精準捕捉到這一點，將微軟各部門間的關係，描繪為武裝對峙狀態。

這確實是個嚴重問題，但一點也不新鮮，更非微軟所獨有。所謂的「組織性慣世嫉俗」（即一種認為組織內充斥著貪婪與自私者的感受）早已席捲無數職場，徹底摧毀員工的士氣、幸福感與生產力。3 這些問題的背後，反映出人們對一間公司、一個團隊、一所學校該如何蓬勃發展的根本性誤解。

「經濟人」的出現

美國奇異公司（General Electric）在全

微軟公司

善意與信任　174

盛時期又被稱為「慷慨奇異」（Generous Electric），這無疑是對其企業良知的認可，因為這家公司將高額營收用來提升員工薪資與福利（比給股東的紅利多十倍）。奇異高層認為將利潤分享給員工不是一種奢侈，而是必要之舉。一位高階主管是這麼說的：「有能力規畫自身經濟前景的員工⋯⋯是雇主最具生產力的資產。」[4]當員工感到安全與保障，自然更願意將時間、精力和創新回饋給公司。

奇異的慷慨至少有部分是出於被迫，因為在一九三〇年代經濟大蕭條影響下，美國政府推出一系列限制企業揮霍行為的法規，工會迅速崛起並積極捍衛員工權益。但一九八一年時，政治人物再度放鬆監管力道，傑克・威爾許（Jack Welch）就在這樣的氛圍下，接下奇異執行長的棒子。威爾許的遠見卓識，讓他在二十年後贏得「世紀經理人」封號。當年他看到的是什麼？答案就是「經濟人」。

早在一個世紀以前，英國經濟學家凱因斯（John Neville Keynes）就批評經濟學界將人類過度簡化為「完全由對財富渴望所驅動的生物」，他認為這根本已經不是人，而是一種稱為「經濟人」的新物種。[5]你多半不會想讓這種「經濟人」成為你的朋友、同事或伴

＊譯注：又稱「理性經濟人假設」，即假定人的思考和行為都是始終理性和利己的，並盡可能使追求目標利益最大化。

175　第七章｜構築信任的文化

侶,因為他們無時無刻都在不斷計算,為了實現個人利益,不惜拋棄一切原則與人際關係。好消息是,這種人在現實生活中非常罕見。就連經濟學研究也累積許多證據,證明現實中的人比「經濟人」更友善、更願意分享,也更有道德原則。[6]

「經濟人」誕生之初,就是扮演諷刺性角色,而不是說這種人真的存在。但這個概念剛進大學時,第一批受害者就是經濟學家自己。研究發現,主修經濟的學生在依舊持續帶來深遠影響,社交行為跟其他科系的學生沒有兩樣;但到大學畢業時,他們卻變得更不慷慨,也更加憤世嫉俗。這意味著光是學習「經濟人」的概念,就可能讓他們相信人性是自私自利的,並將其付諸實踐。[7]

許多學者和領導大師錯過了凱因斯的玩笑,於是將「經濟人」奉為圭臬,認定貪婪才是通往成功的捷徑。這個情況與凱因斯時代流行的一種偽科學「社會達爾文主義」(social Darwinism)非常相似。事實上,達爾文並不是社會達爾文主義者,所謂的「理論」根本禁不起任何嚴格檢視。但它對超級富豪、優生主義者和納粹黨來說,就像貓遇到貓薄荷般難以抗拒。掠奪國家資源者可以用社會達爾文主義為自己的行為辯護,極端不平等不再被視為道德上的失敗,反而成為某些人天生優越的證明。企業大亨約翰・洛克菲勒(John

善意與信任　176

D. Rockefeller）就曾充滿熱情的說：「大型企業之所以能夠持續成長，就是因為優勝劣敗、適者生存⋯⋯這是自然法則與上帝法則的體現。」[8] 社會達爾文主義的火炬就這樣傳承了一個世紀，從鋼鐵大亨傳到避險基金經理人手中。在一九八七年的電影《華爾街》（Wall Street）裡，由麥可・道格拉斯（Michael Douglas）飾演的無良金融大亨戈登・蓋柯（Gordon Gekko）將洛克斐勒的想法升級為一九八〇年代的版本，他說：「貪婪是對的，貪婪是有用的。貪婪使人揭露本質、畫破迷霧，捕捉到人類演化精神的本質。」

許多現實生活中的「蓋柯」都深受這種思想啟發。這意味著人們和企業可以將利潤最大化凌駕於一切價值之上。如果自然將人類創造成永無止境的競爭者，那麼我們為何要壓抑真實本性？商學院對這一套理論深信不疑，鼓勵領導者把員工視為一群「經濟人」。這意味著要釋放員工的本能，讓他們露出「血淋淋的獠牙與利爪」與所有人廝殺，包括彼此。一位管理學教授指出，學生必須了解「企業的競爭對象不只是同業，還包括供應商、員工和監管單位」。[9]

這番話，很少有企業領袖能比威爾許聽得更仔細。他掌權後立即取消奇異公司的慷慨作風，透過赤裸裸的競爭來逼迫人們投入更多工作。員工被視為公司的負債而非資產，所以威爾許如削減成本般大量裁減員工。他最喜歡的一種策略稱為「排名與解雇」（rank and yank），每位經理必須將團隊成員的績效強制分為高、中、低三級，表現突出者得到獎勵，落後者會被剔除。透過社會達爾文主義的視角，威爾許相信淘汰掉較弱成員後，團隊可以跑得更快、更遠。

這種做法會摧毀職場人際連結，但能在短期內使利潤提升。之後幾代企業領導人普遍讚揚威爾許，並追隨他的腳步。剛從大學畢業時，史蒂夫·鮑爾默（Steve Ballmer）跟傑夫·伊梅特（Jeff Immelt）是共用同一間辦公室的同事，伊梅特後來成為威爾許的接班人，而鮑爾默則於二〇〇〇年接任微軟執行長。鮑爾默將威爾許那套營運策略帶進微軟，實施「排名與解雇」制度，對員工設下嚴格限制，連最基本的決策也需要層層核准。

這些政策原本是要確保員工朝目標前進，卻反而拖慢他們的效率。微軟產品經理馬克·托克爾（Marc Turkel）於二〇一〇年啟動一項專案，同時對街有個十二層樓的大型建築正好開始動工。接下來，托克爾忙著各部門之間的協商，會議永遠開不完。為了尋求主管、主管的主管、主管的主管的支持，團隊耗費好幾個月時間。在一次同樣冗長的會議中，托克爾望向窗外，看到對街的建築已經完工，而他們的專案依舊遙遙無期。

在鮑爾默的領導下，微軟對其他科技巨頭開戰，例如許多產品禁止在蘋果的iPhone手機上使用。[10] 微軟不承認蘋果已經在行動裝置戰場上勝出，而是在二〇一三年試圖透過併

善意與信任　178

購諾基亞（Nokia）扭轉局勢，結果卻是一場曠日費時、毫無成果的旅程，最終為公司帶來數十億美元的損失。[11]

威爾許、巴爾默以及現今無數執行長的行事方式，彷彿他們領導的組織裡充斥著一群自私自利、心中只有算計的游牧民族。研究顯示，領導者的缺乏信任感會滲入用來激勵員工的「胡蘿蔔和大棒」中。在這類憤世嫉俗的組織中，即使你對人非常糟糕，只要個人績效卓越就能得到獎勵，這種「天才文化」會腐蝕掉同事之間的信任。[12] 缺乏信任感的管理者往往假設員工自私自利、會想方設法鑽漏洞。為防範這種弊端，他們會採取先發制人的手段，進行各種監控、威脅與利誘，以從員工身上榨取更高的勞動力。

從工廠、倉儲中心到辦公室隔間，一直被充滿猜疑的主管嚴密監控。美國十大私人企業中有八家會追蹤員工的個人生產力，通常是採取即時監控，有時甚至出現近乎荒謬的監控方式。明尼亞波利斯（Minneapolis）一名從事臨終關懷的牧師說，她的公司從二○二○年起開始發放「生產力積分」，探訪臨終病患算一分，參加喪禮算一‧七五分。[13]

新冠肺炎疫情爆發後，數百萬員工臨時開始遠端工作，一邊應付疫情初期生活中的各種亂象，一邊努力如期完成任務。大型企業本可以信任員工，讓他們按照自己的時間規畫完成工作目標，但卻有六成公司選擇反其道而行，透過反烏托邦式的間諜軟體監控他們。[14]

179　第七章｜構築信任的文化

員工按「活躍時間」的分鐘數獲得報酬，當偵測到鍵盤使用時，系統會同時透過視訊鏡頭進行面部檢測，以確定員工確實在場。一位律師在休息上廁所後，必須對著筆記型電腦用三個角度拍照，以證明已經將自己「鎖回辦公桌上」。[15]

透過比較與監控，管理者們讓員工彼此競爭，同時也向每個人傳遞出「我不信任你」的訊號。當這類做法變得愈來愈普遍，企業待遇落差問題也隨之加劇。一九六五年，美國企業執行長平均薪資約為一般員工的二十一倍，但到二〇二〇年時，這個數字已經暴增至三百五十倍。在一個充斥著「經濟人」的世界裡，這或許還能接受；但在現實世界裡，我們將為此付出怎樣的代價？

不信任的沉重代價

微軟公司付出的代價不可小覷。在鮑爾默的帶領下，公司士氣逐漸潰散，更不用說產出創新。其中的罪魁禍首之一就是「排名與解雇」制度。每六個月，微軟各部門高階主管就會放下會議室百葉窗，在白板上用便利貼排列員工考績，來決定他們接下來的命運。無論團隊成員有多麼優秀，主管仍舊要選出幾個表現較差的人裁員。

這種績效管理制度在公司內部引發連鎖反應：有才華的工程師會想盡辦法獨善其身，寧願成為一支平庸團隊中表現最好的人，也不想在一支優秀團隊中做表現不上不下的人。在零和的世界裡，能夠存活不等於出類拔萃，想要逃離老虎的魔掌，只需跑得比最慢的人快就好；就算跑不贏，也要設法暗中絆倒別人。如同一名微軟工程師所言：「負責開發新功能的人會公開詆毀他人的貢獻。我學到最寶貴的教訓就是，表面上要對人行禮如儀，私底下則必須有所保留，免得讓別人超越我。」[16] 不僅如此，員工之間也會互相散布謠言，產品經理馬克・托克爾（Marc Turkel）將其稱為「人格暗殺式管理」（management by character assassination）。在過去的東德，間諜可能出現在商店、街頭或是你家裡；而在微軟，間諜則是不時在茶水間徘徊。

由於員工之間會搶奪功勞，合作幾乎成為不可能的任務。為了避免失敗，員工只想待在舒適圈。[17] 為了追求股東價值最大化，管理團隊轉而追逐短期獲利，而非投注心力在需要數年或甚至數十年才能開花結果的重要趨勢。微軟於是淪為一個搖搖欲墜、官僚風氣盛行的組織。

在憤世嫉俗風行的組織裡，員工容易感到筋疲力竭，難以從工作中獲得滿足感。他們經常發生衝突，不願與他人分享知識。這種情緒還會從領導階層迅速向下蔓延，導致

181　第七章｜構築信任的文化

員工也跟著憤世嫉俗。根據二〇二二年的「愛德曼全球信任度調查報告」(Edelman Trust Barometer)指出，當員工感受到上司的信任時，有九成的員工會報以信任；相反的，當員工感受不到信任時，則只有不到一半的員工會信任上司，他們對執行長的信任更低至不到四分之一的比例。而且就像是憤世嫉俗者的人生，憤世嫉俗員工的職涯也較為短暫，因為他們總是忙著尋找退場時機。[18]

或許你會想，想要在組織中出人頭地，本來就要付出代價。鋼鐵大亨暨社會達爾文主義者安德魯‧卡內基（Andrew Carnegie）就是這麼想的。他曾遺憾的表示，永無止盡的競爭「對個人來說有時真的很難熬」，但是「對於整體人類來說有益，因為它能確保適者生存」。這個觀點看似合理，但事實證明，憤世嫉俗的組織卻相當「不適生存」。

為了將企業貪婪正當化，社會達爾文主義者忽略了克魯泡特金等科學家的發現：動物之所以能繁衍生存，是透過合作，而非相互對抗。人類作為高度社會化的生物，更將合作提升到另一個層次。社群造就出各自的文化，並像對抗的超級有機體般相互競爭。群體間的競爭愈激烈，個體就愈需要團結合作以脫穎而出。就像在戰爭期間，國家和部族會對敵方充滿敵意，內部人民則充滿愛國熱情。根據超過四十多個國家所做的數十項研究發現，戰爭會增強群體內的慷慨行為[19]，例如士兵和鄰里間願意為彼此擔負生命風險。[20]

善意與信任　182

衝突不必非得訴諸暴力，才能讓雙方團結。在運動、工作、生活中，群體合作的程度愈高，競爭時的表現通常愈好。曾在美國職籃擔任前鋒的前美國參議員比爾・布萊德利（Bill Bradley）說得好：「群體成功可以確保個人成功，但反過來卻不一定。」用績效汰除、嚴密監控、微觀管理等做法，只會削弱公司的優勢，組織中的憤世心態還可能帶來巨大的經濟成本。相互信任的夥伴與外部企業會頻繁合作，並建立長久互惠的夥伴關係；而抱持憤世心態的組織則在懷疑和摩擦中消耗合作能量：非正式的協議被冗長的合約取代，雇用高薪律師來保護自己與防範對方。這些因為缺乏信任而衍生的開銷，又被稱為「交易成本」，有時這些成本甚至可能迅速攀升至數千萬美元。21

在一個凡事斤斤計較獲利底線的「經濟人」世界裡，憤世嫉俗的組織會逐漸忘卻人性，也忽略真正要守住的「底限」。透過權謀與鬥爭，或許一時能讓你爬到組織的高位，但最終你可能會驚覺，其他企業、團隊或社群早已在持續合作中共同成長。至於從憤世嫉俗的「湖畔小鎮」倖存下來，傷痕累累、疲憊不堪的少數人，終究難以與團隊合作的「濱海村落」相抗衡。

183　第七章｜構築信任的文化

日益增加的憤世嫉俗者

很少有人生來就擅長背刺和精於辦公室政治。許多老員工記憶中的微軟，與今日截然不同：當時的工程師都穿著夏威夷襯衫，辦公室裡瀰漫著一股電腦怪咖特有的歡樂氣氛。

但是，當公司將員工視為自私且不可信任的人（如同微軟、奇異公司，以及無數企業那樣），最終只會誘發出員工最糟糕的特質。

就像波士頓消防員被指控濫用病假後，請病假的人數反而急速上升。在二○一○年代，富國銀行（Wells Fargo）主管為了強迫員工達到超乎常理的業務目標，鼓勵員工們彼此競爭，結果導致員工開設數十萬個虛假帳戶和信用卡，最終使該銀行付出將近兩千億美元的罰款。一名員工回憶起自己哄騙一名老太太開立她根本不需要的帳戶，難過的說道：「那是我人生中最糟糕的時刻。」[22] 惠普電腦創辦人大衛‧帕克德（David Packard）在《惠普之道》（*The HP Way*）書中寫到，他在奇異公司工作時，公司為了防範員工偷竊，而將所有設備上鎖。帕克德說：「當員工看到上頭如此公然表明對自己的不信任，許多人乾脆坐實這種猜疑，只要逮到機會，就會把工具和零件帶走。」

如今，這種不信任已經轉為數位化，對不信任的報復手段亦然。市面上開始出現一些

善意與信任　184

讓員工用來欺騙公司的監控軟體，例如長得像是迷你型掃地機器人的「虛擬滑鼠」（Mouse jigglers），會透過間歇不定的移動，創造員工正在工作的假象。在亞馬遜購物網站上，一款暢銷的虛擬滑鼠甚至獲得數千則五星好評，其中有一則評語這麼寫道：「如果你的老闆是個喜歡微觀管理的無用白痴，以為坐在電腦前就具有生產力，這就是你必備的工具。如果你自己就是老闆⋯⋯沒有人喜歡你。」該網站還盡責的告知我：「三百八十九人認為這篇評論有用。」

打從一開始，「經濟人」就是一則笑話，但低劣的領袖不僅吸收這種概念，還付諸實行，使得人人身受其害。這種模式困擾著現代職場，但它並不始於職場，也不止於職場。大部分人最初參與的組織不是公司，而是學校。而今，許多教室裡的憤世嫉俗氛圍，恐怕連威爾許都要感到羞愧。

拉胡安・懷特（LaJuan White）四十幾歲之後，竟然無法在從小出生、長大的街區繼續生活下去。身為布魯克林中學校長，多年來，她看著這個地方的租金不斷上升，已經超過多數教育工作者所能負擔的程度。到了二〇一五年，她覺得實在是受夠了，於是請求轉調到雪城（Syracuse）。雪城教育局原本分配她到一所小學，但三天後，局長將她轉派到林肯中學（Lincoln Middle School）。

無論是多麼資深的教育工作者，看到這個新派令都會感到恐懼，因為林肯中學的退學率在紐約州排名第五。不僅如此，林肯中學名列紐約州的「持續危險」（persistently dangerous）學校[23]，意思是指學校每一百名學生中，每年會發生三起以上的嚴重暴力事件。在短短六年內，林肯中學就換了四任校長。從外觀上看起來，這所藍綠色的磚造建築跟其他學校沒有兩樣，但裡頭又將發生什麼恐怖的事呢？懷特一點緒也沒有。

上任一週後，懷特還是什麼情況都不知道。學生之間有時候確實會對彼此不太客氣，還有些人長期缺課，但這些都是青春期前期的孩子，不至於對社會構成威脅。不過懷特倒是留意到，這裡存在的學生有特殊學習需求，不少人是以難民身分來到美國。

一種「處罰文化」。當學生行為不檢，教師可仰賴的反制工具是「暴力或破壞性事件通報系統」（Violent or Disruptive Incident Reportingm，簡稱 VADIR）。許多人暱稱這個系統為「維達」，因為它讀起來很像電影《星際大戰》裡的反派達斯・維達（Darth Vader）。[24]

教師可以透過這個系統，記錄學生在校園打人、販毒、攜帶武器等違規行為，但像是校園霸凌、說髒話這類比較難以判斷的行為是否會被記錄在系統裡，往往取決於教師的主觀判斷，而這個判斷也經常與他們對於學生的既定印象有關。黑人和白人學生因為明顯違規行為（例如攜帶刀械）而遭到退學的比例相差無幾，但有色人種學生卻常因為「不禮

善意與信任　186

貌」而遭到教師的通報[25]。當學生的情緒爆發時，通報是最快可以停止處理問題的方式，久而久之，教師們也練就一雙「敏銳」的眼光，總是留意學生的不良行為。

雪城比鄰近城鎮更窮困，正因如此，許多來到林肯中學的老師最初都是懷抱理想，希望能為改善教育不平等問題盡一分心力。但在懲罰文化的影響下，他們的理想主義卻逐漸轉為憤世嫉俗。懷特校長告訴我：「當大人的情緒失控時，經常會把孩子描述成最糟糕的模樣。」而當教師開始不信任學生，也會讓學生開始不信任學校。這點其實不難想像，試想，當學生遭到過度處罰，或目睹朋友被不公平對待時，他們對學校的信任開始崩解，行為也變得更加叛逆。正如一位研究者所言，處在懲罰文化至上的教育環境中，孩子「會做出更多反抗行為，藉此主張自身的自由，並表達他們對體制的憤怒與不信任」[26]。於是林肯中學的學生最終真的變成教師們所擔心的模樣。

領導「合作人」

薩蒂亞・納德拉（Satya Nadella）看到那幅描繪微軟內部對峙的漫畫時，內心感到深深的不安。他在彭博新聞社刊登那篇〈為什麼你不會想當微軟執行長〉文章五天後，接任

187　第七章｜構築信任的文化

微軟執行長。然而，比那幅諷刺漫畫更讓納德拉難過的是：「我們自己人竟然也認同這種看法。」27 納德拉後來如此寫道。作為領導者，他要做的第一件事，就是以全新的視野重塑公司文化。相較於鮑爾默將員工視為追逐個人利益的「經濟人」（homo economicus），納德拉則秉持截然不同的信念：他認為微軟人都是「合作人」（homo collaboratus），是一群天生渴望創造新事物的集合體。

納德拉和人資長凱瑟琳・荷根（Kathleen Hogan）攜手打造一個強調合作的環境。「排名與解雇」的做法在前一年就被取消，新的領導階層引入一套更具整合性的評鑑系統。現在，員工考核不僅基於個人績效，還會考量他們對彼此提供的支援與貢獻。這不單是獎勵員工較好的方式，更是一項明智之舉。28 當員工的績效相互關聯時，就會更願意通力合作。研究者將此稱為「任務相依性」。這種相依性會增進同事間的信任，拉近彼此的距離，這跟零和思維所造成的結果完全是天壤之別。29 工作效率因此提升，因為員工能自由分享資訊，工作得以同步，朝共同目標前進。

納德拉甚至將其他企業視為「合作人」。有次他在業界主題演講中，從口袋中掏出一台iPhone手機，手機中搭載Office、Outlook和其他微軟應用程式產品，這在過去簡直是無法想像的舉動。在某種程度上，納德拉的這項舉動等於是承認微軟在行動技術競賽中落居

善意與信任　188

下風,但他選擇用一種讓微軟和其他企業雙贏的策略面對這個事實。納德拉曾寫道:「合作通常會被視為一種零和遊戲。」無論是在微軟內外,納德拉都努力尋找把餅做大的機會,喚起人們合作的本能。

改頭換面後的微軟,不再採行過去嚴苛的管理方式,而是轉為舉辦大型「黑客松」(hackathons)活動,以團隊為單位進行程式設計競賽,鼓勵同仁自由丟出新構想。領導階層給予同仁更多空間,並仔細傾聽他們的意見。疫情爆發初期,人資長荷根發起一系列意見調查,以了解員工的處境。後來他們得到的回饋也清楚顯示,大家正遭遇一場綜合育兒、疾病、憂慮交織的大風暴,需要公司給予更多彈性和支持。微軟對此做出的回應措施包括:員工可以長期在家工作,增加照顧員工心理健康的福利,並將育嬰假延長為十二個星期等等。30 同時,荷根還強化管理階層的訓練,幫助他們更具有同理心、更有能力與員工對話。這些措施的成果斐然!在二○二一年的一項調查發現,超過九成的微軟員工表示信任自己的主管,荷根本人更是獲封為二○二一年的年度人資主管。31

微軟之所以能贏得員工的信任,是因為管理階層選擇先信任員工。但微軟獲得的不只是員工的信任,透過讓員工自由揮灑創意的黑客松活動,團隊思維變得更敏捷,點子更多,也更有品質。工程師們開始積極探索雲端運算與人工智慧的潛力,最終促成微軟對

189　第七章　構築信任的文化

OpenAI（即 ChatGPT 的開發者）的一項關鍵投資。短短數年間，微軟的市值飆升近十倍。納德拉所發掘的，並不是傳統意義上的競爭優勢，而是一種來自信任與合作的優勢。當領導者選擇信任自己的團隊，這樣的成果便會隨之而來。

林肯中學是一所學校，乍看之下與位於華盛頓州的微軟公司總部幾乎沒有任何共同點，但是懷特校長與微軟執行長納德拉的領導理念卻有相似之處。兩者都拒絕「懲罰文化」假設人性的黑暗，例如懷特的對策是先提出問題：為什麼學生會出現這些行為？他們正在經歷什麼？

為了找出答案，她親自進行家庭訪問。一開始，家長對她的出現感到困惑，但後來，他們為校長對孩子的關心滿懷感激。透過把學校和家庭建立連結，懷特發展出一種更具個人連結的權威關係。她說：「我和許多家長已經熟到可以直呼其名。如果某個孩子特別調皮，我會跟家長說：『別讓我打電話給保羅喔！』」

家訪也讓她親眼目睹孩子的真實狀況。有次她到某個「問題學生」家裡，一扇破裂的窗戶僅用薄薄的塑膠片封住，冰冷的風不斷灌進來，地板上老鼠四竄。很明顯，這個家沒有大人在當家作主，學校是唯一能讓他像個孩子的地方。懷特告訴我，這個經驗會顛覆你的預設，不再質問孩子：「想想你做錯了什麼？」而是問他：「你需要什麼？肚子餓嗎？

需要一點時間平靜嗎？」那些想盡辦法爭取目光關注的孩子，往往是最渴望愛的孩子。」

下一步，懷特打算著手改革林肯中學的「懲罰文化」。她決定採用「修復式正義」（restorative justice）的概念作為指導原則。當有人受到傷害時，傳統的「懲罰式正義」會關注如何找出罪魁禍首，並要他們付出代價；「修復式正義」則是關注受害者，以及如何幫助他們走出傷痛。懷特說：「如果學生一犯錯我們把他退學，這能帶來什麼學習？相反的，我們希望幫助雙方從傷害中獲得療癒。」

然而，老師們無法理解她的做法。他們擔心，如果不能透過「維達」系統來處罰學生，教室秩序將會徹底失控，還會剝奪他們的管教權，失去原本的安全感。懷特「不只一次」遭人怨恨，每天出門前，她都會檢查輪胎，擔心是否有人心生不滿而暗中動手腳。但她仍舊沒有退縮，反而進一步與教師們展開對話，傾聽他們的憂慮，並邀請大家一起擬定新方案。

最後，林肯中學建立一套修復式管教流程：如果學生表現出脫序行為，老師會先引導學生。如果這樣做沒有幫助，老師會將孩子帶到一旁，與他一對一對話，了解導致孩子情緒爆發的原因，接著，讓孩子花十分鐘自我省思。只有在這些策略都失效的情況下，老師才會考慮把學生請出教室或學校。[33] 這套流程對教師來說並不容易。在林肯中學擔任教學

[32]

191　第七章｜構築信任的文化

輔導教師的珍‧哈瑞斯（Jen Harris）就說：「我必須自行解決（管教問題），不能直接跑去找行政人員，然後說：『可以幫忙處理一下這個孩子。』」因為如此一來，對方會問你：「你做了哪些修復措施？你是如何與孩子建立關係？」」[34]

當教師開始用不同的方式看待孩子的問題，也開始用不同的方式思考孩子。行為不端的孩子不再是被踢來踢去的皮球，而需要共度難關的夥伴。研究發現，當教師能在學生有狀況的情況下給予信任，學生也會以信任回應教師，也比較不會被體制遺漏。[35] 這正是林肯中學所上演的情形。看著「難以管教」的孩子在走廊上互相擁抱，霸凌者真心向受害者道歉，懷特校長曾多次眼眶泛淚。在她上任第一年後，林肯中學的退學率就下降超過一五％。很快的，學校就從「持續危險」的名單中除名，直到今天依然如此。

學習「反憤世嫉俗」的領導方式

領導者決定了人們生活、學習或工作的基本環境。懲罰文化會讓孩子看見一個毫無可能變好的自己；威爾許的管理作風則會讓員工相信，自己就是個「經濟人」，根本沒必要做其他嘗試。但事實上，我們明明可以變得更好。懷特校長致力於實踐一個簡單的信條：

「對待孩子時，要把他們當成我們希望他們成為的那種人，而不是我們害怕他們成為的那種人。」納德拉則是打破微軟原本缺乏互信的風氣，重建共同合作的優勢。

雖然我們不是學校校長，或是一家市值上兆元的企業領導者，但仍然可以從他們身上獲得啟發。像布魯諾創立的「和平與衝突神經科學實驗室」，就是為了「合作人」所設計的，他強調，科學家應該要共享研究成果，而不是想盡辦法獨攬光芒。這樣的精神讓我深感共鳴，我希望我也能做同樣的事。二○一二年，史丹佛大學給我一間很棒的辦公室和一些資金，讓我成立實驗室，這對於歷經十年研究訓練的我來說，實在像是美夢成真。但當我實際開始運作時，才發現自己還是沒有完全準備好，感覺就像是一名大學運動員被選秀進入職業球隊，結果是要擔任教練。比賽的內容是一樣的，但需要的卻是一套全新技能。助理教授的工作也是暫時的，你只有短短幾年時間，盡己所能做出最好的科學研究，才有辦法申請終身教職。而在這段期間，在你的專業領域內最高成就人士會決定是否該將你解聘。

這樣的制度讓我焦慮不安，也無意間傷害到我身邊的人。由於迫切需要產出成果，導致我頭一次無法獨立完成研究。於是我開始嚴格逼迫剛加入實驗室不久的年輕研究員，頻繁檢查他們的進度；當他們沒有達到我那不切實際的要求時，我會大聲表達失望（雖然當

下我並沒有意識到自己的語氣很強烈)。這根本是教科書等級的憤世嫉俗式領導！當然，後果也不出所料。大約一年後，實驗室裡有個同仁急著找我談話，她泣訴工作為她帶來的巨大壓力，表示這已經影響到她的健康，除非情況有所改變，否則她就要離職。

那次對話的每個細節至今仍歷歷在目；將近十二年過去了，那段記憶仍會讓我滿臉通紅。這是多麼諷刺的事，一個研究同理心的學者竟然營造出一種有毒的文化！不過我也很感激那位同仁，她展現了質疑新上司的勇氣。她的回饋就像一桶冰水把我澆醒，讓我意識到自己需要改變管理作風。我做出承諾，根據同仁所處的職位提供幫助，信任他們能按照自己的方式達成目標。

當時的我還不知道布魯諾的父親採取「不過度干涉的全心關注」的做法，但這種做法成為我的領導原則。每次與學生會談時，我不再問他們做了什麼，而是問他們需要我做些什麼，再盡可能根據他們提出的線索給予協助，並按照他們的意願放手讓他們自行探索。我們一同建立「實驗室手冊」，明文建立我們認同的價值觀，並以共同合作為核心。整間實驗室同仁都參與手冊的校閱過程，這讓他們得以主導整個流程，也更清楚我們對於彼此的期待。

這些改變穩定了我的心情，也改善了整個實驗室的氣氛。我下定決心，即使這種新的

善意與信任　　194

管理方式讓我失去終身教職,也好過採用糟糕的領導風格。但結果卻完全相反,我對學生的「信心之躍」竟然得到回報,他們展現更多的創新,並更積極投入研究。在更寬鬆的管理文化下,實驗室成員更頻繁的彼此合作,激發出獨自工作時不會想到的點子。合作優勢出現在我們小小的群體之中,並被一直保留下來。

最近,我開始試著將這些經驗傳授給其他人。在德國軟體公司思愛普(SAP),我為四大洲的新晉領導者說明憤世嫉俗的腐蝕性,以及可以如何用「資產式框架」和「信心之躍」等加以取代;當同事遭遇困境時,他們可以重新思考對方的任務內容,幫助對方發揮優勢;當賦予某人新的任務時,他們會採取「大聲的信任」,明確表達對這個人的信心。這些領導者中有很多是新手,和我當教授第一年時一樣,只有採取微觀管理才能感到安心,但他們一個接一個拋棄這些習慣,改用信任來領導團隊。結果他們的團隊變得更有效率,他們在員工評價中的進步速度,是未參與此計畫者的兩倍。[36]

任何一位領導者都能學會「反憤世嫉俗」的領導方式,而不願改變者恐怕很快就會發現自己被遠遠拋下。在新冠肺炎疫情的頭兩年,數百萬人在「大離職潮」期間離開原本的工作,更有無數人選擇「靜默離職」,只願意完成最低限度的工作。許多領導者對這些現象感到憤怒與困惑,但他們其實不應該如此。早在幾十年前,高層就已經展開員工忠誠度

摧殘運動，伴隨著不信任與剝削的管理方式，「大離職潮」不過是長久壓抑後出現的反彈。

重建信任文化，需要做出結構性變革，例如減少職場中的相對弱勢者付出更多信任。但這必須伴隨著心理層面的徹底改革，讓掌權者對職場中的相對弱勢者付出更多信任。至於員工，他們開始要求更多。美國工會成員人數確實一直在下降，從一九八〇年的超過二〇％，降至二〇二一年勉強達到一〇％，然而如今鐘擺似乎有逆轉的趨勢，亞馬遜和星巴克（Starbucks）等公司員工正高調發起組織工會運動。二〇二三年，美國編劇與演員工會發動罷工，不久後美國汽車工人聯合會（United Auto Workers）也開始罷工。[37] 隨著數十萬人離開工作崗位，這股浪潮得到愈來愈多的支持。一份二〇二三年的民調顯示，超過三分之二的美國人支持工會，相較於二〇〇九年的不到二分之一有顯著上升。[38]

疫情期間，員工們意識到自己的力量，如果領導者拒絕改變他們憤世嫉俗的領導方式，人們就會「用腳投票」，選擇真正信任、重視、相信他們的組織。

第八章 衝突壓力造成的誤判

一九八三年，蘇聯因為擔心對手會發動戰爭，差點要發動第三次世界大戰。早在兩年前，蘇聯啟動「RYAN行動」（Raketno Yadernoe Napadenie，簡稱RYAN，俄語的意思是「核彈攻擊」），這是蘇聯在冷戰時期最大規模的情報行動，卻完全建立在錯誤的假設之上。

RYAN行動是蘇聯國家安全委員會（KGB）主席尤里·安德羅波夫（Yuri Andropov）的構想。安德羅波夫曾在一九五六年擔任蘇聯駐匈牙利大使，當時，匈牙利人民為了反抗共產暴政，發起全國性起義行動。安德羅波夫向匈牙利領導人保證不會入侵該國，隨後卻違背承諾，帶領蘇聯軍隊進行血腥鎮壓，坦克車進攻匈牙利，造成數千人死亡。[1] 安德羅波夫因此被稱為「布達佩斯屠夫」，成為匈牙利歷史上的罪人。這次經歷也

197　第八章｜衝突壓力造成的誤判

在安德羅波夫心裡留下創傷，因為他親眼目睹匈牙利反抗部隊公開處決蘇聯士兵。安德羅波夫親眼看到蘇聯的統治可以在瞬間受到威脅，這讓他在有生之年都對蘇聯垮台的可能性感到惶悚不安。到了一九八〇年代，他將恐懼的對象轉向美國，堅信美國正策畫核武攻擊。他命令數十名官員，清查數百條可能的線索：美軍是否在不尋常的地點集結？美國國防部的停車場是否夜間還停滿車輛？血庫收集的捐血量是否超出平常所需？特務被要求：「有任何風吹早動都要回報，即便他們也不一定相信資訊是否可靠。」結果是，他們蒐集到成堆的錯誤線索（只要從正確角度思考便可明顯察覺真偽），拼湊出一幅「戰爭迫在眉睫」的畫面，甚至開始考慮要對美國先發制人，讓它們猝不及防。要不是有一名雙面間諜先向西方陣營透露RYAN的行動，這場「預防性攻擊」可能會導致人類歷史的終點。2

安德洛波夫一開始就假設美國想發動戰爭，然後盡其所能的編造符合自己想像的證據。近來，類似的恐懼也困擾著許多美國人，只不過，他們恐懼的大惡魔不是某個世界超級強權，而是自己的同胞。「誓言守護者」（Oath Keepers）是一個試圖奪走政府權力的右翼民兵組織，他們令許多人心生恐懼，特別是組織成員中有許多人是軍人或警察。但這個組織的聚會和留言板訊息卻明白顯露出他們其實也很害怕，深怕政府的祕密組織會來逮捕

善意與信任　198

他們。二○二○年六月,喬治・佛洛伊德(George Floyd)遭警察暴力致死事件發生後,全國各地爆發抗議活動。誓言守護者組織的領袖史都華・羅茲(Stewart Rhodes)呼籲成員保持高度警戒,他宣布:「我們不要袖手旁觀,我們已經陷入內戰!」[3]

羅茲的恐懼並不能成為犯罪的藉口。二○二三年,他參與二○二一年一月六日國會大廈遇襲事件,最後因煽動行為遭判刑十八年。多數美國人並不像誓言守護者組織那樣暴力或偏執,但許多人跟他們一樣相信戰爭即將到來。二○二二年的一份民調顯示,六九%的民主黨人和共和黨人都認為,國家法治正遭到直接威脅。[4] 美國國內和國際間衝突正持續上升,造成的原因有很多,其中一個原因是「部落性憤世嫉俗」(tribal cynicism),也就是相信跟你處在不同陣營者全都是愚蠢或邪惡的。

我們所不了解的惡魔

想像一位政治立場與你相反的人,你認為這樣的人,看起來是什麼樣子?住在什麼地方?做什麼工作?平常有什麼休閒娛樂?你認為他對於移民、墮胎、槍枝管制有何看法?他會不會為了推廣自己的理念而使用暴力?這個人又會怎麼看待你?

在美國社會出現信任危機的同時，美國人也開始對與自己意見相左的人產生蔑視。一九八〇年，美國共和黨人和民主黨人都對自身支持的政黨充滿熱情（以下我們將同派人士稱為「隊友」），對另一政黨的支持者（以下我們將之稱為「對立者」）則持中立態度；到了二〇二〇年，不同政黨支持者對對立陣營的厭惡程度，甚至超過他們對自身政黨的喜愛程度。5

人們大多都會恐懼和厭惡對手，想要盡可能避免和他們往來。一九七〇年代，美國開始形成支持民主黨的藍州和支持共和黨的紅州，就如同現在這樣。不過，這些州裡的許多縣事實上是紅藍交雜，只是比例上多寡的不同而已。從那時起，美國人開始會舉家遷移至心儀顏色的州，分區而居以遠離立場不同的人，導致各縣彷彿回到南北戰爭時期的壁壘分明。6

當人們愈來愈少與「顏色不同」的他人交流，便很難對別人獲得真實的了解。但這並不代表我們因此不再關心其他人，而是這種資訊的真空卻是被媒體和我們自己的想像給填滿。如我們所見，這兩股力量現在已經遭到負面偏誤所支配，把我們導向憤世嫉俗。

讓我們把話題拉回到政治領域裡各位想像中的「一般」對立者。有數十份研究向受訪者提出前文那些問題，而受訪者在研究者可以評測的每一面向都給出錯誤的答案。就連在

善意與信任　200

政治以外的領域，我們對於其他人的生活都猜錯。[7] 民主黨支持者認為四四％的共和黨支持者年薪超過二十五萬美元，實際上只有二％。共和黨支持者認為四三％的民主黨支持者都隸屬某個工會，但實際上只有一〇％。共和黨的貓派人士猜測民主黨支持者一定都喜歡狗，共和黨的愛狗人則認為民主黨支持者必定偏好貓。[8]

不管是支持民主黨還是共和黨，人們都認為對立者必定都比自己還要「極端」，研究者將這種狀況稱為「謬誤極端化」（false polarization）。[9] 關於移民和墮胎等議題，受訪者心目中認為對立者的極端程度，比另一政黨支持者實際看法高出八〇％。當被問及中間地帶的問題時，我們往往朝著最極端去想。問題的內容愈具體，我們就錯得愈離譜。[10] 民主黨支持者認為，只有三五％的共和黨支持者會同意「美國人有責任從過去的錯誤中學到教訓，並加以修正」，但實際上有九三％的共和黨支持者這麼想。共和黨支持者認為只有四〇％的民主黨支持者同意「憲法應該要得到維護和尊重」，但實際上，這個數字有八〇％。

「謬誤極端化」混合了負面偏誤和意識型態。如果我相信某件事，我的敵人相信的必定是那件事的反面。這種憤世嫉俗色彩濃厚的錯誤認知，使國家共識的整體樣貌變得模糊不清。二〇一九年，布魯諾和協作者對受訪者提問，請他們回答：若從零到一百分來評斷，美國應該對移民政策祭出多大的限制才好？零分表示美國應該全面開放邊境讓移民進

201　第八章｜衝突壓力造成的誤判

移民議題的真實立場

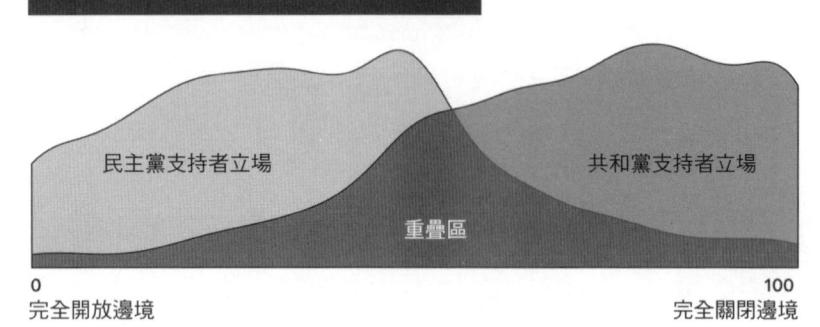

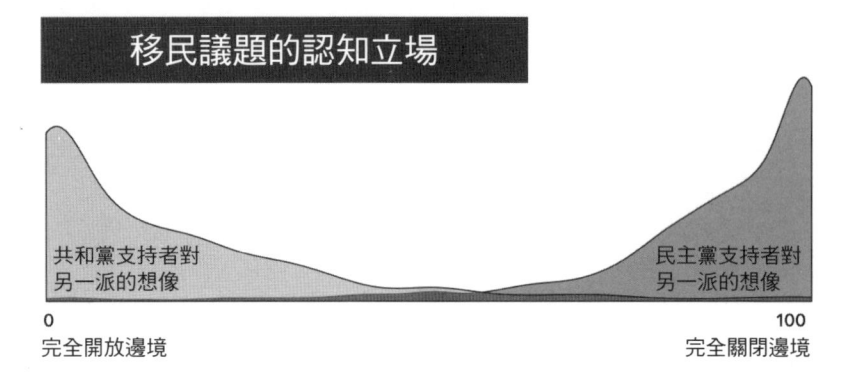

民主黨支持者立場　　共和黨支持者立場

重疊區

0　　　　　　　　　　　　　　　　　　100
完全開放邊境　　　　　　　　　　　　完全關閉邊境

移民議題的認知立場

共和黨支持者對　　　　　　　　民主黨支持者對
另一派的想像　　　　　　　　　另一派的想像

0　　　　　　　　　　　　　　　　　　100
完全開放邊境　　　　　　　　　　　　完全關閉邊境

圖三

入，一百分表示美國應全面關閉邊境。同時，他們也請受訪者猜測一般的政治局外人對於相同的問題會如何回答。研究結果呈現出兩種不同的景象。圖三中的上方圖是受訪者的真實意見，曲線走向就像有兩個峰頂的山丘，也就是：民主黨支持者能更加開放，共和黨支持者希望減少開放，不過雙方意見在中間有大片的重疊地帶。下方圖則由我們的想像所形成，呈現出的曲線像是兩座相隔很遠的山丘，各自充斥著極端、毫不相關的意見。

這兩張圖揭示出相當多美國人的現狀：美國人其實存在著相當大的共識空間，而且不僅止於在移民議題上。有份二〇二一年的調查，受訪者超過八萬人，其中顯示共和黨和民主黨在將近一百五十項議題上都有共識。其中有些還得到兩黨支持者中超過三分之二以上的人支持。這些議題包括要推翻公民聯合會（Citizens United）[12]＊，這樣才能阻止企業贊助政治活動，讓兒童時期即來到美國的移民擁有成為公民的途徑，以及為推廣乾淨能源提供稅務優惠。然而，在我們的想像之中，共享價值觀已經被侵蝕到變成一座座小到不行的島嶼，淹沒在浪潮中幾乎看不見。

我們不曉得誰位於相反陣營，不清楚他們相信什麼，不確定他們是否也愛好和平。不

＊ 譯注：保守派非營利組織，其有一項有名的「事蹟」，是對企業不得資助競選活動的規定提出違憲爭議並贏得訴訟。

203　第八章｜衝突壓力造成的誤判

久前,分散於二十六個國家的科學家做了一份研究,詢問受訪者對於政治傾向的對立者有什麼感受,也詢問他們認為對立者會對他們做何想法。無論保守派或自由派,都不喜歡相反陣營的人,但幾乎每一個國家的結果都顯示,人們都大大高估相反陣營人士不喜歡他們的程度。美國人的想像還包括對立者正在裝備採取暴力行動。二○二○年時,研究者詢問一千五百名受訪者,是否支持使用暴力來推動己方陣營的訴求。民主黨有五%的人,共和黨有八%的人表示願意,這是個雖微小但卻嚇人的少數群體。然而,雙方都認為另一陣營有超過三成的人會支持暴力,也就是說,他們想像中的對立者比現實中的對立者還要嗜血四倍以上。[13]

西元四一○年的時候,羅馬有八十萬人口。羅馬所築起的城牆,成功地抵禦外侮超過八個世紀。後來,長期遭受羅馬帝國惡劣對待的日耳曼部族西哥德人,以傑出的耐力和驚人的殘暴對羅馬進行圍城。在城內,羅馬公民驚慌失措,他們在絕望之下考慮要進行古老的獻祭,期盼眾神能伸出救援之手。我想,羅馬人眼中的西哥德人一定就像是非人類,宛如一股無情的自然力量,以摧枯拉朽之勢摧毀一切珍貴的事物。

今天,許多美國人也有相同感受,彷彿城牆正在遭到毀壞。誠然,美國本土和海外都存在著許多真正的政治危機。但是,要講到有什麼方法能讓情況惡化,就是假設我們的對

善意與信任　204

立者是西哥德人,他們也對我們做出相同的結論。

沒人想要的戰爭

大約在二十年前,科學家將一群互不相識的陌生人分成兩兩一組,接著要求其中一人輕拍對方的手掌,而被拍的人要用相同的力道拍回去,如此往復進行。如果兩人都有抓準對方的力道,拍掌的強度應該會穩定不變。然而,每個人卻覺得他們被拍打的力道都比他們打對方的力道還大,於是為了回應,他們也增加拍打的力道;平均每次拍掌的力道,都比前一次強了四〇%。幾輪下來,人們互拍手掌的力道已經是開始時的兩倍。[14]

在一個極端化的世界裡,負面偏見扭曲了政治思維,先發制人的行動則塑造了我們的行為。研究發現,把對手想像為極為可恨之人,更可能同意自己支持的政黨應該「窮盡一切努力去傷害對手,即便這會在短期上傷害國家利益」。談到暴力,亦是如此。那些誤認對方陣營正打算發起戰爭的人,三個月後也變得傾向於支持暴力。

大多數美國人都渴望和平,但當我們想像另一個陣營的人已經血脈賁張,恨不得大幹

第八章｜衝突壓力造成的誤判

一場時，我們就會開始築起防禦工事。於是雙方都在尋找能證實自身恐懼的證據，就像之前提到RYAN行動中的蘇聯人那樣。而這種時候，錯誤情報永遠不會缺席，羅茲就將錯誤情報餵給誓言守護者組織。二○二二年，作家麥爾坎・楠斯（Malcolm Nance）出版《他們要殺死美國人》（*They Want to Kill Americans*），這是一本關於保守派民兵組織的書。我們都需要擔心美國本土出現恐怖團體的可能性，但楠斯將美國另一半支持右派的人口都概括進去。楠斯在一次受訪時這麼說：「川普的支持者都相信應該要為內戰做好準備。」15

羅茲與楠斯都錯了，但他們狂熱的幻想與社會日益濃厚的憤世嫉俗不謀而合，因此無論如何都能擁有影響力。他們都是記者艾曼達・芮普莉（Amanda Ripley）所稱的「衝突創業家」（conflict entrepreneur）16，靠著煽動社會分裂來達到自己的利益。有線電視新聞高層與立場鮮明的政論名嘴，也靠著將政治對手描繪成現代版的西哥德人而賺得盆滿缽滿。這些衝突創業家最愛用的一招叫做「雞蛋裡挑骨頭」，他們會刻意列舉最極端的案例，企圖用少數案例來代表整個群體。楠斯所做的，就是希望我們將一般的川普的支持者看成羅茲；而羅茲則是希望我們將一般的民主黨支持者都看成是「安提法」（antifa）*民兵成員。

在網路世界中，任何人都可以加入這場文化戰爭，反擊真實世界和想像世界中的敵

善意與信任 206

人。就跟專職從事衝突創業的人一樣，我們這麼做同樣得到了回報。自二〇一七年起，研究者對超過一千兩百萬則因政治議題而起的推特貼文進行分析。包含諸如「戰鬥」、「戰爭」和「懲罰」等衝突字眼的貼文，比中性貼文更容易瘋傳。接著，這些科學家在數千人發了推文後，發私訊詢問他們的感受。即使是感受相對平靜的人，也都在貼文中假裝憤怒。[18]

在某些平台上，原本就長得漂亮的人會用濾鏡拍照，讓自己看起來更漂亮；在推特上，某些意見極端的人會故意誇大其詞，來呈現自己更極端的樣貌。無論是哪一種情況，都可能會扭曲別人對他們的認知，或是變得更加憤世嫉俗。

大多數美國人並不仇恨彼此，但我們確實厭惡社會變得如此分歧。我的實驗室同仁發現，超過八〇％的共和黨和民主黨支持者都認為社會極端化是國家的重大問題，並希望能夠實現更多跨黨派合作。[19] 然而許多人仍舊認為，為了自衛，我們不得不謾罵、攻擊或貶損他人。為了要與對方的攻擊火力較量，我們跟著升級火力，將互換拍掌變成了摑耳光和出拳。

---

* 譯注：是「反法西斯主義主義者」（anti-fascist）的縮寫，這不是一個實體，而較類似一種思想。「安提法」分子屬於極左派，但不尊崇民主黨的政治極綱，其重點在對抗極右翼意識型態，而不是推廣左傾思想。

這樣的情形會扼殺人們對於美好未來的想像。我們的陣營有可能會贏，也有可能會輸，但如今，大家卻覺得「所有人」都會輸，我們的全國性計畫已然失敗，對於年輕一代的選民來說更是如此。根據二〇二一年的民調顯示，在十八至二十九歲的美國人中，只有7％的人認為自己的國家是「健康的民主社會」。但卻有近一三％，也就是快兩倍的人認為，美國是個「失敗的民主社會」[20]。有研究以以色列和賽普勒斯這兩個長期處於衝突之中的國家為對象，向超過十萬名參與者詢問：「你是否認為和平會到來？」結果發現，年齡愈小的受訪者，愈覺得沒有希望。[21]

年輕一代的美國人在九一一事件的陰影之下成長。從小學開始，老師就會帶著他們進行槍擊演習。到了高中，他們得知自然環境會在他們還來不及年老前就會凋零。以色列和賽普勒斯的年輕孩子從未見過自己國家的承平時期。在這樣的情況下，我們完全可以理解人們為何會抱持虛無主義，但這樣一來，我們如何能懷抱希望，迎向明天？

要不了多久，這種態度就會吸取犬儒主義的招牌特徵。人們認為對政治感到絕望才是聰明人，關於國家之間能夠和諧相處的想法開始顯得未免太天真和危險。諷刺的是，這些關於對立者看法本身也是天真的。但是，隨著對政治的絕望感愈來愈強烈，這反倒幫了大多數政治精英雙面人一個大忙。只要人們認為有建設性的交流不可能發生，政治人物

善意與信任　208

扭轉誤解

美國及世界各地的文化戰爭看似永無止境，但回顧過去，我們曾經歷過更平和的時期，也遭遇過更嚴重的對立。仇恨可以迅速升溫，但也可以迅速消退。大多數美國人渴望化解仇恨，但卻很少人對此懷抱希望。如果我們能改變仇恨的心態，或許就能採取更多行動來實現和平。

在個人生活中，如果能掌握更好的數據，可以讓我們減少出錯的機會，也更願意懷抱希望。當面對嚴重的衝突時，這種策略同樣能夠奏效嗎？

安德列斯・卡薩斯（Andrés Casas）原本對此不以為然，但他還是決定試試看。卡薩斯在哥倫比亞首都波哥大（Bogotá）長大，家境優渥，但貧困與暴力卻近在咫尺。[22]自一九六〇年代起，共產游擊隊「哥倫比亞革命武裝力量」（FARC）就與政府展開長期對抗，綁架、強暴、酷刑虐待等事件層出不窮。[23]長達五十年的暴力衝突造成超過二十萬

209　第八章｜衝突壓力造成的誤判

人喪生與五百萬人流離失所。在該組織控制的地區，政府幾乎完全撤出，導致當地民眾無法享受政府提供的基礎建設，許多人因此被迫販毒。

青少年時期的卡薩斯從「硬核龐克」搖滾樂中找到慰藉，例如壞腦袋（Bad Brains）、今日青年（Youth of Today）等樂團。在震耳欲聾的音樂風格之下，這些樂團宣揚的是一種主張平等、具有佛教意涵的生活方式。受其影響的卡薩斯立志藉由科學，促成社會變革。他拿到哲學和政治學學位，同時還涉獵其他領域。[24] 歷經多年思考後，他準備好實踐自己的想法。

二〇一三年，一所大學邀請卡薩斯到哥倫比亞西北部的安地歐基亞（Antioquia）進行研究。早在二十年前，該地區首府麥德林（Medellin）曾是世界上最危險的城市，這裡毒品氾濫，FARC游擊隊和政府派的準軍事部隊會當街交火。[25] 人民置身於其中，每天的生活充滿難以想像、從未停息的暴力。然而，等到卡薩斯來到此地，謀殺率已經大幅下降，人們將其稱為「麥德林奇蹟」（Medellin Miracle）。卡薩斯想要了解這個奇蹟是如何發生的，以及如何在其他地方複製這個奇蹟。

卡薩斯建立一個臨時研究室，透過問卷調查和像是信任遊戲的實驗，來評估安地歐基亞人如何看待彼此。但他很快就發現，這些工具並不足夠。很多販毒集團的成員從小就是

善意與信任　210

集團的一員，遵循著與他人截然不同的社會規範。士兵和平民一樣，都淹沒在集體創傷當中，這造成卡薩斯所稱的「心智凍結」（mind freeze）。過往的暴力和衝突已經讓人們失去對和平的想望。如同一名前游擊隊成員所言：「戰爭就是戰爭，它永遠不會結束。我們只是繼續等著頭上的屋頂何時會再次崩塌。」[26] 卡薩斯過去累積的學術素養，也顯得可笑至極，他說：「面對真實的苦難，那些學術理論根本派不上用場。」

然而，就在一切看似要崩壞時，新的可能性正在萌芽。二○一○年，桑托斯（Juan Manuel Santos）贏得哥國總統大選。他不像前任總統那樣對游擊隊抱持鷹派的強硬立場，他對此有不同想法。他在早期的演說中，提議「與游擊隊建立對話窗口」，而不是要「把門關上並用鑰匙鎖住」，這是一次小而關鍵的信心之躍。

很快的，游擊隊組織和政府開始對話，二○一二年展開和平談判。這個過程艱辛又曲折，經常因為突發的暴力事件和危機而中斷。不過，到了二○一六年，雙方終於達成和平協議。政府願意扶持游擊隊為合法政黨，游擊隊員則會經由特別法庭起訴，但如果他們願意認罪，可獲得輕判；游擊隊則承諾解除武裝，並願意支付受害者賠償金。

暴力的終結看來是指日可望，但首先，哥國必須先舉行全國性公投才能支持這些措施。可惜事與願違，哥國公民以五○‧二一％對四九‧八％的毫釐之差，投票反對這項和平

211　第八章｜衝突壓力造成的誤判

協議。歷經長久的集體夢魘,有一半的人民投票選擇不要清醒過來。卡薩斯與數百萬人同樣感到困惑。他認為要幫助自己的國家,就必須先了解人們的心理,因此他開始在賓州大學(University of Pennsylvania)修讀心理學碩士課程,並偶然的與當地一名教授進行談話,而那位教授正是布魯諾。

他們原本計畫只談十五分鐘,沒想到最後聊到超過九十分鐘。當卡薩斯談到自己的母國,布魯諾問他:「為什麼哥倫比亞人要投票反對和平?」卡薩斯說不出一個簡單的解釋,但他提供一個有趣的觀察:在距離衝突最近的農村地區,有很多人投票支持和平,但與暴力衝突距離較遠的人們,反而可能投下反對票。布魯諾從這些數據中看見一個機會,他對卡薩斯提議:「來我的實驗室工作吧!我希望你做兩件事:首先,深入了解哥倫比亞的真實情況;其次,捲起袖子來做出改變!」

過沒多久,布魯諾和卡薩斯搭機前往哥倫比亞,他倆計畫運用布魯諾的方法來研究「和平學」:先診斷,再治療。和平公投的頭幾個月裡,主張「否」的反對運動發起了一場媒體閃電戰,要在哥倫比亞人的心裡種下恐懼的種子。每台電視、手機、平板上不斷傳送這樣的訊息:所有的 FARC 成員都是冥頑不靈的殺人者,永不該回歸社會。還有一則廣告是幅漫畫,裡面把 FARC 的人畫成瘋狗似的惡魔,虎視眈眈地要撲食一名普通的哥倫

善意與信任　212

比亞人。

反對運動的其中一名目標對象是卡薩斯的母親。她是一名盡忠職守的公務員，其中一項職責就是要替因FARC緣故而遭到酷刑和流離失所的受害者提供援助。一則則血腥殘忍的故事，使她變得鄙視FARC組織，對兒子不切實際的和平夢想完全不感興趣。這個家有條規則：「從不談論政治，從不！」

主張投「否」的反對運動派至少在一個明顯的方面是錯誤的。前FARC成員正要和平重返社會，但是在鄉下，距離城市非常遙遠。多數哥國人從未見過一名FARC成員。研究一次又一次發現，當人們能夠與外來者進行一對一的互動時，有部分的偏見就會消失。在哥國，這類接觸從未能夠大規模進行，但如果反和平陣營採用媒體來散播恐懼，或許可以用另一種方式透過媒體散播希望。

安德列斯・卡薩斯的兄弟胡安（Juan）從事拍片工作，他同意加入他們的行列。布魯諾和卡薩斯兄弟來到一處已遭解散的基地，訪問幾位前FARC成員。他們搭乘一輛巴士，轟隆隆地行駛在安地歐基亞的丘陵上時，攝影機錄下布魯諾的感觸。他說：「我有個感覺，前FARC成員在想什麼跟哥國人認為他們想什麼並不一致，而這正是這場實驗所

213　第八章｜衝突壓力造成的誤判

立基的假設。我不曉得我的想法能夠正確到什麼程度，因此我對此也感到有些憂慮。」

此外，他的擔心也有其他理由。賓州大學無法直接支付訪談費給受訪者，所以布魯諾是用個人信用卡在支付這個專案的費用。「希望警察不要找上我，」[28]他這麼跟某位同事說。

團隊的第一個試煉很快就來了。胡安攝影團隊裡的年輕人就跟全國其他人一樣，被媒體上鋪天蓋地的宣傳給淹沒。他們帶著黯淡的預期心理來到鄉下，期望看到FARC成員都是一些半人類的恐怖份子和毒販。然而，實際的訪談打破了這種想法。那些人大半都是生活在貧窮之中的農民，他們自孩童歲月起，就眼見自己的祖父母、父母、手足遭到政府的準軍事部隊殺害。在全國人民的眼中，FARC是惡棍，但在他們的經歷當中，他們是受害者。

而最重要的是，幾乎每一位布魯諾和卡薩斯採訪的人都想要和平。

攝影團隊的工作人員同時也是該專案的第一手觀眾，布魯諾和卡薩斯兄弟詢問他們有什麼感想。「我對於我一直以來聽說的事情感到無比困惑和懷疑，」一名年輕女性說，「如果你真的去了解這些人，和他們對這場戰爭所敘述的故事版本……如果我們也被放在那樣的立場，絕對也會做跟他們一樣的事，為自己的家人來戰鬥。」另一名工作人員在講話時有點哽咽，她說：「我現在不知該如何描述我的感受，但我很慶幸我能來到這裡。」

攝影團隊也採訪這座基地周遭的居民。跟大多數哥國人民不一樣的地方，是他們與前FARC成員在這裡共同生活，而且他們曉得與之共處可以是和平的。胡安・卡薩斯將採訪影片剪輯成一些五分鐘影片，影片內容呈現出前FARC成員也有人性，他們的重返社會在安地歐基亞正處於現在進行式。接著，團隊做了一次實驗。他們找來數百名哥國人民，讓他們看這些影片，接著，再找來另外數百人觀看與衝突毫無相關的影片。布魯諾與卡薩斯拍攝的影片就像是促進和平的藥物，要與做為安慰劑的影片進行測試。在參與者看完其中一種影片後，卡薩斯、布魯諾和計畫的協作人員會調查他們對於FARC和對和平的態度。

這項實驗的結果十分驚人。看了FARC成員影片的人，變得開始懷疑已經傳遍各地的絕望敘事。跟那些觀看「安慰劑」影片的另一批人相比，第一組人變得比較願意相信前FARC成員是真的想要和平，也比較願意支持這些人重返社會。觀看影片三個月後，這些觀眾對於和平的渴望仍舊存在。[29] 對於安德列斯・卡薩斯來說，最有力的證明來自於他的母親。在母親臨終前幾個星期，他把工作的成果給母親看。母親看了影片後告訴他，「現在我懂了，我懂為什麼你要做這件事」。多年來，她連跟安德列斯討論FARC都不願意，但這支影片打開她的心房，安德列斯長久以來感到的絕望終於消弭一空。

215　第八章｜衝突壓力造成的誤判

他們所做的訪談，用更有希望、更具人性的敘事取代負面偏見，跟媒體所造成的結果恰恰相反，這些訪談把對深陷於衝突和殘酷之中的對立者的誤解抹除。現在，哥倫比亞的和平尚未穩定下來。哥國各地仍有零星的武裝衝突發生，二○二一年被迫流離失所的人數是二○二○年的三倍。[30] 哥倫比亞仍迫切需要找到和平，卡薩斯兄弟現在持續創造能推動和解的媒體經驗。有件事讓安德列斯深感希望，那就是他多年前採訪的大多數人都希望和平來到，現在甚至有更多人期盼如此。

在我得知布魯諾在哥倫比亞所做的工作後，深深感動不已，但我也發現自己有些不自在。深陷在苦難中的人通常不需要或不想要「救世主」幫他們解決問題，特別是身為美國白人的救世主的卡薩斯。我向卡薩斯提出了這個疑問，後者也明白這個問題，但他極力為布魯諾辯護。雖然卡薩斯是以學生身分加入布魯諾的研究室，但他始終受到平等對待。「他並不是要找個研究助理，」卡薩斯這麼告訴我，「而是要找個研究夥伴」。

當他們在基地的時候也是一樣，布魯諾是什麼頭銜根本無關緊要。安德列斯說：「他只是個普通人，不是什麼外國佬或大教授。」卡薩斯兄弟之後推出的一部影片當中，布魯諾表達了這份謙卑：「身為局外人，我不認為我有什麼立場可以給任何建議，或是告訴別

善意與信任　216

人該怎麼想。我想做的就是分享我對人類思想的了解,以及它有能力做出改變。」

但讓卡薩斯最津津樂道的,是布魯諾和他們採訪的前FARC成員所形成的不可思議的連結。一名年輕女孩本來不情願對布魯諾講述她的故事,但她最終還是開了口,而且震驚所有人的是,她完美地演唱一曲加拿大民謠歌手李歐納・柯恩(Leonard Cohen)的〈哈雷路亞〉(Hallelujah)。一名氣場驚人的前士兵因為布魯諾也喜愛摔角而跟他攀談起來,進而聊起自己的故事,流洩出多年來恐怕都禁錮在心底最深處的情感。這些時刻總讓卡薩斯驚嘆不已,說:「他讓人們自然而然地說出自己的故事。」

後來,我看了幾段布魯諾跟那名士兵的訪談。最令我印象深刻的,不是他從這位曾一度讓人聞風喪膽的男人身上引導出什麼樣的感受,而是他流露的情感,以及他是如何地讓兩人的對話打動了他。「你給了我希望,」[31]布魯諾流著淚說道,「不只是在這裡,也為人類帶來希望」。

布魯諾生病之後,還是堅持要回到哥倫比亞。因為手術的緣故,他的顴骨變得非常脆弱,因此他在旅行途中必須戴上一頂醫療用的安全帽。卡薩斯說:「他太太恐怕非常想殺了我。」[32]這是布魯諾最後一趟飛往海外的旅程,但也是恰如其分的一次,因為他得以持續推動和平的工作。他從哥倫比亞的故事得到啟發,卡薩斯則是持續推動兩人共有的使

217　第八章｜衝突壓力造成的誤判

命。每年他都會主持一場「神經學國際和平研討會」(Neuropaz)，科學家齊聚一堂，討論能如何促進和平。這場研討會就是要向布魯諾致敬。

為了解開恐懼和仇恨，布魯諾和卡薩斯沒有必要騙人。他們僅僅是將另一邊的真相講給哥倫比亞人聽。正如卡薩斯所描述：「我們哥倫比亞人正處於和平的邊緣，這項研究教會我們，把其他人想得好一點才是達到和平的最好方法。」[33] 同樣的策略隨後在美國和其他地方開展的研究也發揮了效用。[34]

當問題藏在表面底下，陽光才是最好的消毒劑。但在美國政壇，早就有大量的腐敗現象清楚可見。我們身邊其實隱藏著愛好和平、想要追根究底的大多數人，只是他們的身影被極端的聲音給淹沒了。有些人的文化斷層線是建立於誤會之上，「抱持希望的懷疑主義」可以是修補起這些斷層線的強大工具。以清晰、簡單的數據形式呈現出來的「陽光」，為我們揭示了看來與可能性極度相似的東西。

用更好的方式表達異議

如前所見，憤世嫉俗者會採取先發制人的攻擊，誘發他人人性中最糟糕的一面。沒

有放棄希望的人則是願意採取「信心之躍」，引導出他人人性中最光明的一面。這其中有些是宏大的舉措。美國總統甘迺迪和蘇聯領袖赫魯雪夫消弭了一場飛彈危機，宛如是倒轉RYAN行動，在全球舞台上大張旗鼓地表現出信心。

有些類型的「信心之躍」或許小步了些，但力道仍然強大，例如花時間跟與自己意見相左的人相處。這件事聽起來簡單，但一開始會讓人感覺是個不可能的任務。二〇一六年時，有五一％的美國人表示，如果能跟相反陣營的對立者聊聊會是「有趣並能獲得知識的經驗」，而認為這種談話會是「充滿壓力且令人惱火的經驗」，大約佔四六％。然而五年後，美國人的這種熱情已然消失，有五九％的人表示這種對話讓人惱火，只有不到四〇％的人認為這種對話是有趣的。當被問到與對立者交談和從事其他活動比較起來如何時，不管是支持民主黨還是支持共和黨的人都表示，他們寧願去動痛苦的牙科手術。[35]

在一個意見分歧的世界裡，要把人們聚在一起討論，難度甚至遠超過拔牙。跟對立者交談不僅讓人感覺危險，甚至會被視為是不道德的行為，那就像是圍城期間，羅馬人邀請敵軍西哥德人喝杯啤酒一樣。就算有人能克制自己的反感，還是看不出來有何必要做跨黨派對話。二〇二二年時，我的研究室對數百人進行一項調查，詢問他們：如果共和黨人士和民主黨人士聊起政治，可能會發生什麼事？結果多數人都認為，這樣的對話只會讓彼此

219　第八章｜衝突壓力造成的誤判

的立場更加分歧。一名來自賓州的民主黨支持者直言：「政治對話注定會失敗。」一名德州的共和黨支持者則說：「禮貌已死，現在已經沒有人會客氣的表達不同意見了。」

但這兩個人都說錯了。二○二二年夏天，我的實驗室邀請超過一百位美國人參與一項實驗，我們先請他們暫時放下不安的情緒，與〈「對立者」（立場相反者）進行二十分鐘的線上對話。[36] 登入會議室以後，先把背景設定好，並記得按下解除靜音，與對方討論像是槍枝管制、氣候變遷、墮胎等議題。我們事先有確保參與對談的人彼此抱持不同觀點，要是兩人出現互相對罵或威脅彼此的情況，我們也擬定好應變計畫。

結果出乎所有人意料！這些對話進行得非常順利。雖然雙方的觀點明顯不同，也有激烈交鋒，但人們都願意傾聽彼此的意見。我們請參與者為整體經驗以一分（極為負面）到一百分（極為正面）進行評分，結果最普遍的評分竟然是一百分。此外，對談結束後，參與者對於對立者的厭惡大幅下降二十分（以一百分計算）以上，並在三個月後仍維持在較低點。

如果其他人都能夠像這些參與者一樣加入對話，那麼美國的政黨狂熱過激行為將可望退燒到柯林頓總統的時代：雖然不是全面和平，但也不至於像今日政壇那般可怕。我們也發現，參與者在實驗過後，也比較不會把另一陣營想成非人化，同時會對自己的意見抱持

善意與信任　220

較為謙遜的態度。

如果「社交鯊魚」已經嚇得我們不敢從事與他人的日常互動，自然也會讓我們害怕對立者。再者，如果與陌生人對話就可以達到出乎意料的正面效果，針對分歧點進行會面將會有驚人效果。布魯諾深信這一點，他最後發表的其中一項實驗就是檢視對立者之間的對談。[37] 他的行為也在實踐這項信念。他的一名協作員諾爾・泰利（Nour Kteily）就看過布魯諾在臉書（Facebook）上與保守派朋友進行互動。夜復一夜，他針對槍枝管制、移民或任何其他浮現的議題進行辯論，他從未動搖過自己的立場，也從不趕走對立者。泰利回憶道：「就算對方聽不進去，他展現出的同理心也會澆熄對方的憤慨。」

當然，並不是每一次的對話都能軟化衝突。在感恩節晚餐的餐桌上，數千個美國家庭往往在南瓜派還沒端上桌前就已經吵翻天，這是因為人們在面對面的時候，也可能跟在網路上一樣惡劣。光只是與對立者談話還不夠，如果要得到實質的成果，我們需要在心理和情緒層面下工夫。如何用更好的方式來表達出對方不同意的意見，研究結果已經為我們找出祕訣：[38]

221　第八章｜衝突壓力造成的誤判

一、好的異議者會提出問題，而不是逕自發表言論。

二、致力於了解他人對自身故事的看法。

三、當發現與對方有某些共同點時，好的異議者會直接指明。

四、當不確定某件事情時，好的異議者會直接說出來，而不是假裝有信心。

這些祕訣每一條都可以減少意見分歧演變成惡劣衝突的機會，不過，良好的表達異議並非只是讓我們良善待人，這麼做是有力量的。在實驗當中，運用上述祕訣的人會更加用心傾聽，並能夠問出更好的問題。與他們交談的人即使事前沒有受過訓練，也變得更能包容不同意見。39 憤怒具有傳染力，但想要探索事物的好奇心和謙遜態度也是。

超越和平以外

衝突會吞噬掉一個國家，使政府陷入停擺，甚至威脅到民主。大多數人都想要和平廣布各地。藉由揭示人們具有的共同點，更科學的數據得以打開前往這個目標的通道。

但，這就是我們致力追求的一切嗎？所謂的「和平」，有時看起來很像維持現狀的另

善意與信任　222

一種樣貌。研究者發現，當歷史上處於弱勢的群體（例如美國的黑人）渴望與優勢群體和諧共處時，往往就不太可能質疑不公、偏見與剝削。[40] 世上的許多分歧都是權力失衡的結果，握有權力的人從沒有權力的人身上拿走土地、自由和生命。像這樣的壓迫不應該視為「衝突」，就像是搶劫並不會被視為街頭鬥毆。

這讓我感到憂心。我的研究顯示，同理心是化解敵意、彌平分歧的強大工具。[41] 然而，許多人有理由生氣，尤其是那些世世代代遭受犧牲的群體。有時，當我談到同情與理解時，我不免想像某個身處邊緣團體的人正在聆聽，他們可能會因為沒有對剝奪他們權力的人笑臉以對，而感到自責，或內心感到憤怒：「你有什麼毛病？竟敢要求我們在和平的祭壇上犧牲公義？」

希望是一種強大的社會力量，能夠凝聚社群，促進彼此理解並重建信任。但如果只是讓我們自己感覺良好，卻無法讓我們變得更好，那麼這種希望還有什麼意義？人與人之間的不一致、甚至相互厭惡，或許無可避免。但，這真的是我們所面對最嚴重的問題嗎？在美國，壓低投票率使得數百萬美國人無法表達自己的聲音，社會中開始興起一種勢力，要收回女性、移民、窮人和自然世界所擁有的權利，連民主本身都受到威脅。

所謂的「希望」，是否會成為助長這種壓制的甜味劑？不知有多少次，我擔心我的研

究成果會被當成某種心理上的鎮靜劑,讓人們在理應義憤填膺時鎮靜下來。現在,當我重新審視這些疑慮,也察覺到自己的憤世嫉俗。也許,在這個動盪不安的時代,人們的團結有可能過於脆弱和友善,但也許並非如此。唯一確定的是,我們必須依循科學所帶來的指引,繼續前行。

第三部

用希望打造未來

第九章
創造我們期盼的世界

「我們的挑戰……不是哀悼社會的改變,而是要引導社會改變。」

——美國政治學家羅伯特・普特南(Robert Putnam)

每一天,有數以萬計的美國人生活在貧困中。然而,同一時刻,財團老闆、大企業老闆卻炫耀著一般人難以想像的奢華生活。美國已經被零和的利己主義所支配,政客提出的議題愈來愈極端,跨黨派合作破裂,國家陷入僵局。此外,新興媒體報導人們的道德淪喪,無時無刻播送一則又一則醜聞。

以上所述並非發生在二○二○年代的美國,而是一八九○年代的美國,如同今日,當時社會的憤世嫉俗氛圍也相當盛行,此外,美國幾乎有近半數的財富集中在金字塔頂端的

善意與信任　226

1%人手裡，社會不平等的程度幾乎是二○一二年的兩倍[1]，像是之前提到的卡內基、利蘭・史丹佛（Leland Stanford）等「強盜大亨」（Robber baron），勢力龐大到可以壟斷整個產業界。一名歷史學者曾這麼寫道：「他們能夠提升整體國家的生產力，但付出的代價卻是壓榨窮人、剝削勞工和童工。位居社會底層的人只能擠在惡臭的貧民窟裡，對統治他們的現代法老心生怨恨。」有些富人更鄙視窮人，就如金融業鉅子傑・古德（Jay Gould）曾吹噓：「我可以雇用一半的工人，去殺掉另外一半工人。」[2]

這些精英人士並非靠著一己之力爬到高位，他們在累積財富的過程中，得到立法者的一臂之力。然而，社會達爾文主義者卻跟著幫腔，聲稱這種不平等是合理的，就如一名作家所言：「有些人在生存競爭上表現就是比別人好，他們能從野蠻的叢林中脫身，並將這種天賦傳給後代，使他們爬得更高。」[3]這類論述助長了階級歧視，在美國南北戰爭後，種族平權理念更是大開倒車。一八九六年，最高法院對「普萊西訴弗格森案」（Plessy v. Ferguson）裁定支持種族隔離政策，連帶催生出後續的黑人歧視政策（Jim Crow）*，剝奪非裔美國人的公民權。到了一九○八年，美國南方幾個州的黑人投票率已從之前的巔峰跌到六○％以下。到了一八九○年代，甚至每隔兩天就會發生一樁私刑事件。[4]

與此同時，電話、電報與每日的報紙向人們傳遞大量訊息，但這些訊息卻不是什

麼有用的資訊。報業大王威廉・赫斯特（William Randolph Hearst）是創造「黃色新聞」（yellow journalism）風潮的先驅，擅長用聳人聽聞的報導風格，來迎合讀者的負面偏誤。他旗下的《舊金山觀察報》（San Francisco Examiner）有近四分之一的版面都在報導犯罪事件，可說是早期標題誘餌的範例，往往用誇大的細節吸引讀者目光。[5]

那時，人們紛紛加入新興的大型社會網絡，舊有的人際連結逐漸瓦解。數百萬名美國人離開穩定的農村社區，湧入人際疏離的城市，家庭經營的小商店生意慘淡，紛紛被郵購目錄所取代。在一九一二年的總統大選期間，伍德羅・威爾遜（Woodrow Wilson）在某次競選演講中公開哀嘆這種變化，他說：「全國各地的人都開始感覺到，自己對生活的走向毫無控制權……人與人之間的日常互動已經不像從前那樣具有人情味，這些日常互動只出現在龐大而冷漠的組織中，而非個體之間。」[6]

當時的美國人很容易會認為，國家正踏上一條走向社會衰敗的不歸路。然而，事實並非如此。經過一場混亂與激烈的陣痛後，一場充滿活力的進步運動於二十世紀蓬勃展開。社運人士、工人、公民領袖群策群力，將眾多新組織組成龐大的陣仗。他們透過罷工、遊說、參與公共事務來蓄積實力，最後達到驚人的成就。在一八八八年至一九二〇年間，美國通過以下幾個關鍵政策：婦女選舉權、所得稅制度，成立食品藥物管理局（Food and

善意與信任　228

Drug Administration)、聯邦交易委員會（Federal Trade Commission）、建立國家森林和公園管理制度、童工法、每日八小時工時制、競選經費規範，以及公共幼兒園制度。

除了實質上的變革以外，人們的想法也開始轉變。一種名為「基督教社會福音」（Social Gospel）的意識型態廣為流傳，它強調人們對於弱勢要有一種道德責任，並希望以這樣的想法取代社會達爾文主義。一項對當時出版書籍的分析發現，「社會福音」一詞的使用更加頻繁，而「適者生存」的出現次數則隨之減少。

憤世嫉俗亦是如此。美國在一九七二年啟動「社會概況調查」時，幾乎近半數美國人相信「多數人是可以信任的」。本書就是從這項調查開始談起，但那並不是研究者首次提出這個問題。早在一九六〇年，五八％的美國人表示自己信任他們的同胞。[7] 在二次世界大戰期間，這個數目更高達七三％，相當驚人！隨著二十世紀走到中葉，美國人的心中曾一度轉向寬容與善意，人們傾向投入社群，對未來充滿希望與信心。

* 譯注：南北戰爭後，白人重新控制南方州的立法機構，並通過歧視黑人的法律。一八九六年「普萊西訴弗格森」一案中，聯邦最高法院做出裁決，維護路易斯安那州在火車上實行種族隔離的法律。此裁決使火車上的種族隔離措施合法化，導致後續一連串歧視黑人的舉措產生。Jim Crow是一個看起來像是黑人的菜市場名，用來泛指那段期間出現的各種種族歧視和隔離的法律。

229　第九章｜創造我們期盼的世界

回顧過去，當時的「信任高水位線」在今天簡直令人難以想像，甚至像是不切實際的妄想。當我發現現今社會的信任曲線一路下滑時，我不禁好奇：過去是否發生過相反的情況？當時的社會如何避免信任的崩解，還加強人與人之間的互信？人與人的信任又是在何處及何時建立起來的？我想，我們或許可以從一些故事中得到線索，讓我們擺脫今日社會瀰漫的憤世嫉俗心態。

事實證明，正向的改變曾真實發生。在美國社會陷入四分五裂之前，我們曾經團結一致。在事態惡化之前，情況曾一度變好，普特南將這段時期稱為「進步時代」(the upswing)。

我們很容易忘記過去取得的成就，因為往日的進步軌跡很容易被掩蓋。新世代容易將他們的祖先夢寐以求的權利與自由視為理所當然，而憤世嫉俗心態就這樣在人們的集體健忘中落地生根。在心理的感受上，許多人總會覺得現在的國家比數十年前還糟糕，這種日漸衰退的感覺不無道理，因為除非你是達到退休年齡的人，否則你的整個人生階段都處在這段衰退期中。但如果我們把視角拉遠一點，就會看到過去呈現一幅不同的景象，當時的人們懷抱著活力與充滿希望，立志要改變世界。而今，我們可以再努力一次。本書接下來的內容，將試圖帶著讀者一同想像未來可能的面貌。

善意與信任　230

愈窮愈不被信任

一九七六年，雷根（Ronald Reagan）從參加共和黨總統初選開始，直到後來再次競選總統成功，包括在總統任期內，都反覆講述一則故事。這則故事是這樣的：「在芝加哥，有一名女士⋯⋯她使用八十組姓名、三十組地址、十五組電話號碼，虛構四名根本不存在的退伍軍人遺孀，藉此領取食物券、退伍軍人福利和其他社會補助。」[8] 雷根還會視不同的演講場合加油添醋，例如提到她擁有凱迪拉克汽車和皮草，騙取社福資源。雖然有記者批評雷根誇大其詞，但實際情況其實更糟。雷根提到的這個女人名叫琳達・泰勒（Linda Taylor）[9]，她真的使用數十種假名，竊取數十萬美元的公共福利資源。她還從事兒童販運，並遭指控犯下謀殺罪。

無疑的，泰勒是個剝削者，但她同時也是剝削下的受害者，她的人生充滿創傷與混

231　第九章｜創造我們期盼的世界

亂，堪稱一齣複雜的悲劇。但在雷根口中的她，成為一幅誇張諷刺漫畫中的主角，漫畫的書名是：《福利女王》。

根據雷根的說法，既然我們抓到一名像泰勒這樣的人，代表全國各地有無數個類似的騙子，用食物券買魚子醬，靠著販賣兒童用納稅人的血汗錢過活。雷根使用一種「挑極端例子」（nut picking）的詭辯策略：引述最極端的案例，然後將它描繪為一種普遍現象，來說服大眾相信，詐欺福利的高手可以代表一整群人。

一九七八年，就在雷根講述「福利女王」故事的兩年後，伊利諾州有八四％的選民認為，福利詐欺是該州最迫切需要解決的問題。全國性詐欺調查在一九七〇至一九八〇年之間成長了七倍以上。[10] 全美國投入數百萬美元查緝詐領者，但卻幾乎沒找到幾個案例，因為絕大多數的社會救助申領者，根本不像泰勒那樣是職業級騙徒。根據二〇一八年的報告發現，每一萬戶參與「營養補充援助計畫」（Supplemental Nutrition Assistance Program）的家庭中，只有十四戶涉及詐欺行為。[11]

換句話說，「福利女王」的傳說並不準確又具有攻擊性，卻極為有效。它成功煽動民意，推動一九八二年一項導致二十五億美元社福預算遭到刪減的法案，[12] 這是一次大規模的財富向上轉移。光是在那一年，就有超過一百萬名美國人無法獲得食物券，頓時陷入飢

善意與信任　232

餓危機。從此之後，美國的公共福利數十年來在持續和穩定中減少。一九九三至二〇一八年之間，「貧困家庭臨時援助計畫」（Temporary Assistance for Needy Families）所提供現金援助的實質價值被砍掉將近八〇％。同一時期，生活在極端貧窮（即每人每天生活費不到二美元）的美國家庭數量急劇增加，估計增加超過兩倍以上。[14]

像「福利女王」這種具有種族與性別偏見的刻版印象，至今仍陰魂不散。根據研究顯示，美國白人普遍估計有三七％的社會福利受益人是黑人，但實際數字只有二一％。而且，愈相信黑人領取的社會救濟金額較高的白人，愈不支持社會福利政策。[15] 新冠疫情期間，政府擴大幾項社會福利計畫的規模，隨即招來一波鋪天蓋地的批評浪潮，他們認為，窮人勢必會占這類計畫的便宜。共和黨眾議員麥特・蓋茲（Matt Gaetz）甚至將領取公共援助的人稱為「沙發馬鈴薯」，而民主黨參議員喬・曼欽（Joe Manchin）則擔心，父母會拿育兒津貼購買毒品。[16]

像這類根深蒂固的刻板印象，是建立在人們對於缺乏資源者的不信任之上，這種不信任由來已久，甚至滲透社會結構之中。當社會給予的愈少，窮人反而愈容易被懷疑；而這種心理上的不平等，往往也進一步助長經濟上的不平等。

233　第九章｜創造我們期盼的世界

給無賴的憲法

十八世紀的蘇格蘭哲學家大衛・休謨（David Hume）提出他寫給社會的解方：「我們應該假定每個人都是無賴，所有行動無非是出於私利。我們必須以這種私利作為治理他的依據，並藉此使他……願意合作以促進公共利益。」

他的建議既簡單，也徹底呈現一種憤世嫉俗的觀點⋯人生來自私，唯有在被逼迫裝作無私的情況下，社會才能運作。前奇異執行長威爾許建設的是一個適合「經濟人」的企業，休謨的建議也是在經濟人的假想上來建設政府。

如果按照休謨的想法來建設國家，那麼這個國家將會以一部「為無賴而設的憲法」（constitution for knaves）17 作為起點，這部憲法不是為了保障自由，而是削減自由。東德的史塔西就是一個很好的例子，它透過對人民進行監視和威嚇，讓他們服從。但就算是在比較自由的國家，還是有一些人生活在「給無賴的憲法」之下，而這群人往往是社會中權利、機會、資源都最少的人。事實上，如果你想判斷一個人被邊緣化的程度，一個頗為準確的指標，就是觀察其他人對他展現出多少憤世嫉俗的態度。

威廉・顧德溫（William Goodwin）就是經歷過這類故事的人。他出生於加州西奧克

善意與信任　234

蘭（West Oakland）（「在中產階級進駐那裡之前，」他這麼告訴我）。父親在他很小的時候就過世，母親辛苦將他和手足拉拔長大。從六歲起，他就幫鄰居洗車、剪草貼補家用。有時當母親手頭拮据時，雜貨店會讓他們賒帳，好讓一家人得以溫飽。顧德溫一家人積極進取，信仰虔誠，也深獲全社區居民的照顧。回憶起那段時光，他說道：「我們從不覺得我們是窮人。」[18]

威廉五年級那年，母親提出申請以便讓他得到更好的教育。他通過文法和幾何學的考試，很快就得以進入位在奧克蘭丘（Oakland Hills）一角的新學校。念高中時，他必須清晨五點起床，轉搭兩趟公車，再步行穿越停滿同學們閃亮新車的停車場。如果他小時候並不曉得他們家很窮的話，那麼那時他就知道了。顧德溫在新學校感到格格不入，回到老家也是如此，朋友們會對他這麼說：「他現在可覺得自己是個大人物了。」彷彿在嘲諷他忘了自己的出身。

不久後，顧德溫開始經營學校裡的商店，也因而發掘他對商業的熱情。畢業後，他在李維氏牛仔褲（Levi's）擔任業務工作，接著，他成為一家大型保險公司裡的理賠人員，並在公司裡待了十多年，一路晉升。還在學生的時代，他覺得自己在奧克蘭丘好像外星人。現在，他就住在那裡，悉心奉養母親度過餘生，他的小女兒也在此出生，度過人生的

235　第九章｜創造我們期盼的世界

第一個年頭。

然而，顧德溫的安穩生活卻在罹患一種退化性神經疾病後瞬間崩塌。他的頸部總是感到如針刺般的痛楚，背部則時常抽搐，連坐直、抬頭都變得困難。顧德溫渴望繼續工作，只是需要一些調整。在他的部門裡，每位聯絡員每天都要負責處理八十件理賠案件，工作節奏很快，幾乎每分鐘都得黏在辦公桌前。在數字代表一切的公司文化中，顧德溫已經無法達成績效。

其實，一張站立式書桌、拉長休息時間或是減輕一些責任，都可以幫助顧德溫繼續從事這份熱愛的工作。但事與願違，公司考量他的情況，決定把他調到檔案室，雖然他被降職，卻沒有砍薪。沒想到，顧德溫的同事開始說閒話，說他是故意裝病，只為了做輕鬆的工作。

身為黑人，如今又患有殘疾，顧德溫現在「身兼」兩種美國社會的固有刻板印象。過去多年來熟識他的人，突然之間忽視他長年來的盡忠職守，開始對他抱持懷疑。他的主管要求他去看不同醫師來證明自己的病情，接著又企圖迫使他進行一種成功率只有一半的高風險手術。他拒絕接受手術，結果遭到解雇。於是，他只好開始申請殘障福利。

但接下來的流程，似乎是設計用來要打擊士氣。顧德溫得耗上半天，才能與社工談話

十分鐘,接著又被告知要去另一間辦公室,但結果又得回到第一個窗口。他像皮球一樣在不同醫師的診間團團轉,每次都要回答相同的問題:他「真的」生病了嗎?他是否「真的」想工作?顧德溫回憶道:「壓力全落在我身上。這是典型的刻板印象,一名黑人必須努力證明自己不是大家想的那樣。」

雪上加霜的是,他漸漸感到「無助、孤單、不受信任,即便他說的都是實話」。最後,那些質疑的聲音滲入他的心中:「難道我真的是他們想的那種人嗎?」盯著窗外疾駛而過的火車,心中浮現這樣的疑惑:「我會變成他們想像中的那種人嗎?」他的福利申請遭到駁回,他再次提起上訴,結果再次面臨僵化的流程:有如審訊般的面談、表格暴增數倍。他的申請再次被拒,但上訴的機會所剩無幾。他想起童年時的貧困,心裡想著:「我又回到那個時候,真難以相信。」顧德溫考慮過放棄,但有個人需要他。「我想到我女兒,我想成為她眼中的好爸爸。不管有沒有受傷,我都要把全副心力放在她身上。」

他決定再次上訴。這次他聘請一名律師,將他在前兩次申請時所繳交的相同證據呈遞上去。第三次申請通過了,但期限只有三個月。顧德溫估計,整個流程花了他七十五個小時。與此同時,法院人員和評估情況的醫生都從各種流程中賺到錢,他的律師也是,律師會拿到顧德溫一五%的福利金。之後,等他日後申請長期殘障補助時,整個流程又得重新

237 | 第九章 | 創造我們期盼的世界

來過。

這段期間，顧德溫的財務狀況陷入困境。他的車壞了，但沒錢修理，使他無法出門尋找能做的工作。他讓幾個朋友搬來跟他與女兒一起住，「他們無家可歸，但至少我們還有地方可住。」他說。他又花了好幾年的時間，才終於收到長期福利金，這時生活才稍微穩定。

因為女兒的支持，讓顧德溫得以支持下去，即便沒有人相信他。然而，他不再相信的是這個社會體系。他親身體驗一家公司尋找各種藉口，只為了擺脫一名殘障員工，他說：「那就像房東試著要趕走房客那樣。政府的方案不是為了要拉你一把，而是要讓你留在原地，這樣他們的假設才不會被推翻，也才能保住他們的飯碗。」顧德溫遭到他人評斷多年，他的經歷也讓我開始審視這個體系。

少數人得到信任，多數人卻受到不信任對待

根據美國人口普查局（US Census）的資料，二○二二年約有九百萬名兒童生活在貧窮當中。19 兒童貧窮不只是一場道德災難，也是一場經濟災難。根據美國進步中心

善意與信任　238

（Center for American Progress）的報告，兒童貧窮問題讓美國每年損失五千億美元[20]，因為這些兒童長大成人後較少人會進入就業市場，還會用掉其他人更多的醫療資源。貧窮不僅使一個人的人生起點落後，也會使人更快到達人生的終點。一份二○一九年的研究指出，美國窮人的平均死亡年齡比英國窮人低五歲，然而美國富人死亡的平均年齡和英國富人相比，則僅僅少活幾週。[21]

如前所述，嚴重的貧富差距會引發憤世嫉俗心態，但反過來也是如此，憤世嫉俗心態也會加劇社會不平等。至少有些研究指出，一個人對其同胞是否信任，可以看出他是否支持用公共資源援助窮人。[22]當一個國家的國民不再信任彼此，首先遭到懷疑的對象，就是社會中最弱勢的人。

「貧窮歧視」（Povertyism）*[23]是指對於窮人的歧視，這件事仍然普遍存在於競選演說和政府流程中。而當窮人在美國想要尋求援助時，他們往往會被淹沒在成堆的文件要求當中，例如一位路易斯安納州的單親媽媽，必須要填寫長達二十六頁的申請表，才能成功申請到食物券。[24]記者安妮・洛瑞（Annie Lowrey）曾描述過其中的一些要點：

---

* 譯注：povertyism 是一個新造字，如同 racism（種族歧視）、sexism（性別歧視），指的是對窮人的歧視狀況，例如雇主不情願雇用住在某些地區的人。

239　第九章｜創造我們期盼的世界

……第七頁則列出要是她濫用福利金（例如去郵輪旅遊或是找靈媒算命）的話，會受到怎樣的懲罰。第十五頁要求她詳細說明來自二十四種不同來源的收入。

表格的第三頁要求她提供過去三個月的領藥單、四張薪資單、洗禮證書、同住人證明

為了取得食物券和醫療照護，美國窮人得排隊好幾個小時，回答跟他們的申請內容毫無相關的羞辱性問題，像是：「你的小孩是哪一天受孕的？」這些例行儀式不只壓榨窮人的時間，還耗費他們的精神。某些研究發現，「匱乏感」（也就是經濟拮据，為生活所苦的心理狀態）會讓人的認知能力大幅下降，其程度相當於熬夜整晚不睡。25 但跟熬夜不同的地方在於，匱乏感對人的影響不是一天，而是好幾週、好幾個月，或甚至好幾年之久。

顧德溫必須仰賴他在保險產業所累積的技能和知識，才能成功的爭取到殘障福利，但並不是每個人都擁有這樣的優勢，這使得許多人難以獲得本可擁有的福利。社會學者馬修・戴士蒙（Matthew Desmond）在著作《貧窮，在美國》（Poverty, By America）中提到，美國窮人每年放棄領取的補助金額高達一百三十億美元，稅務抵免一百七十億、社會安全生活補助金（supplemental security income）三百八十億美元，以及政府醫療保險補助金六百二十億美元。26 許多人只好像顧德溫那樣，聘請律師幫忙才勉強取得福利，但這也意

味著，他們又得將自己領取的部分補助金用在制度體系上。

這顯示的不是政策失靈，而是政策發生預期效用，只不過，這種政策的目的是把窮人困在原地。立法者當然不願承認這一點，反倒宣稱這些苛刻的規定，是為了防堵詐欺者。福利金申請表格上的繁瑣問題，都是為了世界上其他的「福利女王」所設計的，即使這種人其實很少。醫療費用的報銷表格則是為假裝生病的人量身打造。為了揪出少數比例的作弊者，我們的政府投注數不清的工時和金錢。這種做法不僅有很差的經濟效益，更為刁難弱勢族群的行為批上一件憤世嫉俗的外衣。

我們的體系是在向任何需要幫助的人先發制人的發動攻擊，窮人則以蔑視與不滿作為回報。在美國各地，信任正迅速流失，而在不平等加劇的情況下，對他人和體制的信任下滑，尤其在低收入群體中更為明顯。27

如今，美國窮人就像是活在一部「給無賴的憲法」之下，而富人則像是活在另一種截然不同的國度。例如，一個從立國精神開始就假設其公民具有最優良的品格，並且能輕鬆享有公共資源的支持。這份投資計畫的所有收益都不用繳稅，讓我們能保留更多收入。換句話說，我們育基金。這份投資計畫的所有收益都不用繳稅，讓我們能保留更多收入。換句話說，我們每年等於是收到數千美元的公共補貼。為了要獲得這份福利，我和女兒不需要走上街頭抗

241 第九章｜創造我們期盼的世界

議政府，不需要在辦公室裡等候好幾個小時進行面談，或是忍受為什麼我的髮色和膚色都比孩子還深的問題。持有房貸的人還可以將支付的利息用來抵繳稅金，這同樣是來自政府的補貼。二〇二〇年，這些稅賦減免的總額幾乎是政府協助低收入戶購屋所花經費的四倍。[28]這表示如果你有一棟房子，你所收到的公共補貼其實超過你的實際需求。

一項二〇一〇年的研究顯示，利用五二九計畫儲蓄的父母中，竟然有六四％的人表示他們「沒有接受過政府的社會福利」[29]。政府慷慨的投注資金與資源，結果卻是，每三人當中就有兩人根本沒意識到自己獲得補助。看來，美國的富人們生活在一個連他們自己都難以察覺的隱形福利國家中。

美國的窮人則是很快就學到，國家將他們視為不思積極進取的投機者。有能力的人則是學到完全相反的東西，他們不僅經常能得到好處，也無需遭受莫須有的懷疑。在金字塔頂端的稀薄空氣中，億萬富翁繳納的稅金占其收入比例幾乎比其他收入級距的人低。他們還贏得絕大的影響力，有權力透過公民聯合會的途徑將大筆金錢灌注到政治競選當中。

在這個世上最富裕的國家裡，有數百萬人所喝的水竟達不到聯邦健康標準。[30]《美國公共衛生期刊》(*American Journal of Public Health*) 估計，美國每年約有三萬五千人至四萬五千人因沒有醫療保險，死於原本可治癒的疾病。[31]醫療負債和其他負債也大幅增加人

善意與信任　242

們的自殺比例。[32]與此同時，美國卻是擁有全球「超級遊艇」最多的買主，全球銷售量的四分之一都是來自美國。[33]

在這場緩慢形成的道德災難中，沒有人希望自己成為壞人。但面對這種不協調，也得想出方法來因應。方法有兩種：第一種是閉上嘴巴，盡量不去想那些比我們擁有更少的人。如果真的不小心想到了，可以打開憤世嫉俗的開關，說服自己他們之所以必須受苦，是理所當然的結果。正如社會達爾文主義者宣稱，富人天生比其他人更有競爭力，甚至是舊時的偏見也認為富人就是比較好。古希臘哲人亞里斯多德則認為，貴族如同社會中的前額葉，因為他們具有原則、良心和耐力；可憐的一般大眾都是貪婪的「經濟人」，需要被管束與教化。至於奴隸，則最好用鐵鍊鎖起來，因為賦予他們自由是一種浪費。

每當有人懷疑窮人會捲走公共補助金的時候，就是在延續這種由來已久的偏見。這樣的態度造就了一種制度：它對大多數窮人投以不信任的目光，卻對少數有權有勢的富人投以盲目的信任。這正是第歐根尼所鄙視的哲學，因為它是虛偽的。而且從數據上來看，這種想法在邏輯上也常常站不住腳，然而，這套觀念卻替一個不公不義的世界提供一套「心理盔甲」。

重新選擇信任

回應不平等帶來的危機,還有第二種方法,這種方法更具同情心,也更受到數據的支持。它能強化公民的力量和道德上的健全,但身處相對優勢的我們,需要經歷某種痛苦的內在調整。要追求這樣的境界,我們需要設法改變我們從他人的貧困中受益的情況,並思考該如何打造一個更公義的社會體系。

這樣的改變或許會比你所想的更受人支持。「共通點」(Common Ground)是一項尋找美國人普遍贊成的議題調查,結果發現,有超過八成的受訪者(其中包含三分之二的共和黨支持者)支持在某些情況下擴大食物券計畫。有超過七成的人(其中包含超過半數的共和黨支持者)支持擴充招收貧童的學前班規模。

大多數人都希望社會體系能在關鍵時刻為人們提供支援,這樣的體系應該是什麼面貌?我認為主政者在制定政策時,要把大多數人民當成我們所希望的正直樣貌,而非我們被教導要提防的騙子。這意味著我們該撕掉那本「給無賴的憲法」,給予每一個人一個證明自己的機會,無論是富人、窮人還是中產階級。

二○一六年,顧德溫經由朋友告知,有一個全國性組織名叫「合力向上協會」

（UpTogether），專為處境貧困者提供協助。與傳統的公共援助計畫不同，這個機構的宗旨是為人們提供培力（empower），而非審查。成員可以自行設定財務目標，機構則會提供他們金錢和資源來實現目標，這種做法又常被稱為「直接現金撥款」（direct cash transfers）。換言之，人們不需要填寫二十六頁冗長的表格，或接受他人鉅細彌遺的拷問，唯一需要的，就是單純且公開的信任。

起初，顧德溫並不相信有這種事，他說：「我當時聽說有個機構會提供資源，這聽起來就像是詐騙。所以我決定把錢留在銀行等一分鐘，看看接下來會發生什麼事。」有許多會員一開始都是這樣：懷疑任何不懷疑他們的人。協會執行長赫瑟斯·何瑞納（Jesús Gerena）很清楚，這份懷疑背後，是因為人們經歷過創傷，他說：「當你長期被社會漠視，肯定很難相信自己還值得被肯定，更別說是得到投資了。」[34] 何瑞納還記得，有次他們提供一名成員一台筆電，對方問：「該去哪裡登記？」他以為這是要歸還的，不敢相信他真的能擁有一台電腦。何瑞納開玩笑的說：「電腦壞掉再來找我們就好。」

靠著協會的幫助，顧德溫訂下還清汽車貸款的目標，也帶女兒進行一趟大學校園之旅，為女兒的未來做計畫。旅行回來之後，顧德溫發現，女兒變得不一樣了，他說：「接受高等教育不再只是空想，而是真實的夢想，對我來說也是如此。」現在，顧德溫在幾家

245　第九章｜創造我們期盼的世界

非營利機構擔任理事,他與縣政府一起合作,倡議居住平權。女兒後來進入灣區東邊的一所大學,他很高興女兒跟他距離沒有很遠,不過他還是希望女兒能更常來看他。

自從顧德溫一家人的生命故事轉了彎,不過他還是希望女兒能更常來看他。「一開始我想的是,『我們拿到這筆錢,該怎麼花?』」他加入一個由協會組成的小組,一同將當地社區中心的電腦室重新裝潢,並在東奧克蘭圖書館(East Oakland Library)成立成人識字班,至今仍持續運作。「我感覺自己欲罷不能,我接受過幫助,我有責任要善用這樣的善意。」顧德溫這麼告訴我。

信任能夠激發人們振作。一旦人們得到重生的機會,就能發光發熱。加入協會後的兩年內,合力向上的家庭平均收入提高二五%,對政府援助的依賴減少三六%。[35];協會裡超過八成的孩子學業成績變得優異或有進步。

合力向上協會的故事或許看似溫馨,你可能會說,這只是個案,不具有推廣價值。但現金撥款其實是一種古老、但受歡迎的構想。許多自由派人士都支持這種做法,連極端保守派的經濟學家米爾頓・傅利曼(Milton Friedman)也這麼認為,他將之稱為「負所得稅」(negative income tax)。傅利曼在一九六二年就如此主張過,他認為,與其要窮人接受審查與限制,倒不如給他們現金,讓他們自主決定如何生活。而不是像現在的做法,要他們

來到政府官員面前，一一清點所有資產和負債，然後被告知可以花多少錢付房租、用多少錢買食物等等。

對自由派人士而言，現金撥款的做法能夠實現公義。對傅利曼而言，這種做法可以鞏固自由市場。如果光譜兩端的人都支持這個構想，那麼我們或許也該多加留心。事實上，愈來愈多研究顯示，現金撥款是一種明智的公共投資。不論在南半球、歐洲或北美，各地的實驗都證明，當人們獲得現金，並不會任意揮霍。

在亞洲、非洲和拉丁美洲，共有將近二十項研究都找不到證據顯示人們將這些撥款拿去花在如酒精、香菸等「誘惑商品」上。36 二○一八年，慈善組織社會變革基金（Foundations for Social Change）提供現金撥款給溫哥華五十名無家可歸者，每人可拿七千五百美元，不附帶任何條件。收到這筆意外之財後，花錢去買誘惑商品的人並不比沒有收到意外之財的人多。37 相反的，他們使用這筆錢拿去購買食物、衣服和付房租。這些人更有可能找到穩定的住所，較少依賴公共服務。

二○二三年的一項後續研究指出，每筆撥款可為庇護系統省下八千兩百七十七美元。38 換句話說，信任這群社會最邊緣的群體不僅是道德的，還相當具有經濟效益。世界各地的研究都發現，接受現金撥款的人往往能明智地花錢。在農村社會裡，接受現金撥款的家庭

247　第九章｜創造我們期盼的世界

會拿錢去投資家畜和農用工具，兩年後得以從耕作上賺更多錢。[39]

不過，現金撥款難道不會鼓勵人們不再工作嗎？其實，這項擔憂也早有研究可予以反駁。南非、加拿大、美國的研究一致發現，收到撥款的人沒有顯著減少勞動時間。唯一的例外是：當家庭獲得現金撥款，家長得以花更多時間與孩子相處，形成代代相傳的良性循環。

當成人收到現金撥款，他們的孩子較有可能去學校上學，就像顧德溫的女兒渴望上大學讀書那樣。等到孩子成年後，他們賺的錢會比沒有獲得撥款的父母子女還多，這些都是非常實質且正面的好處。不僅如此，低收入兒童容易染上心理疾病，但如果他們生活在提供更多實質福利的州，就更能受到社會系統的保護。[41] 賓州的一項研究還發現，現金補助使貧困母親的新生兒大腦發育更快，這有可能是因為母親能為孩子創造更好的環境。[42]

改變刻版的敘事方式，才可能帶來信任

如果你對這些研究的結果感到驚訝不已，我非常可以理解你的感受。溫哥華的研究者曾詢問超過一千名加拿大人，他們認為領取補助金的人會如何運用這筆錢。結果大多數人

善意與信任　248

認為這筆錢會被拿去買毒品，或是認為發給窮人補助是種浪費的人，代表內心充滿仇恨。其實從前的我也抱有這種刻板印象，擔心受助者會虛擲金錢，或是拿了錢就不工作。[43]

我不認為做出這種猜測的人，或是認為發給窮人補助是種我並不會為自己過去的偏見感到自豪，但我知道這些偏見是我們文化中故有的憤世嫉俗所造成的副作用。與其一味懷疑他人，我們或許更應該用同樣的懷疑精神反問自己：這些刻板印象從何而來？它們是否服務於某種特定目的？誰又能從中得利？憤世嫉俗的敘事方式之所以能維持現狀，是因為只要窮人被貼上「無賴」的標籤，富人所享有的特權就不需要受到質疑。像合力向上協會與「社會變革基金」這類計畫，正是對這種敘事的有力挑戰，讓我們看見：當社會選擇對窮人給予「信心的一躍」，將能帶來超出預期的成果。

前幾年，我們曾經試著這麼做。疫情期間，美國政府提供數十年來罕見的大規模援助，包括現金補貼、租金補助、育兒支持和其他公共資源。在這場世代災難中，竟然使美國的貧窮率降低。這不僅是貧困者的重大勝利，也是全體公民與國家尊嚴的重大勝利。這本應是「解方新聞學」值得大書特書的時刻，成為我們實現某種理想的象徵。然而，這一刻卻曇花一現，當社會大眾的支持聲量逐漸消退，極端貧困的指標數字再次飆升。

為了要做得更好，我們可以改變對於窮人的敘事方式，聯合媒體和教育的力量看見他

249　第九章｜創造我們期盼的世界

們的潛力,當這些正面故事廣為人知,更具同理心與創意的政策或許也會應運而生,幫助人們重拾向上的動力。

重建社會的信任,同時意味著我們必須反思:哪些人過於輕易的獲得信任。根據馬修‧戴士蒙的估算,每年只需投入約一千七百七十億美元,就足以幾乎消除美國的極端貧困;而美國收入最高的前1%族群,每年逃漏的稅款高達一千七百五十億美元。換句話說,我們完全有能力減輕數百萬人的苦難,而且無需回到一九五〇年代(當時最高稅率為九一%)或一九七〇年代(七〇%)那樣建立在人際信任之上的稅制,只要讓最富有的公民誠實繳納本就該繳的稅,就足夠了。44

此外,與其不斷質疑窮人,我們不如多質疑富人。例如,更嚴格審查他們的納稅情況,減少逃稅的可能性。防止黑錢流入政治、要求政治行動委員會公開大額捐款者的身分,都能促使社會大眾審視他們的手段。

當然,單靠金錢無法實現許多人期盼的社會進步。由不公義和壓迫交織而成的困境,壓得弱勢人士喘不過氣來。世界各地致力於變革的人現在正與這些力量抗爭,將「希望」化為最強大的對抗力量。就像二十一世紀初的進步主義者,他們正努力打破障礙。就像當時的人們那樣,我們或許會對他們成就的事業感到驚嘆。

善意與信任 250

第十章 因希望而凝聚的集體行動

一九六七年，馬丁・路德・金恩（Martin Luther King Jr.）在美國心理學會（American Psychological Association）發表演說，以禮貌卻堅定的方式，挑戰當時公認的主流意見。當時，心理學界認為，表現活躍的人是「適應良好」的；而當一個人行為脫序或遲遲無法展開人生，就會被貼上「適應不良」的標籤。這種冷冰冰的貶抑詞彙，彷彿在說：凡是有問題的人，他本身就是個問題。金恩拒絕接受這種觀點：

在我們的社會、在我們的世界裡，有些事情是我們永遠不該適應的⋯⋯我們絕不能讓自己適應種族歧視和種族隔離；我們絕不能讓自己適應宗教偏執；我們絕不能讓自己適應那種奪走多數人生活必需品，卻為少數人提供奢侈品的經濟制度；我們絕不能

251　第十章｜因希望而凝聚的集體行動

金恩認為,與其追求「適應良好」,我們應該尋求另一種解方。他大聲宣告:「我們的世界迫切需要一個新的組織,那就是『國際創造性適應不良促進會』(International Association for the Advancement of Creative Maladjustment)。他解釋道,「創造性適應不良」是由不公平現象引發的道德不安,這種不安正是推動社會變革的力量。

這本書一直探討「希望」是改善個人生活、人際與社群關係的力量。但這會不會是另一條通往「適應良好」,卻無視眾多現實問題的途徑呢?不公義、不平等、暴力與殘酷的惡行都真實存在,單靠正向思考並無法讓它們消失。或許,憤世嫉俗才是真正堅守明確道德底限的方式?

這種說法看似有道理,實際上卻和「憤世天才錯覺」(愈不信任他人,就是顯得愈聰明的表現)一樣經不起推敲。事實上,真正驅使人們奮起抗爭,即使勝利遙不可及仍不放棄的,是一種結合著憤怒的希望,是一種「未來有可能變得更好」的信念。

讓自己適應軍國主義的瘋狂,以及暴力行為帶來的自毀後果。1

善意與信任　252

不是不可能，只是需要再等一下

捷克首位民選總統哈維爾（Václav Havel）是在布拉格的魯茲尼監獄（Ruzyn Prison），開啟他的一九八〇年代。他從小就衣食無憂，穿梭於布拉格的家和鄉村之間。後來，共產黨崛起，中產階級能夠就業和接受教育的機會日益受限。在藝術上，創作嘲諷和批評共黨政權的劇作。他的作品大受歡迎，這位年輕作家與山謬·貝克特（Samuel Beckett）、馮內果，以及一整個世代的捷克斯洛伐克藝術家結為好友。

一九六八年，哈維爾和夥伴一同參與「布拉格之春」（Prague Spring），這是一場要求放寬共產統治的和平運動。

眼看著捷克斯洛伐克即將邁入更光明的未來，卻在瞬間被強行拉回過去。數十萬蘇聯軍隊湧進國境，「布拉格之春」戛然而止，這個國家的無數夢想也隨之破滅。監控與暴力統治隨之加劇，對政府的任何公開異議都可能使人丟掉工作，往返非共產國家的旅行也受到嚴格限制。

哈維爾從未想過涉足政治，但他無法繼續保持沉默。一九七八年，哈維爾寫下《無權勢者的力量》（The Power of the Powerless），描述專制政權如何奪走人民的希望。其中

253　第十章｜因希望而凝聚的集體行動

有個故事是這樣的：一名雜貨店老闆擔心受到迫害，於是在店裡掛上一幅共產主義標語。鄰居很清楚店主根本不相信那些口號，所以那幅標語事實上是店主的投降宣告。很快的，鄰居也紛紛掛起標語。每個人都知道其他人在說謊，誰也無法真正相信誰。哈維爾寫道：「每個人掛上的標語，都是在逼迫其他人接受這場遊戲規則。他們既是體制的受害者，也是體制的工具。」[2]

哈維爾拒絕成為體制的共謀者，他聯合一群致力推動捷克自由化的異議人士，共同簽署「七七憲章」（Charter 77）。他也持續透過寫作與演講，公開反對共產黨統治，因此他的劇作在全國遭到禁演。不僅如此，他還經常遭到祕密警察騷擾，並多次入獄，最長的一次是從一九七九年到一九八三年。

專制政權籠罩布拉格，異議人士奮起反抗，結果專制主義獲勝，人民受到強力鎮壓。哈維爾在獄中反思這一切，照理說可以輕鬆得到結論：情勢只會愈來愈糟，自由將如昨夜夢境般從捷克斯洛伐克人的記憶中漸漸淡去。如果他真的這樣想，他的人生是否就會走向截然不同的方向？

憤世嫉俗者只要看到不公義的事物，往往會馬上指出來，但這不代表他們就是變革的推動者。在數十個國家、針對數萬人所做的調查發現，傾向於信任他人的人更有可能出門

善意與信任　254

投票[3]、簽署請願書、參與合法示威，甚至占領建築物表達抗議[4]。憤世嫉俗固然能讓人們看見文化的病徵，但同時也容易讓任何治療方法看起來注定失敗。它會在人們耳邊低語（有時甚至是大吼）：政府之所以濫權，是因為所有政客都會貪腐；政客之所以貪腐，是因為所有政府都會貪腐。如果你相信這是真的，那麼任何試圖推動變革的努力，看起來都只是不合時宜的妄想。就像哈維爾筆下那位雜貨店老闆，憤世嫉俗者選擇放棄與妥協，並向身邊所有人發出一個清楚的訊號：「如果你要自找麻煩，別指望我會幫你。」

換句話說，憤世嫉俗是維持現狀的工具。正是基於這樣的理由，獨裁者往往鼓勵人們彼此猜疑。二○一六年，美國智庫蘭德公司（RAND Corporation）分析俄羅斯總統普丁（Vladimir Putin）的政治宣傳模式，發現俄羅斯製造虛假訊息的方式，是透過國營電視台、社群媒體、報社不斷噴灑強力「謊言消防水柱」。但蘭德公司還有一個意外的發現：多數專制國家對資訊進行嚴格管控，他們的宣傳或許並不真實，但至少會保持一致；但俄羅斯卻不是這樣，普丁會隨意更改自己親口說出的訊息內容。例如，他一開始堅稱俄羅斯對克里米亞毫無興趣，也沒有任何駐軍，然而不久之後，他又坦承已經派兵進駐，並主張克里米亞應併入俄羅斯。[5]

普丁為何不管控訊息的一致性？也許他的目的本來就不是要說服人們相信任何事情。

255　第十章｜因希望而凝聚的集體行動

二〇二一年，有研究人員對俄羅斯民眾進行訪談，研究這種「毫無說服力的宣傳」（畢竟那些宣傳完全不在乎可信度，也沒在管是否前後一致）到底能產生什麼效果。觀看國營媒體後，俄羅斯人普遍覺得厭惡和對政治感到絕望，有受訪者表示：「我不需要知道政治議題，那根本沒用。」另一個人則說：「我看不出有任何理由該參與或關心政治。」[6]

「謊言消防水柱」的真正目的，是耗損人民的現實感。正如哲學家漢娜‧鄂蘭（Hannah Arendt）所言：「極權主義的教育目的從來不是灌輸信念，而是要摧毀人們形成信念的能力。」[7] 憤世嫉俗能讓人陷入一種黑暗、自我麻痺式的滿足。

「創造性適應不良」則不是這樣。它與憤世嫉俗都一樣能看出問題的根源，但憤世嫉俗者會對現況感到冷漠與無力，變革推動者則因為看見可能性而充滿熱情與行動力。變革推動者之所以感到希望，不是因為事情「一定會變好」，而是因為知道它們「有變好的可能」。哈維爾在獄中依舊身體力行這項原則，他在寫給妻子奧爾嘉（Olga）的信中反思道：「希望是心靈的一個維度，它不在我們之外，而是在我們的內心。當你失去希望時，只能在自己內心及周圍的人身上尋找，而不是在外在的物質或事件中尋找。」[8]

哈維爾在獄中仍持續與「七七憲章」的成員通信。與此同時，捷克斯洛伐克的經濟日趨惡化，人民也逐漸鼓起勇氣，提出改革的訴求。隨著這場運動逐漸擴大，大家開始意

善意與信任　256

識到共產政權其實是十分脆弱，這項發現反而成為一種力量，鼓舞更多人挺身而出。事實上，哈維爾早在數年前的《無權勢者的力量》中，便已預見這樣的發展模式：

謊言生活的外殼，是由一種奇特的物質所構成。當它將整個社會包裹起來，看起來就像堅不可摧的岩石；但要是有人從某個地方敲開一道裂縫⋯⋯它又脆弱得如同一張隨時會被撕裂的薄紙。

一九八九年，捷克的極權統治被「天鵝絨革命」（Velvet Revolution）撕裂殆盡。那年十一月，警察以暴力鎮壓布拉格示威活動，卻意外引發一場如雪崩般傾瀉而出的「創造性適應不良」。學生發動罷課，劇院停演並宣讀反政府宣言。由於廣播和電視台都受到政府控制，人民只好掛起自製標語，公開要求改革。此情此景，與哈維爾筆下那家雜貨店的沉默形成鮮明對比。正因為冒著生命危險走上街頭，捷克人民才意識到自己並不孤單，原來有這麼多人跟自己站在同一陣線。

哈維爾和「七七憲章」成員把握這個關鍵時機，建立「公民論壇」（Civic Forum）。這個臨時組織很快就成為捷克人民的代言人，領導這場聲勢日益壯大的運動。公民論壇的

257　第十章　因希望而凝聚的集體行動

領袖呼籲開除攻擊抗議者的警察,並號召全國大罷工。這次罷工獲得四分之三人民支持,抗議人數也從數萬迅速增加到數十萬人。不到兩週,捷克斯洛伐克的共產統治就在幾乎沒有發生大規模暴力事件的情況下落幕。哈維爾雖然整個一九八〇年代都在獄中度過,但就在步入一九九〇年代的前三天,成為捷克首任透過民主選舉誕生的總統。

如今,許多人可能和當時的捷克人一樣,感覺民主似乎岌岌可危,精英濫權問題日益嚴重,因此對於未來的正向改變抱持悲觀的態度。但懷疑主義提供我們一個更加真實的觀點:未來是一分一秒逐漸累積而成的結果,我們能夠參與並影響它的發展。然而,又是什麼促使我們願意嘗試改變未來?

推動變革的情感組合

布魯諾研究和平,但他一生都在為變革而戰。二〇一七年,川普總統為反恐需要而禁止幾個穆斯林國家公民入境美國後,布魯諾立即前往費城國際機場(Philadelphia International Airport)聲援抗議活動。他曾經帶著兩個孩子參加為美國黑人、LGBTQ社群和環境權利舉辦的抗議活動。他在一所精英高中任教時,更時常用種族和階級議題挑

善意與信任　258

戰學生的既有價值觀。

二〇〇〇年，他在家鄉附近的一神論普救派教會（Unitarian Universalist）布道時談到他的工作。他解釋道，社會運動往往是喧鬧的，有時進程緩慢且前後矛盾；人權時而推進、時而倒退；學生有時願意傾聽，有時卻又完全無動於衷。他說：「每年都會出現類似的問題、議題和爭論。」他表示，這份工作讓他想起希臘神話中的薛西弗斯（Sisyphus），他被眾神懲罰推巨石上山，每天結束時卻只能眼睜睜看著石頭滾回山腳下。」

像這樣辛勤與不斷重覆的勞動，難道不會澆熄社會運動者的熱情嗎？布魯諾並不這麼認為，他對會眾說：「我對薛西弗斯的理解愈來愈深刻……只有當他厭倦推動石頭上山，或一心只想著登頂時，他的故事才會變成悲劇。」無論是布魯諾、哈維爾或世界各地的社會運動者，他們之所以願意付出，並非因為確信一定能夠達到山頂，而是單純認為自己在做正確的事，而行動本身就蘊含著意義。布魯諾說：「故事的前提已經確定：石頭必須被推上山。至於這齣戲最終會是喜劇、悲劇或一般劇碼，取決於那個推石頭的人。」

在社會運動中，堅持推動變革？誰又會放下自己的巨石而選擇放棄？二〇二二年，研究人員回顧關於「集體行動」（collective action）的研究，在分析數十個國家、超過十二萬人的資料後，發現推動變革行動的兩股力量：第一、當人們因不公義事件而燃起正義的

259　第十章｜因希望而凝聚的集體行動

憤怒時，會願意挺身而出；當人們感受到自我效能，相信自己能有所作為，也會積極投入行動。10

缺少正義憤怒的自我效能，會讓我們沉浸在自滿當中；缺少自我效能的正義憤怒，則會讓我們感到無力而選擇退縮。當兩者單獨存在時，都不容易促成行動，唯有兩者結合時，才能形成推動社會變革的情感組合，這或許正是「創造性適應不良」產生的原因。

我們已經對許多事情感到正義的憤怒，但要獲得自我效能往往比較困難。我們該如何在艱難時刻展現自我效能？其中一項要素，是相信其他人也會挺身而出。一九六〇年代，研究人員調查美國黑人是否願意參加反種族隔離的靜坐抗議活動，結果發現，那些認為「白人支持種族主義」的黑人，參與抗議的比例比認為「白人不支持種族主義」者高出二〇％。11 同時，目睹靜坐抗議的白人也變得更支持種族平權，之後也更有可能參加抗議活動。12 這種現象創造出一種良性的「自我應驗預言」：相信他人會參與的黑人更願意積極行動，進而影響更多人加入抗爭行列。

掌握權力的精英階層往往希望人民互不信任，從而淪為制度及其手段的犧牲品。但這也意味著，當有人願意勇敢的站在陽光下（這通常要冒極大風險），就有可能引發巨大的改變。一九八八年，只有一二％的美國人支持同性婚姻，然而隨著愈來愈多同志站出來，

善意與信任　260

儘管這樣可能讓他們暴露在人們的偏見之下，卻讓同志的能見度有所提升。[13] 在愛滋病危機的影響下，LGBTQ族群對權益的訴求也變得更加強烈。二○一五年時，民意終於出現翻轉，六○％的美國人支持同性婚姻，最高法院也裁定同性婚姻在全美合法，成為美國史上進展最快速的社會議題之一。[14]

這類改變乍看之下像是奇蹟，但其實更像數學。科學家發現，當有至少二五％的人始終堅持提倡某個理念或某種社會變革時，就更有可能點燃輿論之火。這個主題還有待更多科學驗證，但它確實符合我們的普遍經驗：社會運動幾十年來堅持辛苦推著巨石，然後突然有一天，原本看似「不可能」的事瞬間成為現實，一股支持的浪潮徹底翻轉現狀。

這不是說社會變革的重擔應該放在受壓迫者肩上，其他人只要袖手旁觀到確定安全時再參與就好。用數據取代憤世嫉俗，是促進旁觀者參與的重要策略之一。當人們相信「大家都滿意現狀」時，就更可能保持被動；但當他們知道其他人的真實感受，就會開始一起行動，一起撕掉牆上那些言不由衷的標語。

以沙烏地阿拉伯為例，該國女性就業率僅約四分之一，且多數女性未能外出工作。當地有「男性監護」的法律傳統，直到現在，男性還是擁有對妻子的支配權，因此該國女性就業率偏低。這是否是受到男性偏好的影響？事實並非如此。二〇一八年的研究顯示，超

第十章│因希望而凝聚的集體行動

過八〇％的沙國男性支持女性外出工作，但問題是，他們普遍（錯誤的）認為多數男性不支持女性外出工作。科學家隨後向部分沙國男性展示真實數據，這些數據讓他們感受到同儕的認可，因而更願意公開表達自己的真實想法。幾個月後，這些人的妻子投遞履歷的比例是沒看過數據者的兩倍，獲得聘用的比例更是將近五倍。[15] 雖然這只是促進沙國女性權益的一小步（畢竟這個國家仍存在大規模剝奪女性權利的現象），但我們可以清楚看到：更透明的資訊，有助於推動社會進步。

正如本書中一再看到的，我們對人事物的預設容易傾向於負面消極，但實際真相往往令人愉悅與驚喜。無論你關心什麼議題，無論你是否曾感覺自己是一個人獨自對抗壓迫，而多數人根本對這一切漠不關心，但這個想法很可能是錯的。當你知道真相，就能為你的正義憤怒加上自我效能，為你的適應不良加上創造性。如此一來，我們得以找到與他人連結的力量，一起合力推動巨石，直到它終於被推上山頂，並永遠停留在哪裡。

每個人都能創造的奇蹟

談到「創造性適應不良」的故事，總是令人聯想到偉大的人物。哈維爾在布拉格推翻

善意與信任　262

看似牢不可破的極權政權，並成為總統；曼德拉（Nelson Mandela）在南非種族隔離時代堅持抗爭，最終領導國家走向和解；少女馬拉拉・尤沙夫賽（Malala Yousafzai）則冒著生命危險，在巴基斯坦和其他地方倡導女性受教權。他們用生命啟發無數世人，卻也讓人感覺遙不可及。聽到這些人的事蹟，像我們這樣平凡的人可能會想：歷史的變革是由超凡人物推動的，而我們其他人不過是在歷史洪流載浮載沉罷了。既然大多數人無法產生影響，我們又何必費力嘗試？

讓我產生這種無力感的議題之一，就是「選民壓制」（voter suppression）。二〇一三年，最高法院裁定撤銷一九六五年「投票權法案」中的某些條款，讓各州政府在缺乏聯邦監督的情況下，更容易操控選舉規則。高等法院做出裁定後的六年中，各州政府共關閉超過一千五百家投票所，限制郵寄選票的取得，並清除選民名冊，迫使人們重新登記，否則就會喪失投票權。16

這些政策不僅讓投票變得更加困難，還削弱特定群體票票等值的原則。每十年，各州會重新畫定國會選區，這本應是個中立的過程，卻成為黨派打擊對手的政治武器。同一政黨的國會議員可以故意操作不自然的選區畫分，將對手選民畫分到各個不同選區，使得對方支持者在每個選區中都只占少數，從而降低他們對選舉結果的影響。這些手段讓政治人

263　第十章｜因希望而凝聚的集體行動

物可以「挑選選民」，而不是被選民挑選。結果是，即使推行不受歡迎的政策，他們也不必擔心會因此失去權力。

我覺得關注「選民壓制」議題十分累人。部分原因是它通常是在大家不知不覺時悄悄發生，而多數人對地方選務新聞毫無興趣。儘管民主黨和共和黨多數支持者都反對不公正的選區畫分，但整個過程經常被隱藏在公眾視線之外，無法得到有效監督。[17] 在這些陰暗的角落裡，我們的民主正被一台運作順暢、資金雄厚的政治機器逐步拆得四分五裂。

不當選區畫分總是讓我更加憤世嫉俗。所以，我決定用「抱持希望的懷疑主義」，到解方新聞追蹤站搜尋這個議題。在那裡，我讀到凱蒂・費伊（Katie Fahey）的故事。[18] 二〇一六年，二十七歲的費伊在非營利組織密西根回收聯盟（Michigan Recycling Coalition）擔任專員。她是個無黨籍人士，相當關心全國議題，尤其在意地方的公民事務。她每天在大湍城（Grand Rapids）和蘭辛市（Lansing）之間長途通勤，所以會花好幾個小時收聽密西根公共廣播電台。隨著選舉日的逼近，她對於「縣排水事務專員」（County Drain Commissioner）* 的選戰也愈來愈「興奮」。如果你覺得關心這種選舉很無聊，請記得就在短短兩小時車程外的弗林特市（Flint），才剛因為地方政客一連串決策失誤，導致全市水源遭受汙染。[19]

費伊在小學四年級課堂上學過不當選區畫分的事,從那時起,她就對此感到憤慨。她告訴我:「每一次,你都會聽到『密西根人民想要的政策,但州議會卻充耳不聞』。」這使她感到一種「生存焦慮」,但在那次選舉期間,她留意到身邊的人開始有所改變。在姪子的生日派對上,她聽到朋友和家人在討論桑德斯、希拉蕊・柯林頓(Hillary Clinton)、川普等三名總統候選人的幼兒托育政策。她對政治「細節」的熱情,似乎正蔓延到其他人身上。

但在大選過後,一切卻變了調。政治對立情緒急遽上升,每個人似乎都將政治立場不同者視為邪惡的人。費伊開始思考,有沒有辦法將人們的思緒引導到有具有共識的議題上。有天晚上她登入臉書,系統跳出一則發文回應,多年前的這天她發了一則貼文,抱怨政黨操弄選區畫分的事,當時完全沒有人回應她。她靈光一閃,發出一則新貼文:「我想要挑戰密西根選區畫分問題,如果你有興趣一起做這件事,請讓我知道☺。」[20]

跟上一回不同,這則貼文吸引一小群認真回應的人,雖然人數不多,但足以讓費伊感到原來自己並不孤單。即便當時她什麼都還沒開始做,已經有幾十個人留言或傳訊感謝她

---

* 譯注:這是密西根州各縣政府透過選舉產生的公職,負責地下水系統的規畫、發展、維護等事宜。

對這個議題的付出。她心想:「天啊,原來有這麼多人希望改變現狀,但大家全都在等別人先開始行動。或許,我們可以成為那個起頭的人。」

該如何開始呢?她做了我們大家都會做的事,那就是上網搜尋:「如何終結不公平的選區畫分?」搜尋結果列出三個選項:「提起訴訟」(這只是暫時性解方)、「與州議員合作」(她無法信任他們),或者「發起公投提案」,讓密西根州所有居民直接投票表決。第三個選項看起來似乎最可行。她跟一位參與行動的夥伴說:「我們必須自己來做這件事。」

然而,「這件事」是令人難以想像的艱鉅任務,光是要通過提案門檻,就需要收集超過三十萬筆連署,這個數字比大湍城的總人口數還多。

費伊註冊一個新的非營利組織「選民非政客」(Voters Not Politicians)。一般地方創制公投(ballot initiative)是由資金充裕的組織主導,他們會聘請律師起草修正案內文,並在公布目標前就開始募集資金。「選民非政客」在召開第一場記者會的前一天,才開立銀行帳戶。當時,他們甚至連一隻筆都沒有準備。

據費伊回憶,當地媒體記者對他們毫不留情的「痛批」,徹底打擊他們所作的努力。

一篇報導甚至刻意統計她在記者會上說了多少次「就像」這個口頭禪,並拿她的年齡、性別與隨性風格開刀,把她描繪成一個天真、無知的草包。有人開始謠傳,說她其實是某政

善意與信任　266

黨派出的政治打手，負責推動假的草根運動。甚至有真正的政治人士打電話給她，警告她：「這次要是搞砸了，將導致反選區畫分的努力倒退好幾年。如果你閱讀這些報導，你很有可能會把費伊想成是天真的孩子、專業的政治打手，不然就是只會壞事的非專業政治操弄者。但民眾的反應卻並非如此。在短短三十三天的時間裡，「選民非政客」（Voters Not Politicians）走遍密西根每一個選區，舉行三十三場市民大會。密西根人對選區畫分問題了解得愈多，他們就愈憤怒。費伊沒有拿出現成答案，而是提供大家參與的機會，「選民非政客」公開徵求提案內容，詢問大家認為該怎麼做才公平。」費伊回憶道：「你可以看到，人們在生活中從來沒被問過這些問題，他們都非常興奮。」於是，「創造性適應不良」迅速在密西根州擴散開來。

沒多久，他們巡迴的每一站都人山人海，即使只是討論枯燥的州行政程序細節，同樣座無虛席。在她發布臉書貼文後的幾個月內，數千名志工加入這場運動，這些人包括保守派人士、進步派人士、退休族群、學生、律師和勞工。

在她所剩無幾的空閒時間裡，費伊經營一個即興喜劇劇團，並親自參加演出。即興創作的首要原則，就是「是的，而且」（Yes, And...）。無論搭檔丟出什麼點子，演員都必須接住並加以延伸，而笑點就在無法預測的情況下在對手演員之間誕生。「選民非政客」最

267　第十章｜因希望而凝聚的集體行動

與眾不同之處,就是他們一直遵循這樣的精神。志工以真實的面貌參與活動,用自己擅長的方式做出貢獻,例如:一名獸醫系學生在凌晨四點到六點研究相關判例,並將心得交接給早班人員;一名木工製作許多板夾,方便志工蒐集人們的連署。

「選民非政客」最終起草第二號提案,倡議由公民組成的委員會(成員包含四名民主黨人、四名共和黨人、五名無黨派人士),取代政治人物監督選區畫分。如果獲得通過,這個提案將從根本上改變密西根的政治格局,將權力從幕後的小房間帶回人民手中。他們的「助選員」有如閃電戰般席捲全州,在城市、鄉鎮、村莊、民宅前的人行道上,傳播選民賦權的理念。一名當地記者驚嘆:「他們無所不在,你在任何活動場合都能看到他們的身影。」[21]

「選民非政客」也積極經營線上平台。他們在臉書上設置計數器,即時呈現志工蒐集到的每一筆連署。團隊還會直播重大進展,例如當他們達成最終目標那天,主辦單位直播一個個裝滿簽名表格的紙箱,被逐一搬上貨車的畫面。當貨車緩緩駛進州議會大樓,支持群眾早已等在那裡,發出震耳欲聾的歡呼聲。

然而,當第二號提案達到公眾連署門檻後,「選民非政客」面臨資金充裕的反對陣營提告,此案很快就進入密西根高等法院。密西根高等法院有七名法官,其中五名是共和黨

善意與信任　268

人，而當時從不當選區畫分受益的正是共和黨。因此，一些法官面臨龐大的壓力，要求他們駁回提案。費伊平時總是展現萬夫莫敵的氣概，但這場訴訟也讓她感到灰心氣餒。數十萬人寄予的希望，卻可能在這少數幾名法官手中化為烏有，讓人民在努力表達意見時被迫消音。費伊不禁想問：「如果事情可以被這樣操弄，民主到底還值不值得？」

但他們沒有選擇沉默，「選民非政客」鼓勵支持者到場旁聽審判。當案件進行交互詰問時，法庭內座無虛席，還有好幾百人在法院外等待。如果法官要奪走人民的發聲權，就必須當著眾人的面這樣做。

最終，法院駁回此案，為第二號提案於二○一八年正式列入公投掃平障礙。這個提案最終獲得超過六○％的壓倒性贊成票，在密西根八十三個城市中有六十七個市投下贊成票。接下來一年中，州政府將重畫委員的申請表格寄出給隨機選中的密西根居民，這當中總共有六千兩百人提出擔任委員的意願。最終選出的委員會在二○二一年完成該州的新選區畫定。

根據民調網站「五三○八」（FiveThirtyEight）的調查，密西根的新選區是美國最公平的選區之一，這意味著州議員席次能夠真正反映出選民意志。如今，有幾個州也開始效法密西根的模式，成立選區畫分委員會。[22] 現在，費伊在另一家非營利機構「人民」（The

269　第十章｜因希望而凝聚的集體行動

People）擔任執行總裁，這個組織的主要工作是在全國倡議投票權和相關議題。

對我而言，這個故事的細節有些令人難以置信。一位缺乏法律經驗、年紀才剛達到可以租車門檻的女性，竟然站出來挑戰根深蒂固的政治利益，而且還獲得勝利。他成功揭露威脅美國民主的一個陰暗角落，也讓一千萬名公民的選票變得更有力量。

費伊的故事同時也是一種挑戰，迫使我們正視一個事實：每個人都可以發揮出強大的力量。費伊大膽的構想曾經被無情公開嘲笑，但她希望這能為年輕世代帶來一些啟發。她說道：「密西根的孩子還會學到什麼是不公平的選區畫分。」在發起這次運動之前，費伊並不相信一個人就能促成改變；她到現在依舊不這麼認為，因為改變需要靠數千人一起行動。但這些人其實一直都在，只要我們教他們看見問題，並提供可以參與的途徑，他們往往就會站出來，真的行動。

讓更多人加入我們的行列

我們是否該對人性抱持更大希望？像哈維爾和費伊這樣的改革者，應該如何對待那

善意與信任　270

些阻礙改革的人？是任由歷史將他們碾壓過去，還是邀請他們一同前行？過去半個世紀以來，這些問題一直是洛瑞塔・蘿斯（Loretta Ross）的關注焦點。蘿斯長年領導生育權與種族正義運動，曾在華盛頓特區創辦全美首家性侵害危機處理中心，並於二〇〇四年主辦「為女性生命而走大遊行」（March for Women's Lives），創下美國歷史上規模最大的生育權抗議行動。23

蘿斯的「創造性適應不良」源自她的個人創傷。十四歲時，她遭到一名年長家族成員性侵，因而懷孕並生下一個孩子。蘿斯念的高中得知她有孩子就拒絕她復學，直到她母親威脅提告，學校才願意讓步。在父母的愛與堅定的支持下，才讓她得以撐過那段歲月。蘿斯在高階理工課程上表現優異，十六歲就進入華盛頓特區的霍華德大學（Howard University）就讀。

在這個國家的首都裡，蘿斯修讀物理和有機化學，並把課餘時間都用來抗議種族歧視、越南戰爭和南非種族隔離。她在還沒有投票權的年紀，就領教過催淚瓦斯的威力。大學畢業後，她很清楚自己的人生使命並非科學研究，而是投身社會運動。

蘿斯專注於組織、支持和提升她所屬的社會群體，並對外界發起挑戰。她嚴詞批評那些不了解有色人種女性所遭遇苦難的白人女性，因而和一般女權團體始終涇渭分明。然而

271　第十章｜因希望而凝聚的集體行動

一九七〇年代時一次意料之外的經歷，徹底改變她的觀點。這天，特區性侵害危機處理中心（DC Rape Crisis Center）收到一封從洛頓感化院（Lorton Reformatory）寄來的信，那是一所在二十英里以外的監獄。信封裡有張紙條，一個名叫威廉・富勒（William Fuller）的男人寫道：「在外面，我強暴女人。在裡面，我強暴男人。我不想再當強暴犯了。」

蘿斯告訴我：「這讓我感覺非常憤怒。我們在這裡想盡辦法為性侵受害者尋找資源，現在竟然有個該死的施暴者，想要我們幫助他？」她的同事也很生氣，認為是不用理會富勒。但她沒有把信丟掉，這封信在蘿斯辦公桌上的文件堆裡躺了好幾個月，成為「像牙痛般惱人的存在」。最後，她決定親自去一趟洛頓監獄，目的不是要幫助富勒，而是要痛罵他一頓。「我無法對曾經傷害我的人做什麼……但我想我可以讓他活得更痛苦些。」然而，接下來發生的事卻完全出乎她的意料。富勒不是一個人，而是和幾個男性侵犯一起，他們拿到一些黑人女權主義文獻，正在共同閱讀與討論。他們渴望得到從事反性侵運動者的指導，問蘿斯是否願意幫助他們。

蘿斯回憶道：「我當時震驚到腦中一片空白，只好講講自己的故事。」蘿斯的回應就像開啟防水閘門般，這群男人也開始傾訴各自的故事。他們都曾是加害者，但其中幾人也曾遭受虐待或性侵。後來，他們將這個團體命名為「囚犯反性侵小組」（Prisoners Against

善意與信任　272

Rape），一群囚犯跟著蘿斯學習三年，認真自我進修並成為蘿斯的盟友。但這一切無法抹去他們犯下的惡行，也沒能讓蘿斯變成他們的朋友。十年過後，蘿斯在華盛頓特區遇到富勒。富勒向她道謝，感謝她改變他的人生，還告訴她現在他已經結婚成為人夫。她心想：

「是啊，但你本來不該再次出現在街頭的。」

儘管如此，這次經歷還是讓蘿斯的想法有所改變。了解他們的故事後，她再也無法單純用犯罪來定義這些人。他們是有缺陷的人，曾經做過可怕的事，但他們迫切渴望在剩下的歲月裡成為更好的人。這成為蘿斯推動更新、更具包容性變革方式的契機。

和年輕時的蘿斯一樣，許多社會運動者對圈外人缺乏耐心，他們常用的一種手段叫做「公開譴責」（call out），也就是當眾羞辱行為不符期待的人。「公開譴責」可以追究行為責任、揭露不公義現象，就像是語言版的「創造性適應不良」，但這也可能讓社會運動變得分崩離析。變革如波浪般在人群之中擴散，勢必有一部分人比其他人更早覺醒。蘿斯認為，嚴厲譴責那些還沒跟上變化的人，反而很可能會「讓他們更加固著於舊有的思想與行為」。這些道德純淨度檢驗，會限制社會運動內部思想的多元性，將潛在盟友拒之門外，助長彼此相互傷害的「取消文化」（cancel culture）[24]。而且就跟其他形式的憤世嫉俗一樣，「公開譴責」是在否定人們改變的能力。在蘿斯眼中，這些僵化觀點其實反映出「監

273　第十章｜因希望而凝聚的集體行動

獄工業複合體」（prison industrial complex）的思考方式，這正是多數社會運動者所厭惡的。

蘿斯提供另一種做法，稱為「用愛喊話」（call in）。她認為這是一種「帶著愛的譴責」，既指出某人造成的傷害，也肯定他具有成長的可能性。無論是指導「囚犯反性侵小組」，還是之後在協助前三K黨成員去極端化的工作中，她都是運用這種策略。她的理由是，「如果你要求某人要放下仇恨，那麼當他們這麼做時，你必須站在他們身旁。」蘿斯提供一個「用愛喊話」的真實案例，或許值得大家參考。她的一個親戚經常發表對墨西哥人和LGBTQ群體的偏見。一天大家共進晚餐時，蘿斯對他的大放厥詞做出回應：「我知道你是個善良的人，發生火災時你會衝進現場救人，不管裡面的人是同性戀、異性戀、墨西哥人還是白人。但我該怎麼把我眼前這個好人，跟剛剛你說的話連在一起？」

「公開譴責」會削弱社會運動的力量，「用愛喊話」則能擴張社會運動的規模，為更多人創造參與空間。這種做法是借鑑自「修復式正義」概念，「修復式正義」是一種在傷害事實造成後尋求繼續前進力量的實踐，也啟發懷特校長成功改造林肯中學。蘿斯現在史密斯學院（Smith College）擔任教授，將「用愛喊話」技巧傳授給年輕一代社會運動者。她明確指出，沒人有義務與挑釁者或網路酸民進行「無效的對話」，也沒必要為增進對話而讓自己處於風險之中。她所提倡的這種新版推動社會變革方式，是以「希望的懷疑

善意與信任　274

主義」為基礎,並以相信多數人是良善的信念作為推進燃料。

我們總是緬懷過去勝利經驗來喚起當下希望,但當時社會運動的未來其實充滿未知。無論是阿拉巴馬民權運動、石牆騷亂(Stonewall riots)、布拉格之春或南非反種族隔離抗爭,它們發生的當下,沒人能夠確定事態將如何發展。如今,全球也有無數社會運動正在進行:民主制度搖搖欲墜,人民奮力維繫其生命;獨裁領袖剝奪人權,人民起身抗議並組織行動以維護基本權利。目前尚不清楚最終誰會贏得這場戰役,但這就像一塊巨石滾下山坡,總得有人設法把它推回山頂。

蘿斯並非盲目相信人性,她說:「這不是要你忽視人們能夠做出的那些可怕事情,而是要你相信我們能夠做得更好。」「更好」的願景獲得許多支持,幾十年來,情況一直在往前推進,雖然有時斷斷續續,不過那塊巨石的位置確實愈來愈高。正如蘿斯告訴我的:

「人權的敵人自以為是在與我們作戰,但實際上,他們對抗的是遠超其掌控的力量。他們是在與真相、證據、歷史,以及最重要的,與時間作戰。而真相、證據、歷史和時間,終將狠狠徹底擊潰他們。」

275　第十章│因希望而凝聚的集體行動

第十一章 我們共有的命運

最近一次開車前往夏令營的路上，我七歲的女兒提起她在地球上最喜歡的地方，就是她母親的家鄉：阿拉巴馬州的塔斯卡路沙（Tuscaloosa）。我們上一次回美國南方的外婆家，整趟行程塞滿數不清的表親、後院灑水派對和大量含糖點心。除了天氣炎熱以外，一切都非常完美。七月的阿拉巴馬州總是讓人汗流浹背，尤其是我們待在那裡的那年，有大半時間每天都超過攝氏三七‧八度。

我不小心脫口而出：「那裡可能會變得更熱。」女兒聽完後並沒有太過擔憂，畢竟她對於氣候的認識，可能遠遠超過我二年級時的理解程度。但她還是有些疑問。

「那裡會熱到著火嗎？」她問。

「不知道，但繼續住在那邊可能會很辛苦。」

善意與信任　276

「舊金山也會著火嗎？」她追問。

「我也不知道。抱歉，爸爸沒有更好的答案。」我試著轉移話題，但心裡明白，如果繼續聊下去，答案只會愈來愈令人沮喪。在未來的歲月中，我的兩個女兒將會察覺到，這世界正面臨一場並非由她們造成的災難，而這場災難將深刻的影響、甚至限制她們的人生樣貌。

在我們的文化中，其實處處可見正向的改變跡象，當我愈是留意這些變化，心中的希望感就愈強。然而，這一切仍敵不過我心中最沉重的失望：近年來，我漸漸成為一名「氣候厭世者」。

面對氣候變遷的危機而感到恐懼，絕非杞人憂天。若無意外，全球暖化的程度正要朝二○一五年《巴黎協議》所設上限的兩倍邁進。[1] 光是在二○二二年，美國平均每隔三週，就會發生一場損失達十億美元的天災，這比一九八○年代的天災頻率還要高出四倍以上。[2] 全球有超過一億五千萬人生活的土地，到了二○五○年都會被海水淹沒。[3] 然而，這場災難所帶來的痛苦，卻主要落在對氣候變遷「貢獻」最少的貧窮國家身上。

世界各地都有人在提出警訊，我們也應該有所警覺。然而，我經常因為感受到問題的嚴重程度而筋疲力竭，這種「末日論」並不是憤怒或恐懼的情緒，而是相信沒有任何事物

第十一章｜我們共有的命運　277

能挽救環境的宿命感。二○一九年,有一項涵蓋多國、逾五萬人的調查中,超過半數受訪者認為「氣候變遷是無法阻擋的過程」。另一份二○二一年的調查則發現,年輕人感到氣候絕望(climate despair)的機率比年長者高出三分之二。誰能責怪他們?他們未來還要在本世紀生活很長一段時間,要親身面臨的問題也比上一代更多。

末日論幾乎成為我們集體想像的背景底色,普遍到讓人難以察覺。對他人氣候信念的憤世嫉俗也同樣無所不在。二○二二年,心理學家詢問數千名美國人:他們認為有多少同胞會支持採取強力政策來保護環境。受訪者平均估計,只有不到四成的人真正關心地球;換句話說,人們普遍認為,大多數人其實不怎麼在乎地球的未來。他們對未來感到絕望,是因為他們幾乎失去對彼此的信心。

看到這裡,我希望你對此感到懷疑,並試著這麼問:我們真的有理由就這樣否定人性、放棄解決氣候危機的希望嗎?因為事實上,這種末日論是建立在一種廣為流傳、卻站不住腳的人性觀點上。

善意與信任　278

悲劇視角下的人生

你或許沒聽過加勒特・哈丁（Garrett Hardin），但這位美國生態學家的想法很有可能影響你對未來的看法。哈丁四歲時罹患小兒麻痺，有好幾個星期都躺在床上，在高燒和幻覺中度過。[7] 回到學校後，他因為跛腳被同學霸凌，只能躲進自己的小世界，沉迷於小提琴和戲劇，最後進入科學的領域。成年後，由於罹患小兒麻痺的後遺症，他不僅承受長期且劇烈的疼痛，還必須長期坐輪椅生活。他和妻子珍是毒芹協會（Hemlock Society）的成員，這個組織主張人擁有選擇死亡的權利。當珍被診斷出患有俗稱「漸凍症」的肌萎縮性脊髓側索硬化症（ALS）時，哈丁夫婦在攜手走過六十二年婚姻後，一同告別人生。[8]

哈丁始終認為死亡是生命不可或缺的一部分。他的父親是一名四處奔波的推銷員，總是帶著全家輾轉遷徙，從密蘇里州到孟菲斯，再到芝加哥。從哈丁十歲起，每逢暑假，他便住在密蘇里州巴特勒市的一座家族農場，他稱之為「我生命中唯一穩定的居所」。[9]

由於小兒麻痺導致的身體限制，他在農場的主要任務是照料約五百隻雞，每天還得負責宰殺一隻作為午餐。他也常看到堪薩斯市的居民驅車前來，將不願繼續飼養的家貓棄置於鄉間。這些棄養者或許以為他們的寵物能在這裡存活，但隨著流浪貓數量激增，貓瘟在當地

279　第十一章｜我們共有的命運

迅速蔓延。最終，大多數貓咪因疾病或農場獵狐犬的捕殺而喪命。

數十年後，哈丁回憶起這件事時，認為這是他在農場上學到的重要課題。殺戮並不總是殘忍，留下生命也並不總是仁慈。他在一次訪談時說：「我一生都被這個念頭所困擾：這個世界根本容不下所有可能誕生的生命。」對貓而言如此，對人類而言更是如此。在當時，世界人口的數量已經呈現爆炸性成長。10

哈丁主修動物學和生物學，後來任教於加州大學聖塔芭芭拉分校（University of California, Santa Barbara），但童年的農場經歷始終縈繞在他心頭。一九六八年，他把這些思考精鍊成一篇經典短文〈公地的悲劇〉（The Tragedy of the Commons）11。在文章中，他請讀者想像一片由好幾名農人共用的草地。如果農人能限制畜養牲口的數量，那麼這片草地就能供應所有牲口。但每當有一名農人多養一頭牲畜，另一人也多養一頭牲畜，到最後整片草地就會被吃光，結果就是牲口和農人一起走上毀滅的命運。若把視角拉遠，將哈丁文章中的牧場比喻成我們的地球，那麼農人就是人類，牲畜則象徵飛機、工廠和礦場，還有最重要的，我們的子孫。

哈丁使用「悲劇」（tragedy）一詞，並非指這是個悲傷的故事，而是追溯到這個字希臘文原始字義：主角無法逃脫的命運。根據哈丁的理論，人類的終極悲劇會肇因於兩種

善意與信任　280

無法改變的法則衝突：第一，地球無法承受不斷增加的人口；第二，人類太短視近利，因而無法注意到這點。每個人都只追求自己的最大利益。」為了防止毀滅的到來，他致力於鼓吹人口控制的政策。一九六〇年代初期，他在一次演講中支持墮胎權，這在當時還是個禁忌話題。多年後，有婦女在人行道攔住他，詢問哪裡可以找到生育相關的醫療協助。他和妻子珍聯繫到墨西哥的墮胎診所，並轉介數百名婦女。哈丁認為他們的努力，「堪比南北戰爭前幫助黑奴投奔自由的地下交通網」[13]。

隨著時間的推移，哈丁的思想變得愈發極端。他認為，我們對待人類就像對待城市來的棄貓，帶著虛假和有害的憐憫。他主張我們應該學習農夫的心態，認為僅提供生育的選擇是不夠的，還應該剝奪人們的某些自由。哈丁支持以絕育作為控制人口的手段。在一篇名為〈救生艇倫理〉（Lifeboat Ethics）的文章中，他主張終止國際援助。富裕國家如同海上小船的乘客，唯有讓貧窮國家承受饑荒之苦，才能自救。否則，哈丁寫道：「那些較不謹慎、能力較差的人，就會以犧牲較為謹慎、較有能力的人為代價，不斷繁衍後代。」他擁護仇外心理、優生學，甚至公開支持種族主義，宣稱：「多元民族社會的理念簡直是一場災難。」[14]

哈丁對地球的未來感到萬分擔憂，也對人性完全抱持悲觀。雖然他預測世界人口的成長會持續增加，但實際上，人口成長後來卻趨於穩定。截至二〇一九年，有二十五個國家的人口已開始下降，這還是在新冠疫情尚未爆發前。[15]

幸運的是，多數人並不認同哈丁的言論，但他的思想仍然吸引不少擁護者。〈公地的悲劇〉出乎意料的一鳴驚人，使他聲名大噪。他到美國各地巡迴演說，向數百名聽眾闡述理念。在舊金山的一次演講中，主辦單位因為找不到足夠大的會場，還為他安排多場演講，宛如巡迴演唱的搖滾樂團。[16] 如今，〈公地的悲劇〉仍被口耳相傳，許多關心地球環境的人都可能被這種過於簡化的邏輯所吸引：人類是問題的根源，而且永遠都是如此。

哈丁認為人口過剩會毀掉我們的地球；然而，他和妻子卻生育四個小孩。看來這對夫婦的恐懼與行為之間，明顯存在一種奇怪的矛盾。再看看今天的末日論者，相較於其他人，這些人並沒有較高的比例會購買省油車、投資太陽能，或是參加呼籲氣候正義的活動。[17] 難道他們的想法是：既然我們都沒有明天，何不趁今天盡情享樂？既然別人都會多養一頭牛，自己又何必減少？[18]

正如本書先前提過的，憤世嫉俗者並不擅長於察覺說謊者，因為他們對每一個人抱持最糟糕的假設，因此難以區分「真正的」和「想像的」罪魁禍首。談到氣候危機，事實上

善意與信任　282

是真的冤有頭債有主。過去一百五十年當中，有將近三分之二的工業碳排放源自於九十家大企業。[19]全球前一％最賺錢的公司所製造的碳排放量，是底層半數公司的兩倍。[20]

同時，能源產業的精英操縱著強大的槓桿來維持現狀，是底層半數公司的兩倍。員阻擋新能源政策，並聘請科學家散布關於氣候的假訊息。[21]憤世嫉俗正好助長他們的計謀。當我們認定所有人都太自私，無法關心並保護地球時，就讓那些真正破壞地球的人得以掩人耳目、繼續作惡。

以「碳足跡」為例，碳足跡指的是個人、家庭或社區的溫室氣體排放量。如果你非常關心氣候變遷，可能也曾為自己的碳足跡感到不安。現在有一種網路計算器，可以用彩色圖表呈現出你的生活方式對環境造成的危害，並提出如何改善的建議，像是少吃紅肉、騎自行車上班、選擇近距離旅行等等。

做出對環境友善的行動當然值得鼓勵，但「碳足跡」的點子一開始其實是英國石油公司（British Petroleum）所發明。[22]兩年多來，一名專家將它稱為「可能是有史以來最成功、最誤導人的公關活動之一」。英國石油投資數百萬美元來重新定調氣候危機。根據他們的主張，氣候危機的原因是個人輕率的消費所致，至於解方，他們也堅持取決於個人。英國石油的廣告這麼宣稱：「是時候採取低碳飲食了。」能源公司的高層對氣候運動人士進

283　第十一章｜我們共有的命運

行「碳羞辱」（carbon shamed）[23]，指責他們吃肉、搭飛機的行為，以「公開點名」的方式打擊和分裂氣候運動。

我們的碳足跡其實也與我們周遭的環境設計有關。如果某個地方有較多電動車充電站、腳踏車專用道，以及乾淨能源替代方案（這些都是石油巨頭公司遊說反對的方案）[24]，人們就會更容易減少使用能源。碳足跡不過是一連串行銷策略的一部分，而這些行銷活動的目的，是將大企業應付的責任轉移到人民身上，同時建立一個讓人無法脫離企業商品的系統。[25]

這些宣傳策略巧妙運用人們的憤世嫉俗心態：當每個人都是共犯，也就等於沒有人特別需要為此負責。就像英國石油責怪人們選擇吃牛排而不吃豆腐，卻幾乎沒有採取實質措施來減少自身龐大的碳排放。二〇一八年，英國石油投注二％的預算在可再生能源上。隔年，英國石油還以二十年來最高額的交易收購一塊新油田。

末日論耗盡我們的希望，並如其他形式的憤世嫉俗一般，建立在人性完全是錯誤的假設上。美國人誤以為全國僅有三分之一的人支持積極的氣候改革，[26] 但實際上的數字接近三分之二。如果你希望美國實施環境保護政策，那麼你屬於絕大多數人的一員，只是你可能根本沒察覺到，身邊竟有如此多志同道合的伙伴。

善意與信任　284

共有財的勝利

一九七六年,哈丁帶著他的「公地悲劇」巡迴演講到印第安納大學(Indiana University)。當時在場的一名教授伊莉諾·歐斯壯(Elinor Ostrom)對他的言論相當反感,尤其是對哈丁堅持人們應該在生下第一個孩子後就絕育的觀點。據她回憶:「有人問他:『你不覺得這樣太嚴苛了嗎?』哈丁說:『不!我們都應該這樣做,不然人類會毀滅的。』在我看來,他簡直有如一名獨裁者。」[27]

歐斯壯對於「公地悲劇」的論述也感到懷疑:「我認為,這都是他編出來的……他說的是『想像一片開放給每個人使用的草地』,而不是『看,這是我收集到的數據』。」[28]哈丁編造出一則人們貪婪壓榨環境的寓言,卻從未有人對此進行科學驗證。三十年後,歐斯壯用她的嚴謹研究精神贏得一座諾貝爾獎,還揭露哈丁言論中的許多錯誤。

大多數人都希望擁有永續的未來,而且已經有數百萬人受到「創意性適應不良」的啟發,正朝著這個目標採取行動。還有更多人已經身體力行過著永續的生活,給予我們一個得以遵循的範例。

285　第十一章｜我們共有的命運

歐斯壯在一九三〇年代大蕭條期間於洛杉磯成長，是比佛利山莊（Beverly Hills）豪華高中裡少數出身工人階級的學生之一。她熱愛數學，但老師不但不讓她選修進階課程，還嘲諷她將來只會「落魄又懷孕」[29]，學這些有什麼用。由於沒有修讀高階數學，她後來無法申請經濟學博士班。歐斯壯的職涯充滿這類障礙，但她始終一一克服，最終取得政治學博士學位，成為享譽國際的研究者。

歐斯壯早期的研究主要聚焦在她家鄉洛杉磯的公地問題。當地的用水仰賴加州中部和西部盆地的地下水資源。這片廣袤的地下水源在二十世紀初曾極為豐沛，但隨著人口成長、電廠及度假村日漸增多，水資源開始變得稀缺。當居民用水用得太多太快，海水便會倒灌並汙染含水層。到了二十世紀中葉，用水過度已經成為嚴重的問題，鹹水甚至侵蝕公園和校園裡的草坪。雖然如此，當時任何人都能無限制抽取地下水，無需承擔任何後果。

這個困境根本就是哈丁文章的寫照。然而，悲劇並未發生。當地人民自發性組成一股力量，歐斯壯將之稱為「公共創業家精神」[30]。人們組成由好幾個水資源協會形成的聯合組織，對當地的用水進行監督、規範，並教育在地社群節約水資源的重要性。在面臨共同的威脅時，洛杉磯人共同團結起來，他們的行為不太像「經濟人」，反而更像「合作人」。

在丈夫文森與數十名學生的協助下，歐斯壯發掘出全球各地成功管理公地的案例。[31]

善意與信任　286

西班牙的瓦倫西亞（Valencia）擁有大片乾旱卻肥沃的土地，農民必須謹慎節約用水。好幾個世紀以來，當地農民精心設計一套輪灌制度，甚至還設立「水資源特別法庭」，要是有人違規，必須在眾人面前接受審判。美國緬因州（Maine）的漁夫運用聲譽作為誘因或懲罰，讓漁民能夠自律而遵守某些規矩，例如捕獲的龍蝦未達一定重量就要放回海裡。在瑞士的特伯爾（Törbel），農民共用高山上的草原來種植蔬菜和養牛。早在一五一七年，農民就集體發表宣言：「所有公民在阿爾卑斯山上放牧的牛隻數量，不可以超過其冬天可餵養的數量。」32 五百年來，這條規範幫助當地居民持續成功的共享牧場資源。

歐斯壯研究的每個社群都用各自獨特的方式解決公地問題，但她也留意到，在這些社群當中，存在一套共通的永續生活「設計原則」（design principles）33。人們經由民主討論的方式，商討每人可使用的資源量，並選出監督者，負責追蹤誰有確實遵守規則。違反規則的人會遭到懲罰，但制裁措施通常是溫和的，只有在屢次犯下才會制裁加重。歐斯壯還發現，所有這些成功案例都具有一項共同的關鍵因素：信任。她寫道：「如果規則是強加於人，而人們又不信任這個規則⋯⋯他們就會在有機會時作弊。」34 當人們彼此信任時，就會更願意為共同的未來而努力。她總結道：「海邊漁村」往往比「湖邊漁村」更能永續生存。

287　第十一章｜我們共有的命運

歐斯壯的研究背後，蘊藏的是她對憤世嫉俗做出的深刻而單純的反駁。哈丁要我們想像一片草地，歐斯壯則是走出去尋找真正存在的草地。哈丁的視野受限於對貪婪人性的看法，但那只是人們生活的一種方式，尤其當他們受困在相互競爭與對立的經濟和社會制度的時候。

如果我們願意跨越這些狹隘的界限，會發現一幅比哈丁所能想像更美麗、更複雜的景象。綜觀歷史，人類與自然和諧共處，只取所需，留其餘。根據歐斯壯一名學生所做的研究，今天至少有十億人還在透過永續的方式管理自己的土地和公地。35 數百萬人奉行諸如「烏班圖」（Ubuntu）的生活哲學，這是非洲班圖人（Bantu）的世界觀，意思是「我的存在是因為大家的存在」。特別是在西方世界以外的地方，人們與鄰居、祖先、後代共享身分認同。36

相較之下，「經濟人」的生活顯得孤獨且悲傷，甚至是種非必要的選擇。無止盡的貪婪並非我們與生俱來的本性，我們並不是生來要與地球為敵。關心自己、關心彼此、關心未來，其實全都是同一件事。

善意與信任　288

選擇一個未來

歐斯壯的研究對象是小型社群，在這樣的地方，信任和永續都可以自然而然的發生。然而，我們當前最迫切的公共資源問題是減少全球碳排放量，卻需要每個國家和數十億陌生人共同努力，這幾乎是將「社群」的概念延伸到最極限。不過，想要加入這份龐大志業的人們，現在比以往擁有更多選擇。過去十年來，太陽能和風力發電的成本大幅下降，而人們對於這些科技的興趣快速上升。二○二三年，全球投注在可再生能源的投資是一·七兆美元，相比之下，化石燃料只有一兆美元。可再生能源可望在二○二五年取代煤炭，成為最大的發電來源。[37]

雖說這些科技可以減緩碳排放，但可能無法讓我們接近二○一五年《巴黎協議》設下的目標。氣候策略專家嘉布蕾爾·沃克（Gabrielle Walker）告訴我：「就算我們全部改用電動車、太陽能、風力，仍然存在巨大差距，這意味著我們還是無法做到。」

我曾經為了治療我的末日恐慌而打電話給沃克，但從她口中說出這番話看來不是個好的開始。當我問她是否對氣候問題感到焦慮時，她回答：「我每天都感到焦慮。」她繼續說道：「但我沒辦法垂頭喪氣，這樣的代價太高昂。」絕望感會讓我們停止尋找迫切需要

的解決方法。而沃克一直沒有停下腳步,她從所學知識中,看見希望的可能。

沃克年輕時常在英國鄉間散步、旅行,觀察當地動植物,並進行詳細的田野筆記。她的母親察覺到女兒對自然的熱愛,便繡了一段伊莉莎白・巴雷特・布朗寧(Elizabeth Barrett Browning)的詩句掛在她的牆上:「地球上到處都是天堂,每株普通的灌木叢,都會為神而感到激動。」沃克在各色各樣的荒野中看見崇高的神性,她為住家附近的露水欣喜不已,還曾前往南北極十多次。在一望無際的極地凍原上,她輕聲說道:「我深感自己的渺小,而我喜歡這種感覺。」

沃克取得化學博士學位後,於一九九二年進入《自然》期刊(Nature)工作,專職氣候議題報導。她旅行世界各地,經常前往遭到人類活動破壞的自然環境。在非洲馬達加斯加(Madagascar)的雨林裡,她看見狐猴自由奔跑,蒼鷹俯衝翱翔,但附近的樹木已經砍伐殆盡,土地被過度放牧後幾乎死寂一片。沃克說,這種「肆意破壞」(wanton destruction)正在扭曲生態系統。靈長類動物無法製造充足的奶水,出生率因此下降。鳥類以氣溫做為遷徙的訊號,但隨著氣候變遷的效應漸增,鳥類遷徙的時間太晚,等飛到湖邊過冬時,湖水卻已乾枯。她告訴我:「原本大自然所彈奏的是精心調和的交響樂聲,但現在成為一片刺耳、凌亂的嘈雜聲。」

沃克比許多人都明白，氣候變遷早就降臨。她專注於尋找解方，但很快便了解到，光是減緩碳排放並不足以解決我們人類欠下的龐大氣候負債。我們就像是朝著一堵牆開車撞去，但我們只有放鬆油門，而不是踩下煞車。

沃克開始尋找解決氣候變遷的其他方法。她曾聽過碳移除技術，這是用來移除環境汙染的技術，但乍聽起來，顯得太過牽強且不切實際。溫哥華往北車程一小時有個地方叫做斯奎米什（Squamish），在沃克造訪此處之後，她的想法改變了。這裡有一家經營一座大型空氣捕獲工廠的碳工程公司（Carbon Engineering），他們的技術是直接從空氣中捕捉二氧化碳，經過淨化後，將分離過後的二氧化碳封存到地底。二〇一八年，她前往該工廠參觀，了解他們的做法，她對於成效感到震驚。沃克心想：「天啊！這還真的可行。」

自此之後，她就成為碳移除技術的積極提倡者。並不是所有的碳移除方式都像空氣捕碳這麼高科技。例如，火山岩玄武岩會自然與二氧化碳反應，將碳固定為固態。如果我們把玄武岩磨碎撒在土壤上，將有助於加快這個過程，還能夠改善土質。[38]更廣泛來看，碳移除還提供一種令人興奮的可能性：我們不僅能減速，甚至有可能掉頭回轉。我們不只是在「緩解」氣候變遷，而是給地球一個療癒的機會。

碳移除現在已經從許多企業和政府處吸引了爆量投資，但也引發大量批評。這項技術

291　第十一章｜我們共有的命運

還相當新穎,還沒有經過充分測試,而且目前成本還太昂貴,無法對氣候變遷產生明顯的成果。有些科學家和社運人士甚至將它看成是一種粉飾太平的手段,[39]或者更糟糕的,是石油和天然氣公司用來誤導眾人的注意力,在假裝他們關心環保的同時仍持續破壞環境。

「許多人擔心,光是談論這件事就會讓我們放慢其他氣候行動。」沃克說。但她反問道:「如果你不喜歡碳移除這個選項,那麼你的計畫是什麼?」將碳移除指為不切實際,這話聽起來很熟悉。過去,太陽能和風力發電也被這麼說過。更重要的是,沃克認為在面臨人類物種最重大的挑戰時,我們必須嘗試每一種選項。在別人說只能選擇這個「或」那個的時候,她偏好這個「和」那個全都要選。

如果可再生能源和碳移除是保護氣候的兩條路線,沃克還加上第三條路線,那就是「當責」(accountability)。確實,化石燃料公司可能會用碳移除作為轉移注意力的話題,就像他們鼓吹「碳足跡」概念那樣轉移焦點。但人們可以拒絕上鉤,我們可以投票支持監管措施,關注有哪些企業確實採取措施,致力於達成全球氣候目標。至於沒有這麼做的企業,據沃克說,我們應該「像一把地獄之火那樣」迫使他們採取行動。

多年來,一直有年輕人問沃克,他們能為保護環境做什麼。她過去會建議大家採用省電燈泡,在閣樓屋頂填入絕緣材料。但她現在已經不這麼做,「現在有年輕的孩子問我,

善意與信任　292

我會說:『讓自己變得討人厭吧。』」

這並不是說他們需要她的許可。早在五年多前,念九年級的瑞典環保少女格蕾塔・童貝里(Greta Thunberg)決定翹掉三星期的課,到瑞典國會前,舉著寫著「為氣候罷課」的標語靜坐。七個月後,一百二十五個國家有超過上百萬名兒童響應,參加全球抗議日的活動。童貝里的孤獨抗爭擴大成「週五護未來」(Fridays for Future)運動,進而鼓舞一整個世代。

年輕的孩子現在已經承擔主導氣候運動的領袖角色,擁有一種全新的政治力量。他們善用社群媒體來提高大眾意識,進行創意性適應不良的活動,經常把憤怒、幽默與樂觀融入病毒式訊息。二〇二〇年,康菲能源公司(ConocoPhillips)獲准進行「柳樹計畫」(Willow Project),這是個長達三十年的大型石油鑽探計畫,地點在阿拉斯加州北坡(North Slope)。這個計畫將產生等同於兩百萬台汽油車所產生的汙染量。[40] 在社群平台抖音(TikTok)上標註「停止柳樹計畫」(#stopwillow)的影片,累積起五億次瀏覽量。這股能量迅速衝破社交媒體的同溫層。美國白宮收到超過一百萬封信件和數千通電話,要求要停止柳樹計畫。[41]

然而,柳樹計畫還是通過了,但在這場明顯失敗的活動背後,有成千上萬的社運人士

293　第十一章｜我們共有的命運

正在推動下一場志業。雖然年輕人容易陷入末日論,但也有許多人選擇直球對決,正視問題。菲力普・艾肯(Philip Aiken)是一名關注永續環保的網路廣播節目主持人,他將絕望感視為一種擺爛的特權。他說:「當有人說『已經太遲了』,意思是『我不想做任何事,責任不在我』。」這種對氣候變遷的絕望情緒被濃縮在「好吧,末日世代」(OK Doomer)*[42]這句話,這是一種以故作灑脫的方式來回應氣候虛無主義,年輕人玩弄文字遊戲來嘲弄年長一輩的嬰兒潮世代(boomers)。

下一個世代的社運人士沒有時間哀悼一個他們仍然必須居住的地球。為了不讓氣候厭世主義蔓延,他們將那些令人沮喪的破壞性政策與彰顯行動力量的氣候進展故事並陳,讓絕望與希望共存。瓦妮古・加特魯(Wanjiku Gatheru)是「環保黑人女孩」(Black Girl Environmentalist)的創辦者,她定期跟數千名追蹤者分享正面的環境新聞摘要。她說:「恐懼不能激勵人們採取永續作為,在問題討論當中提供解決方案,有助於鼓勵人們一起加入。」[43]對加特魯來說,這些訊息並非是要讓人感覺良好,而是要促進更進一步的工作。[44]

隨著年輕人進入投票年齡,他們會進一步將環境議題推向政治核心。二〇二〇年美國大選中,有將近三分之一的三十歲以下選民認為「氣候變遷」是他們最關心的三大議題之一。政治領袖所面臨的公民壓力在未來幾年將逐步上升,並且已經在各個層級促成

善意與信任　294

關鍵決策。二○二○年的「降低通膨法案」（Inflation Reduction Act）是美國史上對氣候行動納入最多支持的法案。同年，在聯合國氣候變遷會議（United Nations Climate Change Conference）上，有更多繁榮國家同意做出「補償承諾」[45]，來幫助在氣候危機受創最重的較貧窮國家。二○二三年，一名法官做出一項有利於原告的裁決，這群年紀從五歲至二十二歲的原告團體控告蒙大拿州未能提供他們「乾淨且健全的環境」[46]。類似的訴訟在夏威夷州、猶他州、維吉尼亞州此起彼落地出現。就在蒙大拿訴訟結果出爐的幾個星期後，拜登政府宣布禁止在阿拉斯加超過一千萬英畝的土地上進行石油鑽探，取消先前同意給石油公司的租約。[47]

就在我跟女兒談到「世界著火」的對話後幾個星期，我們參加一個太平洋海岸的淨灘活動。這個在遼闊大海旁進行淨灘的活動與我們過去參加自家附近的清潔活動相當不同，我們與想要保護的浩瀚海洋是如此靠近，也與其他志同道合的人們一同並肩行動，其中有一大部分志工是年幼的孩子。我不禁感慨，當這個世代意識到他們面臨的危機時，其中有許多人必然會感到憤怒、害怕、挫敗，這是他們的權利。但他們還是會起而抗爭，或是創

---

* 譯注：末日世代的英文是 doomer，嬰兒潮世代是 boomer，這裡是玩文字遊戲的哏。

造出我們難以想像的新科技，有些人則會運用如同我們一樣的方式，例如抗議、領導、立法，或純粹是淨灘、撿垃圾。

這場全球最嚴重的災難，也催生一個歷史性的全球運動。這場運動會由年輕人感受到的憤怒和幻想的轉變，就如同一個世紀之前的進步主義運動。加特魯已經厭倦聽人們不斷對她說：實踐力來推動，但許多時候，他們卻被迫獨自承擔。「你鼓舞了我們。」她會進而鼓勵人們採取行動：「希望是去贏得東西。我們的希望，是靠每天努力得來的。別只借用我們的希望，請一起懷抱希望。」

當我們同在一起

說了這麼多，目的並不是要說服你相信氣候變遷會逐漸平息，這樣想就太樂觀了。而且從過去十年的經驗來看，我們實在沒有太多理由如此樂觀。重點在於，我們無法預知未來會如何發展，但我們仍然擁有選擇的能力，而這些選擇可以產生深遠的影響。如果我們能找到一種與世界更加和諧共存的方式，那不會是對人性的一種背離，而會是我們最深層價值觀的體現。

我們當下面對的不只是氣候危機。民主會繼續受到侵蝕，還是會獲得重建？社會的分歧會持續擴大，還是有可能重新凝聚共同的目標？財富會繼續集中在少數菁英手中，還是整體生活水準得以改善？心理疾病會繼續侵襲人心，還是隨著人際連結的重建而開始減緩？

我不知道這些問題的答案，你也不知道。但我們都知道：改變的可能性，依然存在於我們心中。

我們當中有數十億人從小就被灌輸一種信念：人生是一場勝者全拿、處處是敗者的競賽。我們的信任和希望被譏為天真浪漫，但讀到這裡，想必你心中已經有了更好的想法。你可以保持懷疑，但不必對人妄下定論。你可以記得媒體是如何扭曲我們對彼此的看法，並試著尋找更真實的數據；而最重要的，是記得：希望不是軟弱，而是一條通往更少錯誤、更有力量的道路。

我們可以把希望當成探測杖，用來尋找那些與我們一樣渴望改變的人，建立連結，凝聚共同的方向。在一場氣候抗議活動上，有一名觀眾問作家暨社運人士比爾・麥克奇本（Bill McKibben）：「個人可以為氣候改變做些什麼？」麥克奇本回答：「不要只是一個人。」

297　第十一章｜我們共有的命運

當布魯諾動完第一次手術後,他召集起一些科學家與和平運動倡議者,鼓勵我們去教育世人:每個人都具有潛能,得以穿越黑暗、傳遞光亮。他說:「而最美好的事情是,這股力量存在我們心中,是共享的,不屬於任何人。要啟動這股力量,最好的方式就是成為一個社群,這就是我們聚在這裡的原因。」

你是對的,布魯諾。這就是我們全都在這裡的理由。48

結語

回想二〇一一年，當時的我已經在華盛頓特區、芝加哥、舊金山等地的研討會上見過布魯諾許多次，但總是在一大群人之中遠遠看著他。我們其實都住在麻州的劍橋（Cambridge），相隔不過幾英里。那年四月，我們終於約在哈佛廣場（Harvard Square）附近的一家咖啡館見面。那是我隔年前往史丹佛之前，我們第一次見面，後來，我們還有過幾次深談。

我想那天，他穿的是他最常穿的那件法蘭絨襯衫。咖啡館裡擠滿了人（那裡總是這樣），我們只好坐在二樓狹小的座位。我必須靠想像來拼湊這些細節，因為已經不可能回到那些時刻、回到布魯諾還在的時候。我清楚記得那時，他剛度完蜜月回來，我則在四個月後舉行婚禮。他和史黛芬妮才剛收到訂購的蜜蜂，布魯諾興奮的談論蜂巢。那時的未

來，看起來既遼闊又清晰。

令我始終難以忘懷的，是布魯諾抱持的信念。他談到我們或許能共同合作進行的一項研究計畫：讓人們觀看政治立場不同的人的談話影片，同時掃描他們的腦部並進行觀察。對我來說，這是有趣的點子；但對布魯諾來說，這是一扇通往人們善意與信任的大門。他深信沒有人生來就充滿仇恨。他深信善良、合作與關懷，是人類真實的本性。他深信，科學可以成為路標，指引我們找到回家的路。

我記得那次談話時，我一下子感覺「深受啟發」，一下子又覺得「有點懷疑」，心情在這兩者間來回擺盪；我和布魯諾在一起時總是這樣。直到多年後我才明白，他心中懷抱著的那份希望，是在痛苦中淬煉而成的。之後又經過將近十年，生命向他提出最終的試煉，而他面對這項試煉的堅強，令我畢生難忘。

然而，未來終究不是我們當初設想的那個模樣。當我寫下這段文字時，正值布魯諾過世滿三年。史黛芬妮告訴我，孩子們成長得很好，克蕾拉已經十一歲，善於思考和自省，這常讓她想起布魯諾；艾提克斯九歲，喜歡做木工，就像他爸爸那樣。兩個孩子就讀一所推行進步主義教育的學校，學校的價值觀都和布魯諾早年就讀的半島學校如出一轍。克蕾拉今年就要畢業，她計畫用爸爸的舊衣服縫成一件洋裝，作為畢業典禮的禮服。1

善意與信任　300

史黛芬妮在植物園找到新工作,每天都帶給她驚喜和愉悅。她一直都熱愛與自然世界互動,尤其是養蜂。二〇一七年,她曾出版一本關於蜜蜂的書,但在布魯諾生病後,她就放棄這個嗜好,以為再也不會回到這條路上。布魯諾過世後的那個星期,出版社聯絡史黛芬妮,想知道她是否有興趣寫第二本關於蜜蜂的書。對於當時的她來說,寫作無疑是一帖良藥。正如她回憶道:「這就像有人對我說:『來吧!把精力投入在這件事情上,幫助你重新找回自己!』」。

史黛芬妮和孩子們的生活也開啟新頁,他們造訪布魯諾從沒去過的地方,過著或許會令布魯諾意想不到的生活。但關於他的回憶無處不在。在涼爽的秋夜,他們睡在布魯諾建造的後院樹屋裡;在旅途中,他們收集石頭和貝殼來裝飾布魯諾的墓;在談話時,他們有時會想:「布魯諾會怎麼說?」對史黛芬妮而言,布魯諾這個父親的角色,從未離開。在艱難的時刻,她偶爾會喊出:「你到底在哪裡?」但她總是從布魯諾對她的信任中找到慰藉。「他教我要相信自己的直覺……也就是相信內心深處那個真正的我們。」史黛芬妮說。「他們的悲傷與堅強,都有布魯諾的身影。史黛芬妮告訴我:「悲傷就像肌肉,雖然你失去的東西依舊如此沉重,但你會愈來愈擅長承受它。在最後一次與他交談時,他說希望自己離去我想,這就是布魯諾最希望看到的景象。

之後，仍能為家人帶來溫暖與安慰。如同他寫給史黛芬妮的信中說道：「對妳而言，我的存在其實只是妳自身心靈的映照。」我們每個人終將成為他人的回憶，而我們的遺產，就是在人們生命中留下一連串印記。對史黛芬妮、克蕾拉和艾提克斯來說，布魯諾就是令人難以忘懷的溫柔存在。

對我來說，布魯諾始終是仰之彌高般的存在。他對現實的苦難與促成改變的行動，總是保持高度敏銳。和他相處時，你能清楚感受到這兩者的拉扯，還有不公義的沉重、行動的急切性，以及人性中的善良。我渴望重溫與他共處的時光，部分是因為我想念他看待世界的方式。但我不需要記住十年前布魯諾說過什麼，或是他微笑的樣子。藉由他生命中重要的人、所寫的文章及科學研究成果，他的理念已經深植我心。仔細爬梳數百份研究後，我愈來愈深信：「希望」是一種精準而有力的策略，能夠帶來幸福、和諧與社會變革。即使在枯燥的數據表格中，我也能看見布魯諾的身影。

當我陷入陰鬱時（這種時候還真不少），總能從他身上得到指引。現在的我已經意識到，憤世嫉俗成為我看待世界的預設模式。長久以來，我努力隱藏這個事實，但這只會讓情形繼續惡化。最近，我開始把內心當成一間實驗室，用科學的嚴格審視下，一一檢視我對人性的糟糕假設，結果證明，大多數都不成立。我蒐集到的證據都遠比原先想像得更加

善意與信任　302

正向。這並沒有讓我瞬間變成充滿希望的人，但新的思考習慣逐漸在心中生根。我愈來愈能自然的信任別人，也愈來愈容易對人敞開心房。當有新的挑戰突然出現、絕望感悄然逼近時，我會問自己：「布魯諾會怎麼做？」

布魯諾最喜歡的作家愛默生曾寫道：「在那些天才的每一部作品中，我們都會發現被我們拋棄的思想，它們帶著某種久違的尊嚴，又回到我們身邊。」過去我總認為布魯諾代表「希望」，而我則是個憤世嫉俗的人。但深入思考後，我才了解信任、脆弱和對人的信心，其實一直存在我心中。希望不需要被重新創造，只需要被重新喚起。

講到「漣漪」，史黛芬妮、克蕾拉、艾提克斯是這麼說的：那是我們每個人釋放的力量，或許十分微小，卻能傳播到很遠的地方。布魯諾的漣漪可說是無所不在：對於曾經受他啟發的數百人來說，他就像一座燈塔般指引方向；對科學家而言，他創造的知識可以成為後續研究的基礎；他的觀點始終在全世界教育工作者、領導者、運動員和父母之間廣為流傳，即使他們可能從未聽過他的名字。

布魯諾仍在持續把我從憤世嫉俗中拉向真正的自己，儘管他永遠不會知道這件事。寫到這裡，我由衷希望布魯諾也曾為你帶來相同的影響。若是如此，請試著回過頭，尋找生活中對人性與未來感到失望的人，讓你的善意與信任，成為另一道新的漣漪。

303　結語

致謝

一本探討希望與信任的書，開場卻由作者承認自己缺乏希望與信任，確實有些奇怪。

但正是因為將這些反思轉化為寫作計畫，使我與許多人建立起更深層的連結，才讓我找回擁有信任他人的理由。過去兩年以來，由同事、朋友與家人組成的社群，是讓這本書得以完成的重要動力。

我第一次公開談論對憤世嫉俗課題的研究，是在二〇二一年的TED大會上。感謝TED團隊成員Chris Anderson、Cloe Sasha、Briar Goldberg給我這個機會，並在過程中提供支持。感謝Dan Gilbert、Angela Duckworth、Liz Dunn、Yotam Heineberg、Amanda Palmer、Kelly McGonigal，他們針對演講初稿給我許多精闢的意見。

在構思《善意與信任》的過程中，我的老朋友兼經紀人Seth Fishman始終提供鼓勵，

並為這本書找到合適的出版機會。我很高興本書能交由Grand Central Publishing出版，第一次和編輯Colin Dickerman對談時，從第一次Zoom會議開始，就清楚展現他對本書的願景。他堅信本書不僅要傳遞知識，更應真正幫助人們，他的信念與精準編輯始終引導我前行。Karyn Marcus則是鼓勵我在書中融入更多自我反思，使內容更真實、具個人風格。Ian Dorset則在出版過程中提供及時且有用的支持。

還有幾位專業人士為本書內容提供珍貴的建議。Toby Lester對初稿提供精闢意見。Andrew Biondo提供第一章有關古典犬儒主義者的背景知識。Alan Teo對第六章繭居族現象提供見解。Evan Nesterak精確細膩的事實查核，讓我這個容易焦慮的人稍感安心。（這段致謝沒有經過他的查核，我敢肯定一定有哪個人的名字被我拼錯！）

感謝兩位重要的助手：Kate Petrova的角色是「科學審核員」，負責評價本書引用各主張的可信程度，並與我合寫「附錄二」。她同時也是多數初稿的第一位讀者，為我指出許多重要研究與觀點。Kate Busatto一開始的角色是「故事醫師」，協助我調整及潤飾敘事結構，還在寫作過程中審視並修復許多問題。沒有她們，本書絕非今日模樣。

「史丹佛社會神經科學實驗室」（Stanford Social Neuroscience Lab）是我職涯專業的核心。每天我都感激能與這群充滿熱情、好奇心且才華洋溢的夥伴一起工作。這群夥伴也紛

305　致謝

紛為本書的寫作提供支持，為早期草稿提供許多建議。特別感謝以下學生及實習生：Sam Grayson（八卦和犬儒主義）、Eric Neumann（自我實現的信任心態）、Rui Pei（兩個史丹佛）、Luiza Santos（跨黨派對話）。來自史丹佛大學以外的學者，也對草稿提供珍貴建議，他們是：Adam Grant、Laurie Santos、Mina Cikara、Nour Kteily、Adam Waytz。

還有許多人慷慨接受訪談，並允許我分享他們的生命故事。特別感謝：「Megan」、Andreas Leibbrandt、William Goodwin、Katie Fahey、Loretta Ross和Gabrielle Walker、Andrés Casas、David Bornstein、Robin Dreeke、Atsushi Watanabe、LaJuan White、我的三位摯友（合稱為「ools」）在過去二十五年以來，一直是我求助與反思時的對象。謝謝Eric Finkelstein和Daniel Wohl。Luke Kennedy和我更是形同兄弟，他對我思想的影響，遠遠超過任何學者。

摯友兼同事Ethan Kross與我的情誼已有二十年，近年來，我們先後踏上科學寫作的旅程。我們成為堅定的「聊天夥伴」，在無數焦慮的時刻裡彼此交換建議，給予彼此無數次（大量）安慰。他的支持，是我一路走來的重要力量。

每一本書的誕生，都少不了家人的支持。感謝妻子Landon在忙碌的生活中，讓我保有思考與創作的空間。孩子Alma和Luisa是我不斷實踐信任與希望的原因。我想將本書獻

善意與信任　306

給她們。

布魯諾宛如本書的北極星。許多人不吝與我分享對他的回憶，訪談過程中充滿笑聲、淚水與感激，也讓我更清晰想起他的模樣。感謝：Jeff Freund、Janet Lewis、Heather和Tim McLeod、Samantha Moore-Berg、Franck Boivert、Andromeda Garcelon、Emily Falk、Nour Kteily、Mina Cikara，以及半島學校的工作人員。

史黛芬妮的一句話，改變這本書的走向。在我們第一次交談中，我徵求她的同意，希望能在書中寫到布魯諾。我提到自己很遺憾沒來得及和布魯諾有更深入的合作。史黛芬妮聽完，對我說：「這本書可以成為你們合作的成果。」正因她的信任與協助，我得以與布魯諾的朋友和家人聯繫，走進他的生命，並分享他留下的精神。我深深佩服史黛芬妮展現的情感智慧與堅韌，也感謝她讓我走入他們的故事。她深信，關係並不會隨著生命的終結而結束，她堅定的力量，讓人敬佩！

布魯諾，我多希望你在世時，我們能有更多相處的時光，更希望你能親自寫下屬於你的故事。謝謝你讓我有機會成為更真實的自己，我會將你賦予我的勇氣（哪怕只是一絲勇氣）以及希望，繼續傳遞下去。

307　致謝

附錄一 反憤世嫉俗實用指南

《善意與信任》探討的是：憤世嫉俗如何困住我們，以及我們如何擺脫它的束縛。你可能渴望將書中的觀點付諸實踐，親身體驗「抱持希望的懷疑主義」。這份附錄正是為此而寫。以下每項練習，都是基於行為科學研究所設計的「反憤世嫉俗療法」，其中許多源自我在書中提到、親自嘗試的實驗。每項練習都只需要花幾分鐘，並且可以獨自完成，也適合與他人一起進行。這些不是一瞬間就能改變人生的偉大舉動，而是透過持續累積、轉化為習慣，漸漸引領我們成為更理想的自己。

如前所述，憤世嫉俗往往源自於對他人的負面假設；而「抱持希望的懷疑主義」則是鼓勵我們對真實的數據與經驗保持開放心態。美國藏傳佛教僧侶佩瑪・丘卓（Pema Chödrön）曾說：「我們可以像做實驗一樣看待生活。下一刻、下一小時，都可以選擇停下

善意與信任 308

來，放慢腳步，靜止片刻。我們可以嘗試看看，不再做出已經成為習慣的自動化反應。」[1]

接下來，我想邀請你用實驗者的眼光來看待自己的生活。若你和多數人一樣，最終的發現可能會讓你感到意外。

用「懷疑主義」取代「憤世嫉俗」

當有人讓我們的希望落空時，感到失望是自然的反應。如果我們假設，大多數人、甚至所有人的行事都只是為了自身利益，那麼產生「預期性失望」的心態也不難理解。只是，這種預設對我們其實沒有幫助。「預期性失望」的心態會影響我們的情緒與行為，進而助長憤世嫉俗的心態，而我們卻很少主動去驗證這些假設。這是一種更接近科學精神的思考方式。以下提供幾個步驟，幫助你擺脫憤世嫉俗心態。

一、**連結你的核心價值觀**。花點時間思考：在你的生活中，什麼事情對你最重要？是與他人的連結？創造力？還是對知識的追求？寫下這些價值觀對你很重要性的原因，以及你如何在生活中實踐它們。這些「釐清價值觀」的思考，能幫助我們對新想法保持開放

309　附錄一　反憤世嫉俗實用指南

的態度。

二、**重視作為避風港的家**。在我們感到孤單或受威脅時，憤世嫉俗往往會在我們的心中悄然升起。相比之下，安全、共享的關係能為我們提供喘息與探索的空間，幫助我們思考自己相信的事物，以及這些信念背後的原因。當我們試圖質疑憤世嫉俗的假設時，這種來自關係的穩定感能成為堅實的立足點。請花點時間回想生命中一兩位讓你深感信任的人。寫下他們對你的意義，以及與他們相處時，你內心的感受與變化。

三、**對你的憤世嫉俗抱持懷疑**。選擇一個你曾對某人產生憤世嫉俗的念頭，不論是針對特定個體、一般人，或是社會上的某群人。這樣的想法是建立在什麼資訊之上？如果這是一種普遍的看法，例如「大多數人都是自私的」，不妨問問自己：你手上有什麼證據支持這樣的判斷？如果證據不足，那麼你需要哪些資訊，才能讓你更有把握的確認這個想法？如果你目前沒有那項證據，接下來的練習將引導你取得。

收集新的社交數據

人類天生會為了保護自己而警覺，因此對於任何可能為我們帶來傷害的蛛絲馬跡保持

警惕，這本來無可厚非。但這種傾向也容易讓我們產生「負面偏誤」。根據與他人最糟糕的互動去留意、記住、評斷他人是比較容易的，但這樣做的話，許多正向的時刻卻會從我們的意識中溜走。接下來的練習，將幫助你以更平衡的視角，重新走進社交世界。

一、**對憤世嫉俗的想法進行實驗驗證**。試著想一想你心中對他人抱持的某一種憤世嫉俗看法。然後，將這個想法轉化為一個可測試的假設，也就是關於人們在某種情境下會做何種舉止的具體預測。你也許認為你的同事都很自私，那就試著測試看看這個假設。例如，你可以請跟你共事的三個人幫你一個小忙。憤世嫉俗的預測結果可能是：沒有人願意幫忙。若結果真的如此，這將強化你原本的假設；如果有任何一個人願意伸出援手，你也許就得重新思考這個看法。

二、**為人際互動打分數**。回想你某一天與他人（朋友、家人、同事、任何人）所有的互動。你覺得這些對話平均有多正面？用一到十分來評分：一分是「非常負面」，十分是「非常正面」。先寫下你的估計。接著別再只靠直覺，開始記錄實際數據。請隨身帶著筆記本，在每次對話後，立即為這次互動的實際感受評分。等一天結束後，把這些數據與你的原始預測比對看看。

三、**測試社交水溫**。想提高你的互動分數嗎？不只對熟人，也可以對新朋友做點小實

311　附錄一　反憤世嫉俗實用指南

驗。試想一件你一直想對某位親近的人說的話。這句話可以是一件令你感到困難的事、一個請求，或是一句感謝；簡單的說，就是你始終說不出口的話。另外，在隔天通勤途中，主動跟一位陌生人聊上幾句。無論是哪種情況，先預測你認為這段互動會有多正面（一到十分），然後實際去嘗試，再將實際感受與預測結果做比較。

四、**平衡你的媒體攝取內容**。許多人在閱讀或收看新聞時會感到焦慮和憤世，因為多數報導都聚焦在問題、衝突與危機。試著尋找一些關注解決方案、強調正面進展的新聞內容來平衡視角。如果你再次讀到或是看到讓你心生絕望的新聞，請上「解方新聞追蹤站」（www.solutionsjournalism.org/storytracker），搜尋相同主題，你會找到正向發展的報導。

將「抱持希望的懷疑主義」付諸行動

現在，你已經思考過自己的假設，也蒐集新的數據，是時候試著為他人帶來希望，創造連結的機會。正如先前所說，我們的許多行動都可能成為自我實現的預言：人們往往會依照我們的預期行動，並回應我們的態度。善用這股力量，在力所能及的範圍內，播下正向的種子，激起希望的漣漪效應。

善意與信任　312

一、**運用互惠心態**。下一次，當你考慮是否要信任某人時，請記住：你的選擇不只影響自己，也可能改變對方的感受與行動。你可以問問自己：「如果我給這個人一個機會證明自己，我可能帶給他什麼正面的影響？我的信任，能否成為他的一份祝福？」

二、**大張旗鼓的信任別人**。如果你覺得合適，不妨給某人一個「信心之躍」。這不需要是多麼重大的信任行動，從小地方就可以開始做起。讓孩子自己做一個決定、不再對同事處處防備，或是對新朋友分享小祕密。當你這樣做時，試著明確表達你的信任，讓對方知道，你之所以這麼做，是因為相信他。觀察對方的回應，也留意自己的感受，思考這樣的信任是否能在其他情境中繼續實踐下去。

三、**和他人一起品味美好**。當我們在談論別人時，往往不自覺聚焦於他們的缺點或錯誤。這種「負面八卦」是人的本能，但我們可以試著做些不同的事來平衡它。下次當你目睹某人展現出善意或溫暖的舉動時，不妨主動傳播一些「正面八卦」，分享這些令人感動的時刻，讓別人也看見人性的光亮。留心默默助人的人，並幫助身邊的人也看見他們的存在。

四、**用更好的方式表達異議**。如果我們連在日常對話中都難以建立信任，那麼在出現意見分歧時，更容易讓人覺得根本無法對話。但事實上，衝突之所以升高，往往不是因為

分歧本身,而是因為我們對立場不同的人做出最壞的假設,而非出於真正的好奇。下次當你發現自己與他人意見不同時,不妨試著把話說得更精確一點。如果對方願意,不只問他們「怎麼想」,更進一步問:「你是怎麼形成這個看法的?」去了解這個想法背後的脈絡與經驗。接著,試著找出其中你可以理解或認同的部分,也許你會發現,彼此的共同點比你原本以為的還要多。

附錄二 評估證據

本書引用以心理學為主的研究，帶領讀者認識憤世嫉俗、信任、懷疑主義與希望。然而，就像其他科學領域一樣，我關注的並非一組永不改變的事實，而是一個不斷演進的動態過程，始終在持續修正與精進。

近年來，心理學、生物學、經濟學等多個領域一些備受矚目的主張，已經得到證實並不像先前科學家所認為那般穩固。正因如此，心理學界日益強調一種以透明為核心的新研究精神，致力於確保所有主張都建立在可公開檢視的基礎上。

在此，我希望各位讀者能有機會了解支撐這本書的科學證據。秉持著這樣的理念，我和同事凱特·佩特洛娃（Kate Petrova）合作完成本篇附錄。我們首先列出每一章中的重要科學主張，接著由凱特獨立進行深入調查，閱讀書中引用的研究及其他相關文獻，並根據

她的研究結果,針對每項主張進行一到五分的評分。一分表示目前幾乎沒有實證支持,五分則代表有強而有力、穩定一致的證據。

之後,我們會一同審閱這些主張與其背後的研究,確保雙方對評分有一致的意見。如果某項主張缺乏足夠證據,我會將其從書中刪除或加以改寫,明確指出該領域仍需更多研究。以下列出我們在決定每項主張的「證據強度」並做出評分時採用的原則:

五分:強力證據。五分表示該主張已經牢牢確立且在科學界廣受認可。這類主張擁有許多可靠且重複做過多次的研究和統合分析(這類研究是將多項獨立研究中的數據集合起來進行分析)的支持,且專家之間對於其驗證結果擁有強烈共識。

四分:有力證據。四分表示這類主張得到大量實質證據的支持。許多研究都在不同的設定條件下得出一致的模式。此類主張沒有拿到最高評分,是因為還缺乏綜合性的統合分析,或者有某些不同研究得到些微不一致的結果。

三分:中等證據。三分通常是表示有愈來愈多證據支持該主張。好幾項研究得出的結果相對一致,偶爾會有些不同的結果。大多數被評為三分的主張都是基於仍相對新穎的研究。對該項課題進行更多研究、對範疇更廣的人口或脈絡做重複和延伸性研究,將有助於科學家在未來數年中更了解那些現象。

善意與信任　316

兩分：有限證據。這類的主張僅來自少數研究，且樣本通常較小或不具代表性。結果可能好壞參半，或還需要重複性的研究。讀者對於這類主張應謹慎看待，並了解到有可能會出現新數據，並使科學家對其想法出現改變。

一分：薄弱證據。得到一分，顯示該主張缺乏有力證據支持。這類主張可能僅是基於一項或兩項研究，或是是沒有做過重複研究。通常，得到一分的主張是基於全新的研究，會令人感到興奮、但不確定性仍高。讀者應謹慎看待只得一分的主張，這類主張有必要再行確認，才能考慮其可信度。

以下將列出我們雙方一致認可的主張及其評分。對於評分三分或以下的主張，我們也會附上簡要說明。若讀者希望深入了解相關數據，本書官網提供一份詳盡的表單，收錄用於評估所有主張的廣泛研究資料。

希望本附錄能讓讀者有機會更了解本書所引用的科學論點。

賈米爾・薩奇、凱特・佩特洛娃

317　附錄二　評估證據

各章主張評分

前言

主張0.1：人的信任度在世界各地都在下降。

評分：五

主張0.2：人的良善和慷慨在疫情期間上升。

評分：四

第一章

主張1.1：憤世嫉俗與較低的信任度有關。

評分：五

主張1.2：社會支持能減輕壓力對個人造成的影響。

評分：五

主張1.3：憤世嫉俗和較低下的身體和心理健康有關，這個關連無法用諸如性別、種族、收入等因素來解釋。

評分：四

主張1.4：信任與團體層面的正向結果和面對逆境的韌性有關。

評分：四

第二章

主張2.1：憤世嫉俗者在認知測驗上的表現較差，而且在分辨說謊者的能力上遜於非犬儒者。

評分：三

相對較少有研究直接測試憤世嫉俗和認知能力之間的關連。較多研究是檢視憤世嫉俗和社交想法之間的關連，且普遍發現犬儒者往往會將所有人概括定論，把誠實的人也歸類為欺騙者或說謊者，導致有問題的社交結果，像是孤立、關係破裂等。這個領域還需要其他研究將此主題進行重複和延伸的工作。

主張 2.2：依附型態可能隨著童年之後的經驗有所改變。

評分：三

早年對於依附的研究被限制在相對僵固的觀點下，認為某種依附型態在童年早期成形後，在其後的人生都會繼續維持相同狀態。到了較近期，開始有證據顯示依附型態能夠隨著治療而改變，人的依附安全感在不同的關係之間會有所不同。這個方向的研究仍相對新穎，在我們有信心準確評估成人的依附型態能有多大的可塑性，還需要更多研究。

主張 2.3：遭到背叛的經驗可能導致不信任。

評分：五

主張 2.4：災禍可以帶來正面效應。

評分：五

第三章

主張 3.1：憤世嫉俗是會遺傳的，但其中只有不到半數可以用基因來解釋。

善意與信任　320

評分：三

憤世嫉俗的遺傳性已經在幾個雙胞胎和家庭研究中進行調查，多數研究都發現有證據指向憤世嫉俗的基因，但還是有些研究指出並沒有。有幾項研究確實發現憤世嫉俗擁有遺傳性的證據，但關於遺傳因素相對於環境影響所造成的犬儒效應，各項研究所做的評估各有不同。會造成憤世嫉俗心態的基因和非基因因素，其交互作用的性質很複雜，且尚未得到透徹了解，這就是為什麼還需要進行更多研究。

主張 3.2：暴露在市場化的生活下，人會變得更自私。

評分：三

世界各地都有研究顯示，接觸自由市場能夠激勵個體更願意合作；然而，這種善意背後的動機仍有待研究探索。一方面，市場也可能強化「人是自利的個體」這種觀點，從而削弱社群式的合作，並加劇憤世嫉俗心態。有幾項研究為這兩種觀點都提供證據，這也意味著市場化生活的影響可能取決於個人的處境。未來仍需要更多研究，才能更清楚釐清在何種情境下，交換規範會促進合作，或反而助長自利行為。

321　附錄二　評估證據

主張3.3：善良行為會帶來幸福。

評分：五

第四章

主張4.1：人們天生就會關注負面的事物。

評分：五

主張4.2：八卦可以為社群帶來正面效應。

評分：四

主張4.3：人們普遍相信人性本善。

評分：三

有幾項研究發現人們對於其他人與生俱來的善意抱持樂觀的看法。這種看法似乎源於一種心理傾向，即認為人們在本質上都擁有道德良善的「真我」。雖然有初步證據顯示這種信念在不同人和文化當中是相當穩固的，但這仍是一種相對新穎的研究領域。

主張4.4：收看愈多新聞媒體內容的人會比其身邊的人抱持更憤世嫉俗的觀點。

評分：二

這個主題的研究沒有定論。有些研究找到新聞媒體消費和憤世嫉俗之間存在關聯，有些則沒有。有種觀點叫做「險惡世界症候群」（mean world syndrome），這是在說經常收看負面新聞會助長憤世嫉俗心態。有些研究顯示，收看諷刺性新聞節目特別跟憤世嫉俗有關，還有，接觸策略性的新聞框架設定會提高對特定議題的政治憤世嫉俗。然而，有其他研究顯示新聞消費程度和政治知識呈正相關，跟對於政治人物的憤世嫉俗想法沒有關係。總結來說，雖然消費某些類型的新聞媒體跟憤世嫉俗有關聯，但還需要更多研究來做出確定的結論。

第五章

主張5.1：人們低估其他人願意助人和表達良善的意願。

評分：三

有愈來愈多證據顯示，人們經常低估其他人能夠提供的幫助和良善。但是，對此現象做直接檢視的研究還相對較少。此外，人們的期望和現實不一定總是相符，有可能是出於

對他人善意的誤解，或是高估其他人的利他特質。另外也有證據顯示，人們實際上的幫助和認知中的幫助會隨著不同文化和不同情況而有所差異。

主張5.2：期望愈高，表現也愈好。

評分：五

主張5.3：信任會自我實現：當我們信任其他人，他人的行為就更有可能值得信賴。

評分：五

第六章

主張6.1：孤獨的比率正在攀升。

評分：三

有些研究指出，青少年和年輕人感到孤獨的普遍程度和嚴重程度都在增加。相較之下，針對較年長人士所做的研究則指出其孤獨感隨時間推移呈現較平穩狀態，還有些研究甚至指出老年時期感受到的孤獨有所減少。我們需要進行長期追蹤相同人士的大規模縱向研究，以及對於不同文化之間的孤獨感變化進行檢視。

主張 6.2：孤獨感對身心健康皆有害。

評分：五

主張 6.3：人們經常會低估與他人互動帶來的快樂。

評分：四

第七章

主張 7.1：跟「經濟人」比起來，人們少了些理性，但是多了善良和原則。

評分：五

主張 7.2：組織內的憤世嫉俗會使工作進度落後。

評分：四

主張 7.3：內部能互相合作的團體，其成功機率勝過彼此競爭的團體。

評分：五

第八章

主張 8.1：人們會高估政治外群體的負面特質。

評分：四

主張 8.2：負面情緒會在社群媒體上放大。

評分：三

有些大型研究顯示，負面情緒在社群媒體上會放大且迅速擴散。這種放大可能造成有害的社群效應，但此方面還需更多研究。社群媒體上的情緒研究仍處於剛起步階段，我們需要更多研究，複製和延伸現有的發現到更多社群媒體平台、使用者和情境上。

主張 8.3：與外團體成員接觸，有助於培養同理心和希望。

評分：四

主張 8.4：糾正錯誤對於外團體成員的誤解是緩解衝突的有效方式。

評分：三

已經有初步證據顯示，修正人們對於對立政治陣營的錯誤認知，有助於降低團體間的

第九章

主張9.1：從人際信任可以預測人們是否支持社會福利政策。

評分：二

只有少數研究以實證檢驗人際信任與人們對社會福利政策的支持之間是否存在關聯。即使現有的研究都得出這樣的結果：即更信任人的人（以及社會整體）傾向於更為支持社會福利政策，但我們還需要更多研究，來釐清其關聯程度到何種規模，以及這個模式在多大程度上可以推論至不同社會、文化、政治脈絡。

主張9.2：匱乏感會降低心智能力。

評分：二

這個主題得到的研究結果不一，有些研究找到匱乏和貧窮的經驗會降低認知資源的證

據，而有些研究則未能發現這種效應或只發現薄弱的證據。然而，後續進行的再分析，卻指出其中至少一項研究的原始發現缺乏充分可靠性。不僅如此，其他對坦尚尼亞人所做的類似研究未能複製該研究結果得到的模式。

主張9.3：直接現金撥款是幫助人們擺脫貧困的有效方法。

評分：四

主張9.4：直接現金撥款不會帶來諸如濫用制度或「誘惑商品」花費增加的不良後果。

評分：五

第十章

主張10.1：憤世嫉俗者較不會挑戰現況（例如參加社會運動），即使該項議題與自身相關。

評分：四

主張10.2：當一群堅定的少數群體擴大其規模達總人口數約二五％時，採行新型社會規範的可能性會大幅增加。

評分：三

有幾項研究顯示，人們參加社會運動或採行新規範的意願，取決於他們認為有多少人參與其中。一項研究發現有一個「轉捩點」存在，也就是當堅定的少數族群將其規模擴大達總人口數約二五％時，新型社會規範就更有可能散播出去。儘管有這樣的初步支持，但相對較少研究對此問題做實證檢驗。有其他研究顯示，個人是否支持某項社會運動，在他們親近的關係圈裡有多少人支持該運動比有多少人加入該項運動還更為重要。

主張10.3：自我效能的感受能激勵人們對抗不公不義。

評分：五

第十一章

主張11.1：美國人低估同胞對氣候改革的支持。

截至目前，檢視美國人對其他人在氣候議題上的看法的研究僅有少數。這些研究指出美國人的錯誤迷思，即人們對氣候變遷的真實性和嚴重性幾乎沒有共識，支持氣候改革的人數也比實際上還來得少。至少有一項研究還提到政策決策者也有這些誤解。

主張11.2：希望能激勵氣候行動。

評分：五

主張11.3：關於現實生活中遇到的公地問題，人們往往能找到合作的方法，而不是自私行事。

評分：四

主張11.4：當個人的意識超越其身邊環境和壽命時，就愈有可能採合作態度，為保護環境作出貢獻。

評分：四

評分：三

善意與信任　330

注釋

前言

1. Karina Schumann, Jamil Zaki, and Carol S. Dweck, "Addressing the Empathy Deficit: Beliefs About the Malleability of Empathy Predict Effortful Responses When Empathy Is Challenging," *Journal of Personality and Social Psychology* 107, no. 3 (2014): 475–93; Sylvia A. Morelli et al., "Emotional and Instrumental Support Provision Interact to Predict Well-Being," *Emotion* 15, no. 4 (2015): 484–93.

2. 本句取自布魯諾的家人與朋友所分享的文件和資料。這句話是由Shawn Kornhauser提供，他在布魯諾確診後不久錄下這段談話。請見：Annenberg School for Communication, "Emile: The Mission of Emile Bruneau of the Peace and Conflict Neuroscience Lab," YouTube, October 9, 2020. 本書中其他有關布魯諾談話或事蹟的提供者，皆可於注釋和致謝中找到。

3. Jeneen Interlandi, "The World Lost Emile Bruneau When We Needed Him Most," *New York Times*, November 2, 2020.

4. White House Historical Association, "Racial Tension in the 1970s," accessed October 11, 2023, https://www.whitehousehistory.org/racial-tension-in-the-1970s.

5. 一項可能性是，這種改變反映出社會概況調查的人口組成正在改變。例如，相較於歷來處於邊緣地位的族群，美國白人中產階級可能有更多理由信任這個經濟體系。確實，有些族群（如非裔美國人）較不可能在該調查中表示有較高的信任度。然而，我的研究團隊對社會概況調查數據的分析指出，即使在控制種族、性別、年齡、收入等因素的情況下，整體的社會信任仍呈現下降趨勢。這與一份二〇一一年的分

析發現相符，信任度下降主要並非源自於邊緣族群的加入，在白人受訪者的回應中就具有這樣的趨勢。請見：Rima Wilkes, "Re-Thinking the Decline in Trust: A Comparison of Black and White Americans," *Social Science Research* 40, no. 6 (2011): 1596–1610.

6. Edelman, "2022 Edelman Trust Barometer," accessed October 11, 2023, https://www.edelman.com/trust/2022-trust-barometer.

7. Gallup, "Confidence in Institutions."

8. B. Kent Houston and Christine R. Vavak, "Cynical Hostility: Developmental Factors, Psychosocial Correlates, and Health Behaviors," *Health Psychology* 10 (1991): 9–17; Susan A. Everson et al., "Hostility and Increased Risk of Mortality and Acute Myocardial Infarction: The Mediating Role of Behavioral Risk Factors," *American Journal of Epidemiology* 146, no. 2 (1997): 142–52; Tarja Heponiemi et al., "The Longitudinal Effects of Social Support and Hostility on Depressive Tendencies," *Social Science & Medicine* 63, no. 5 (2006): 1374–82; Ilene C. Siegler et al., "Patterns of Change in Hostility from College to Midlife in the UNC Alumni Heart Study Predict High-Risk Status," *Psychosomatic Medicine* 65, no. 5 (2003): 738–45; Olga Stavrova and Daniel Ehlebracht, "Cynical Beliefs About Human Nature and Income: Longitudinal and Cross-Cultural Analyses," *Journal of Personality and Social Psychology* 110, no. 1 (2016): 116–32.

9. Nancy L. Carter and Jutta Weber, "Not Pollyannas," *Social Psychological and Personality Science* 1, no. 3 (2010): 274–79; Toshio Yamagishi, Masako Kikuchi, and Motoko Kosugi, "Trust, Gullibility, and Social Intelligence," *Asian Journal of Social Psychology* 2, no. 1 (1999): 145–61.

10. Victoria Bell et al., "When Trust Is Lost: The Impact of Interpersonal Trauma on Social Interactions," *Psychological Medicine* 49, no. 6 (2018): 1041–46.

11. Daniel Nettle and Rebecca Saxe, "'If Men Were Angels, No Government Would Be Necessary': The Intuitive Theory of Social Motivation and Preference for Authoritarian Leaders," *Collabra* 7, no. 1 (2021): 28105.

第一章

1. Arthur Conan Doyle, *The Adventure of the Greek Interpreter*, 1893.
2. 第一位犬儒主義者並非第歐根尼，而是學生安提西尼（Antisthenes）。不過，是第歐根尼將這樣的哲學發揚光大，也是今天公認犬儒主義的主要代表人物。請見：Ansgar Allen, *Cynicism* (Cambridge, MA: MIT Press, 2020); Arthur C. Brooks, "We've Lost the True Meaning of Cynicism," *Atlantic*, May 23, 2022.
3. Diogenes, *Sayings and Anecdotes: With Other Popular Moralists*, trans. Robin Hard (Oxford: Oxford University Press, 2012).
4. 第歐根尼與古典犬儒主義的資料主要取自 Luis E. Navia 的文章，特別是：*Diogenes the Cynic: The War Against the World* (Amherst, NY: Humanities Press, 2005); and Navia, *Classical Cynicism: A Critical Study* (New York: Bloomsbury, 1996).
5. A. Jesse Jiryu Davis, "Why Did Master Rinzai Slap Jo?," *Empty Square Blog*, April 15, 2018.
6. John Moles, "'Honestius Quam Ambitiosius'? An Exploration of the Cynic's Attitude to Moral Corruption in His Fellow Men," *Journal of Hellenic Studies* 103 (1983): 103–23.
7. As cited in Allen, *Cynicism*, 73–74.
8. 關於古典犬儒主義如何演變為現代犬儒主義，請見：Allen, *Cynicism*; David Mazella, *The Making of Modern Cynicism* (Charlottesville: University of Virginia Press, 2007); Navia, *Classical Cynicism*.

12. Luiza A. Santos et al., "Belief in the Utility of Cross-Partisan Empathy Reduces Partisan Animosity and Facilitates Political Persuasion," *Psychological Science* 33, no. 9 (2022): 1557–73.
13. Douglas Cairns, "Can We Find Hope in Ancient Greek Philosophy? *Elpis* in Plato and Aristotle," in *Emotions Across Cultures: Ancient China and Greece*, ed. David Konstan (Berlin: De Gruyter, 2022), 41–74.

9. 關於原始〔溫度計〕請見：Walter Wheeler Cook and Donald M. Medley, "Proposed Hostility and Pharisaic-Virtue Scales for the MMPI," *Journal of Applied Psychology* 38, no. 6 (1954): 414–18. 關於其歷史發展和特徵，請見：John C. Barefoot et al., "The Cook-Medley Hostility Scale: Item Content and Ability to Predict Survival," *Psychosomatic Medicine* 51, no. 1 (1989): 46–57; Timothy W. Smith and Karl D. Frohm, "What's So Unhealthy About Hostility? Construct Validity and Psychosocial Correlates of the Cook and Medley Ho Scale," *Health Psychology* 4, no. 6 (1985): 503–20.

10. John C. Barefoot et al., "Hostility Patterns and Health Implications: Correlates of Cook-Medley Hostility Scale Scores in a National Survey," *Health Psychology* 10, no. 1 (1991): 18–24.

11. Shelley E. Taylor and Jonathon D. Brown, "Illusion and Well-Being: A Social Psychological Perspective on Mental Health," *Psychological Bulletin* 103, no. 2 (1988): 193–210.

12. 我們曾討論過這個見解：Eric Neumann and Jamil Zaki, "Toward a Social Psychology of Cynicism," *Trends in Cognitive Sciences* 27, no. 1 (2023): 1–3. 還有許多學者發表過類似看法，請見：Kwok Leung et al., "Social Axioms," *Journal of Cross-Cultural Psychology* 33, no. 3 (2002): 286–302; Morris Rosenberg, "Misanthropy and Political Ideology," *American Sociological Review* 21, no. 6 (1956): 690–95; Lawrence S. Wrightsman, "Measurement of Philosophies of Human Nature," *Psychological Reports* 14, no. 3 (1964): 743–51.

13. Clayton R. Critcher and David Dunning, "No Good Deed Goes Unquestioned: Cynical Reconstruals Maintain Belief in the Power of Self-Interest," *Journal of Experimental Social Psychology* 47, no. 6 (2011): 1207–13; Ana-Maria Vranceanu, Linda C. Gallo, and Laura M. Bogart, "Hostility and Perceptions of Support in Ambiguous Social Interactions," *Journal of Individual Differences* 27, no. 2 (2006): 108–15. 有權力的人特別容易抱持憤世嫉俗的心態，他們會覺得同事、朋友，甚至配偶會占他便宜。請見：M. Ena Inesi, Deborah H. Gruenfeld, and Adam D. Galinsky, "How Power Corrupts Relationships: Cynical Attributions for Others' Generous Acts," *Journal of Experimental Social Psychology* 48, no. 4 (2012): 795–803.

14. 在行為科學領域，主要會將「信任」定義為：「一種心理狀態，個體基於對他人意圖或行為的正面預期，願意接受自身處於脆弱位置。」請見：Denise M. Rousseau et al., "Not So Different After All: A Cross-Discipline View of Trust," *Academy of Management Review* 23, no. 3 (1998): 393–404.

15. Karen S. Cook et al., "Trust Building via Risk Taking: A Cross-Societal Experiment," *Social Psychology Quarterly* 68, no. 2 (2005): 121–42.

16. Jenny Kurman, "What I Do and What I Think They Would Do: Social Axioms and Behaviour," *European Journal of Personality* 25, no. 6 (2011): 410–23; Theodore M. Singelis et al., "Convergent Validation of the Social Axioms Survey," *Personality and Individual Differences* 34, no. 2 (2003): 269–82.

17. Kurt Vonnegut, *Wampeters, Foma, and Granfalloons (Opinions)* (New York: Delacorte Press, 1974).

18. Singelis et al., "Convergent Validation of the Social Axioms Survey"; Pedro Neves, "Organizational Cynicism: Spillover Effects on Supervisor-Subordinate Relationships and Performance," *Leadership Quarterly* 23, no. 5 (2012): 965–76; Chia-Jung Tsay, Lisa L. Shu, and Max H. Bazerman, "Naïveté and Cynicism in Negotiations and Other Competitive Contexts," *Academy of Management Annals* 5, no. 1 (2011): 495–518.

19. Heponiemi et al., "Longitudinal Effects of Social Support"; Siegler et al., "Patterns of Change in Hostility."

20. Stavrova and Ehlebracht, "Cynical Beliefs About Human Nature and Income."

21. 當然，這些研究並沒有將人變成憤世嫉俗者，然後再衡量其後續的人生發展，所以我們能夠知道「憤世嫉俗」與「人生困境」具有相關性，但無法推論兩者具有因果關係。所以，憤世嫉俗或許不會毀掉我們的人生，但也不會讓人生變得更美好。請見：Everson et al., "Hostility and Increased Risk of Mortality；或進一步參考：John C. Barefoot, W. Grant Dahlstrom, and Redford B. Williams, "Hostility, CHD Incidence, and Total Mortality: A 25-Year Follow-Up Study of 255 Physicians," *Psychosomatic Medicine* 45, no. 1 (1983): 59–63; Jerry Suls, "Anger and the Heart: Perspectives on Cardiac Risk, Mechanisms and Interventions," *Progress in Cardiovascular Diseases* 55, no. 6 (2013):

538–47.

22. Esteban Ortiz-Ospina, "Trust," Our World in Data, July 22, 2016.
23. John F. Helliwell, Haifang Huang, and Shun Wang, "New Evidence on Trust and Well-Being" (working paper, National Bureau of Economic Research, July 1, 2016).
24. John F. Helliwell, "Well-Being and Social Capital: Does Suicide Pose a Puzzle?," *Social Indicators Research* 81, no. 3 (2006): 455–96; John F. Helliwell and Shun Wang, "Trust and Well-Being" (working paper, Research Papers in Economics, April 1, 2010).
25. Paul J. Zak and Stephen Knack, "Trust and Growth," *Economic Journal* 111, no. 470 (2001): 295–321.
26. Etsuko Yasui, "Community Vulnerability and Capacity in Post-Disaster Recovery: The Cases of Mano and Mikura Neighbourhoods in the Wake of the 1995 Kobe Earthquake" (PhD diss., University of British Columbia, 2007).
27. See table 7.3 in Yasui, "Community Vulnerability and Capacity in Post-Disaster Recovery," 226.
28. 例如神戶市有九個居民信任程度較高的區域，地震發生後的重建和人口回流速度比信任程度低的區域還快。請見：Daniel P. Aldrich, "The Power of People: Social Capital's Role in Recovery from the 1995 Kobe Earthquake," *Natural Hazards* 56, no. 3 (2010): 595–611.
29. John F. Helliwell et al., eds., *World Happiness Report 2022* (New York: Sustainable Development Solutions Network, 2022).
30. Zak and Knack, "Trust and Growth"; Jacob Dearmon and Kevin Grier, "Trust and Development," *Journal of Economic Behavior and Organization* 71, no. 2 (2009): 210–20; Oguzhan C. Dincer and Eric M. Uslaner, "Trust and Growth," *Public Choice* 142, no. 1–2 (2009): 59–67.
31. 特別是疫情前和疫情中，在美國與三個歐洲國家進行的調查發現，人民對其國家政治制度、國家的自豪感、民主的支持，都在二〇二〇年時下降。請見：Alexander Bor et al., "The Covid-19 Pandemic Eroded System Support but Not Social Solidarity," *PLOS ONE* 18, no. 8 (2023).

32. Dasl Yoon, "Highly Vaccinated South Korea Can't Slow Down COVID-19," *Wall Street Journal*, December 16, 2021.

33. Kristen de Groot, "South Korea's Response to COVID-19: Lessons for the Next Pandemic," *Penn Today*, October 14, 2022.

34. Henrikas Bartusevicius et al., "The Psychological Burden of the COVID-19 Pandemic Is Associated with Antisystemic Attitudes and Political Violence," *Psychological Science* 32, no. 9 (2021): 1391–403; Marie Fly Lindholt et al., "Public Acceptance of COVID-19 Vaccines: Cross-National Evidence on Levels and Individual-Level Predictors Using Observational Data," *BMJ Open* 11, no. 6 (2021): e048172.

35. Thomas J. Bollyky et al., "Pandemic Preparedness and COVID-19: An Exploratory Analysis of Infection and Fatality Rates, and Contextual Factors Associated with Preparedness in 177 Countries, from Jan 1, 2020, to Sept 30, 2021," *Lancet* 399, no. 10334 (2022): 1489–1512.

36. William Lister Bruneau, *The Bidet: Everything There Is to Know from the First and Only Book on the Bidet, an Elegant Solution for Comfort, Health, Happiness, Ecology, and Economy* (self-pub., 2020), 196. 這些與人生傳記相關的細節，主要取自於布魯諾妻子史黛芬妮的文章。

37. Emile Bruneau, "Atticus and Parenting—Clarity"（史黛芬妮提供的文字檔案，二○二三年三月四日。）

38. Emile Bruneau，布魯諾擔任教練的英式橄欖球隊成員和旅行夥伴，摘自私人對話，二○二二年十二月十三日。

39. Janet Lewis，布魯諾擔任教練的英式橄欖球隊成員和兄弟會夥伴，摘自私人對話，二○二二年十二月十三日。

40. Jeff Freund，布魯諾的英式橄欖球隊隊員和兄弟會夥伴，摘自私人對話，二○二二年十二月十三日。

41. For instance, see Emile Bruneau et al., "Increased Expression of Glutaminase and Glutamine Synthetase mRNA in the Thalamus in Schizophrenia," *Schizophrenia Research* 75, no. 1 (2005): 27–34.

42. Emile Bruneau et al., "Denying Humanity: The Dis- tinct Neural Correlates of Blatant Dehumanization," *Journal of Experimental Psychology: General* 147, no. 7 (2018): 1078–93; Emile Bruneau, Nicholas Dufour, and Rebecca Saxe, "Social Cognition in Members of Conflict Groups: Behavioural and Neural Responses in Arabs, Israelis and

South Americans to Each Other's Misfortunes," *Philosophical Transactions of the Royal Society B: Biological Sciences* 367, no. 1589 (2012): 717–30.

Janet Lewis，摘自私人對話，二〇二三年十二月十三日。

Emily Falk，布魯諾的學術同事和導師，摘自私人對話，二〇二三年十二月六日。

Alan Fontana et al., "Cynical Mistrust and the Search for Self-Worth," *Journal of Psychosomatic Research* 33, no. 4 (1989): 449–56.

47. Geoffrey L. Cohen, Joshua Aronson, and Claude M. Steele, "When Beliefs Yield to Evidence: Reducing Biased Evaluation by Affirming the Self," *Personality and Social Psychology Bulletin* 26, no. 9 (2000): 1151–64; Joshua Correll, Steven J. Spencer, and Mark P. Zanna, "An Affirmed Self and an Open Mind: Self-Affirmation and Sensitivity to Argument Strength," *Journal of Experimental Social Psychology* 40, no. 3 (2004): 350–56.

Sander Thomaes et al., "Arousing 'Gentle Passions' in Young Adolescents: Sustained Experimental Effects of Value Affirmations on Prosocial Feelings and Behaviors," *Developmental Psychology* 48, no. 1 (2012): 103–10.

第二章

1. Olga Stavrova and Daniel Ehlebracht, "The Cynical Genius Illusion: Exploring and Debunking Lay Beliefs About Cynicism and Competence," *Personality and Social Psychology Bulletin* 45, no. 2 (2019): 254–69.

2. Carter and Weber, "Not Pollyannas." People don't just use cynicism as a clue about someone's smarts; they also use smarts as a clue about their cynicism. In a study, people guessed that competent individuals would be unfriendly, and incompetent ones would be warm and fuzzy; see Charles M. Judd et al., "Fundamental Dimensions of Social Judgment: Understanding the Relations Between Judgments of Competence and Warmth," *Journal of Personality and Social Psychology* 89, no. 6 (2005): 899–913.

3. Deborah Son Holoien and Susan T. Fiske, "Downplaying Positive Impressions: Compensation Between Warmth

and Competence in Impression Management," *Journal of Experimental Social Psychology* 49, no. 1 (2013): 33–41.

4. 請見：Stavrova and Ehlebracht, "Cynical Genius Illusion."另一項研究追蹤超過一萬名英國兒童數年之久，發現愈聰明的兒童往往會變成較不憤世嫉俗的大人。這與成長背景是否優越無關。剛進入大學的學生憤世嫉俗程度，與沒念大學的人相差無幾。教育會使人們信任別人。更多請見：Toshio Yamagishi, *Trust: The Evolutionary Game of Mind and Society* (New York: Springer Science & Business Media, 2011); Noah Carl and Francesco C. Billari, "Generalized Trust and Intelligence in the United States," *PLOS ONE* 9, no. 3 (2014): e91786; Olga Stavrova and Daniel Ehlebracht, "Education as an Antidote to Cynicism," *Social Psychological and Personality Science* 9, no. 1 (2017): 59–69; Patrick Sturgis, Sanna Read, and Nick Allum, "Does Intelligence Foster Generalized Trust? An Empirical Test Using the UK Birth Cohort Studies," *Intelligence* 38, no. 1 (2010): 45–54.

5. Carter and Weber, "Not Pollyannas."

6. Ken J. Rotenberg, Michael J. Boulton, and Claire L. Fox, "Cross-Sectional and Longitudinal Relations Among Children's Trust Beliefs, Psychological Maladjustment and Social Relationships: Are Very High as Well as Very Low Trusting Children at Risk?," *Journal of Abnormal Child Psychology* 33, no. 5 (2005): 595–610.

7. 影集《星艦迷航記》（*Star Trek*）第一集就上演過這種審判：一位全能生物對人類犯下的道德過失提出指控，派崔克·史都華（Patrick Stewart）飾演的畢凱艦長為其辯護。

8. 「知性謙遜」（intellectual humility）只是智慧的一部分，智慧還包括「接受其他人的觀點」和「尋求知識」。請見：Mengxi Dong, Nic M. Weststrate, and Marc A. Fournier, "Thirty Years of Psychological Wisdom Research: What We Know About the Correlates of an Ancient Concept," *Perspectives on Psychological Science* 18, no. 4 (2022): 778–811; Igor Grossmann et al., "The Science of Wisdom in a Polarized World: Knowns and Unknowns," *Psychological Inquiry* 31, no. 2 (2020): 103–33.

9. 此處對懷疑主義的解釋，與針對「知性謙遜」和「智慧」所做的研究相符。請見：Tenelle Porter et al., "Predictors and Consequences of Intellectual Humility," *Nature Reviews Psychology* 1, no. 9 (2022): 524–36; Grossmann et al., "Science of Wisdom in a Polarized World."

10. D. Alan Bensley et al., "Skepticism, Cynicism, and Cognitive Style Predictors of the Generality of Unsubstantiated Belief," *Applied Cognitive Psychology* 36, no. 1 (2022): 83–99. See also Büsra Elif Yelbuz, Ecesu Madan, and Sinan Alper, "Reflective Thinking Predicts Lower Conspiracy Beliefs: A Meta-Analysis," *Judgment and Decision Making* 17, no. 4 (2022): 720–44.

11. 為了保護梅根的隱私，此為化名。可辨認的細節也經過調整。我在二〇二二年三月二十九日、二〇二三年一月六日採訪梅根，有些細節則摘自她於社群媒體的貼文，並經過她的確認。

12. Karen M. Douglas et al., "Understanding Conspiracy Theories," *Political Psychology* 40, no. S1 (2019): 3–35; Jakub Šrol, Eva Ballová Mikušková, and Vladimíra Čavojová, "When We Are Worried, What Are We Thinking? Anxiety, Lack of Control, and Conspiracy Beliefs Amidst the COVID-19 Pandemic," *Applied Cognitive Psychology* 35, no. 3 (2021): 720–29; Ricky Green and Karen M. Douglas, "Anxious Attachment and Belief in Conspiracy Theories," *Personality and Individual Differences* 125 (2018): 30–37.

13. Mary D. Salter Ainsworth et al., *Patterns of Attachment: A Psychological Study of the Strange Situation* (Mahwah, NJ: Lawrence Erlbaum, 1978).

14. Mario Mikulincer, "Attachment Working Models and the Sense of Trust: An Exploration of Interaction Goals and Affect Regulation," *Journal of Personality and Social Psychology* 74, no. 5 (1998): 1209–24.

15. Kenneth N. Levy and Benjamin N. Johnson, "Attachment and Psychotherapy: Implications from Empirical Research," *Canadian Psychology* 60, no. 3 (2019): 178–93; Anton Philipp Martinez et al., "Mistrust and Negative Self-Esteem: Two Paths from Attachment Styles to Paranoia," *Psychology and Psychotherapy* 94, no. 3 (2020): 391–406.

17. Sara Konrath et al., "Changes in Adult Attachment Styles in American College Students over Time," *Personality and Social Psychology Review* 18, no. 4 (2014): 326-48.

18. R. Chris Fraley et al., "The Experiences in Close Relationships—Relationship Structures Questionnaire: A Method for Assessing Attachment Orientations Across Relationships," *Psychological Assessment* 23, no. 3 (2011): 615-25; Chris R. Fraley and Glenn I. Roisman, "The Development of Adult Attachment Styles: Four Lessons," *Current Opinion in Psychology* 25 (2019): 26-30; Jaakko Tammilehto et al., "Dynamics of Attachment and Emotion Regulation in Daily Life: Uni- and Bidirectional Associations," *Cognition & Emotion* 36, no. 6 (2022): 1109-31.

19. 這個例子摘自一份傑出的論文：Brian van Meurs et al., "Maladaptive Behavioral Consequences of Conditioned Fear-Generalization: A Pronounced, Yet Sparsely Studied, Feature of Anxiety Pathology," *Behaviour Research and Therapy* 57 (2014): 29-37.

20. 像這樣的黑暗時刻也會推翻我們對世界最珍貴的信念。人們曾經是善良的；現在卻變得殘酷。世界曾經是安全的，現在卻變得危險。關於創傷後壓力症候群一項最廣為流傳的說法是，它會粉碎並重塑人們原有的日常信念。請見：Ronnie Janoff-Bulman, "Assumptive Worlds and the Stress of Traumatic Events: Applications of the Schema Construct," *Social Cognition* 7, no. 2 (1989): 113-36; Ronnie Janoff-Bulman, *Shattered Assumptions* (New York: Simon & Schuster, 2010).

21. Mario Bogdanov et al., "Acute Psychosocial Stress Increases Cognitive-Effort Avoidance," *Psychological Science* 32, no. 9 (2021): 1163-75.

22. 科學家將這種心理陷阱稱為「邪惡的學習環境」。請見：Robin M. Hogarth, Tomás Lejarraga, and Emre Soyer, "The Two Settings of Kind and Wicked Learning Environments," *Current Directions in Psychological Science* 24, no. 5 (2015): 379-85.

23. 史黛芬妮，摘自私人對話，二〇二三年三月四日。

24. Janet Lewis，摘自私人對話，二〇二二年十二月十三日。

25. Michal Bauer et al., "Can War Foster Cooperation?," *Journal of Economic Perspectives* 30, no. 3 (2016): 249–74; Patricia A. Frazier, Amy Conlon, and Theresa Glaser, "Positive and Negative Life Changes Following Sexual Assault," *Journal of Consulting and Clinical Psychology* 69, no. 6 (2001): 1048–55; Dan- iel Lim and David DeSteno, "Suffering and Compassion: The Links Among Adverse Life Experiences, Empathy, Compassion, and Prosocial Behavior," *Emotion* 16, no. 2 (2016): 175–82.

26. Matthew L. Brooks et al., "Trauma Characteristics and Posttraumatic Growth: The Mediating Role of Avoidance Coping, Intrusive Thoughts, and Social Support," *Psychological Trauma: Theory, Research, Practice, and Policy* 11, no. 2 (2019): 232–38; Sarah E. Ullman and Liana C. Peter-Hagene, "Social Reactions to Sexual Assault Disclosure, Coping, Perceived Control, and PTSD Symptoms in Sexual Assault Victims," *Journal of Community Psychology* 42, no. 4 (2014): 495–508.

27. Emile Bruneau, "Atticus and Parenting—Clarity."

28. Ximena B. Arriaga et al., "Revising Working Models Across Time: Relationship Situations That Enhance Attachment Security," *Personality and Social Psychology Review* 22, no. 1 (2017): 71–96; Atina Manvelian, "Creating a Safe Haven and Secure Base: A Feasibility and Pilot Study of Emotionally Focused Mentoring to Enhance Attachment Security" (PhD diss., University of Arizona, 2021).

29. 透過「關注情緒療法」（emotion focused therapy）來提升信任的範例，請見：Stephanie A. Wiebe et al., "Predicting Follow-Up Outcomes in Emotionally Focused Couple Therapy: The Role of Change in Trust, Relationship-Specific Attachment, and Emotional Engagement," *Journal of Marital and Family Therapy* 43, no. 2 (2016): 213–26.

30. Matthew Jarvinen, "Attachment and Cognitive Openness: Emotional Underpinnings of Intellectual Humility," *Journal of Positive Psychology* 12, no. 1 (2016): 74–86.

31. Julia A. Minson and Frances S. Chen, "Receptiveness to Opposing Views: Conceptualization and Integrative

Review," *Personality and Social Psychology Review* 26, no. 2 (2021): 93–111; Harry T. Reis et al., "Perceived Partner Responsiveness Promotes Intellectual Humility," *Journal of Experimental Social Psychology* 79 (2018): 21–33.

32. 梅根的經驗與關於動機如何影響思考的研究結果不謀而合。當你預期即將與一位支持某種政治立場的人交談時，你會選擇閱讀偏好該立場的文章。當你期待與批評者交談時，你會吸收批判性的資訊。梅根的「共享現實」原來是站在匿名者Q這邊，後來轉移到男友這邊。更多請見：Gerald Echterhoff, E. Tory Higgins, and John M. Levine, "Shared Reality: Experiencing Commonality with Others' Inner States About the World," *Perspectives on Psychological Science* 4, no. 5 (2009): 496–521; Ziva Kunda, "The Case for Motivated Reasoning," *Psychological Bulletin* 108, no. 3 (1990): 480–98; Philip E. Tetlock and Jae II Kim, "Accountability and Judgment Processes in a Personality Prediction Task," *Journal of Personality and Social Psychology* 52, no. 4 (1987): 700–709.

33. Yulia Landa et al., "Group Cognitive Behavioral Therapy for Delusions: Helping Patients Improve Reality Testing," *Journal of Contemporary Psychotherapy* 36, no. 1 (2006): 9–17.

第三章

1. Andreas Leibbrandt，作者訪談，二〇二二年十月二十七日、二〇二三年八月三十日。
2. Uri Gneezy, Andreas Leibbrandt, and John A. List, "Ode to the Sea: Workplace Organizations and Norms of Cooperation," *Economic Journal* 126, no. 595 (2015): 1856–83.
3. 這則令人頗有共鳴的比喻請見：Sanah Ahsan, "I'm a Psychologist—and I Believe We've Been Told Devastating Lies About Mental Health," *Guardian*, September 6, 2022.
4. 這是我上一本書的主要課題：Jamil Zaki, *The War for Kindness: Building Empathy in a Fractured World* (New York: Crown, 2019).

5. Dorit Carmelli, Gary E. Swan, and Ray H. Rosenman, "The Heritability of the Cook and Medley Hostility Scale Revised," *Journal of Social Behavior and Personality* 5, no. 1 (1990): 107–16; Sarah S. Knox et al., "A Genome Scan for Hostility: The National Heart, Lung, and Blood Institute Family Heart Study," *Molecular Psychiatry* 9, no. 2 (2003): 124–26.

6. 貧富不均的互動式圖表，請見：World Inequality Database, "USA," accessed October 13, 2023, https://wid.world/country/usa/. 詳細計算如下：一九八〇年，中段四〇％的人擁有三〇・六％的財富，頂端一％的人擁有二〇・九％財富，比例為一・四六比一。二〇二〇年，中段四〇％的人擁有二七・八％的財富，頂端一％的人擁有三四・九％的財富。更完整的說明及其歷史脈絡，請見：Thomas Piketty, *A Brief History of Equality* (Cambridge, MA: Harvard University Press, 2022).

7. 關於經濟流動性的數據，請見：Raj Chetty et al., "The fading American dream: Trends in absolute income mobility since 1940," *Science* 356 (2017): 398–406. 關於購屋和負擔教育的能力，請見：Stella Sechopoulos, "Most in the U.S. say young adults today face more challenges than their parents' generation in some key areas," Pew Research Center, February 28, 2022.

8. Jolanda Jetten et al., "A Social Identity Analysis of Responses to Economic Inequality," *Current Opinion in Psychology* 18 (2017): 1–5; Lora E. Park et al., "Psychological Pathways Linking Income Inequality in Adolescence to Well-Being in Adulthood," *Self and Identity* 20, no. 8 (2020): 982–1014.

9. Frank J. Elgar, "Income Inequality, Trust, and Population Health in 33 Countries," *American Journal of Public Health* 100, no. 11 (2010): 2311–15; Jolanda Jetten, Kim Peters, and Bruno Gabriel Salvador Casara, "Economic Inequality and Conspiracy Theories," *Current Opinion in Psychology* 47 (2022): 101358.

10. 例如一項對三十年來十九個富裕國家的分析發現，隨著社會不平等現象加劇，人民的信任度也隨時間變得愈來愈低。請見：Guglielmo Barone and Sauro Mocetti, "Inequality and Trust: New Evidence from Panel Data," *Economic Inquiry* 54, no. 2 (December 8, 2015): 794–809.

11. Richard J. Popplewell, "The Stasi and the East German Revolution of 1989," *Contemporary European History* 1, no. 1 (1992): 37–63.

12. Andreas Lichter, Max Löffler, and Sebastian Siegloch, "The Long-Term Costs of Government Surveillance: Insights from Stasi Spying in East Germany," *Journal of the European Economic Association* 19, no. 2 (2020): 741–89.

13. Sarah Repucci and Amy Slipowitz, *Freedom in the World 2021: Democracy Under Siege* (New York: Freedom House, 2021).

14. Jacob Grumbach, "Laboratories of Democratic Backsliding," *American Political Science Review* 117, no. 3 (2023): 967–84.

15. Andrew Woodcock, "Trust in Politicians 'in Freefall' After Year of Chaos at Westminster," *Independent*, November 3, 2022.

16. 正如我們所見，憤世嫉俗者的認知測驗表現通常不如非憤世嫉俗者，但在高度腐敗國家，聰明的人可能更加憤世嫉俗。當上層精英濫用權力時，憤世嫉俗者就會變得更普遍也更合理。請見：Stavrova and Ehlebracht, "Cynical Genius Illusion."

17. Matthew Desmond, Andrew V. Papachristos, and David S. Kirk, "Police Violence and Citizen Crime Reporting in the Black Community," *American Sociological Review* 81, no. 5 (2016): 857–76; Bill McCarthy, John Hagan, and Daniel Herda, "Neighborhood Climates of Legal Cynicism and Complaints About Abuse of Police Power," *Criminology* 58, no. 3 (2020): 510–36.

18. Itai Bavli and David S. Jones, "Race Correction and the X-Ray Machine—The Controversy over Increased Radiation Doses for Black Americans in 1968," *New England Journal of Medicine* 387, no. 10 (2022): 947–52; Kelly M. Hoffman et al., "Racial Bias in Pain Assessment and Treatment Recommendations, and False Beliefs About Biological Differences Between Blacks and Whites," *Proceedings of the National Academy of Sciences* 113, no. 16 (2016): 4296–301.

19. Chris Iglesias of Fruitvale's Unity Council, interview with author, January 27, 2023.
20. 這還是保守估計。事實上，二〇二一年五月之前，整個地區已有七七％的人（包括皮蒙特和沒那麼富裕的社區）接種疫苗，但截至該年八月，還有三分之一的果谷居民仍未接種疫苗。請見：Brian Krans, "How Flaws in California's Vaccine System Left Some Oaklanders Behind," *Oaklandside*, May 18, 2021. Deepa Fernandes, "Children of Immigrants at the Heart of Effort to Reach Oakland's Unvaccinated Communities," *San Francisco Chronicle*, August 11, 2021.
21. Erin E. Esaryk et al., "Variation in SARS-COV-2 Infection Risk and Socioeconomic Disadvantage Among a Mayan-Latinx Population in Oakland, California," *JAMA Network Open* 4, no. 5 (2021): e2110789.
22. 數據來自世界各地。請見：Heidi Colleran, "Market Integration Reduces Kin Density in Women's Ego-Networks in Rural Poland," *Nature Communications* 11, no. 1 (2020): 1–9, Robert Thomson et al., "Relational Mobility Predicts Social Behaviors in 39 Countries and Is Tied to Historical Farming and Threat," *Proceedings of the National Academy of Sciences* 115, no. 29 (2018): 7521–26; Kristopher M Smith, Ibrahim A. Mabulla, and Coren L. Apicella, "Hadza Hunter-Gatherers with Greater Exposure to Other Cultures Share More with Generous Campmates," *Biology Letters* 18, no. 7 (2022): 20220157. For a general theory of social marketplaces and cooperation, see Pat Barclay, "Biological Markets and the Effects of Partner Choice on Cooperation and Friendship," *Current Opinion in Psychology* 7 (2016): 33–38.
23. Paul Lodder et al., "A Comprehensive Meta-Analysis of Money Priming," *Journal of Experimental Psychology: General* 148, no. 4 (2019): 688–712.
24. Ryan W. Carlson and Jamil Zaki, "Good Deeds Gone Bad: Lay Theories of Altruism and Selfishness," *Journal of Experimental Social Psychology* 75 (2018): 36–40.
25. 如哲學家邁可．桑德爾（Michael J. Sandel）所言：「用來購買友誼的金錢，卻抵消了我想要獲得的好處。」Michael Sandel, "Market Reasoning as Moral Reasoning: Why Economists Should Re-Engage with Political

26. Philosophy," *Journal of Economic Perspectives* 27, no. 4 (2013): 121–40.
27. Jaclyn Smock, "Smartwatches Can Be Toxic, Too" *Allure*, October 14, 2022.
28. Kelly Glazer Baron et al., "Orthosomnia: Are Some Patients Taking the Quantified Self Too Far?," *Journal of Clinical Sleep Medicine* 13, no. 2 (2017): 351–54.
29. Quotes drawn from Lane's interview with First Person; see Lulu Garcia-Navarro et al., "The Teenager Leading the Smartphone Liberation Movement," opinion, *New York Times*, February 2, 2023.
30. Luca Braghieri, Ro'ee Levy, and Alexey Makarin, "Social Media and Mental Health," *American Economic Review* 112, no. 11 (2022): 3660–93.
31. Tara Parker-Pope, "The Power of Positive People," *New York Times*, July 12, 2018.
32. Michael Rosenfeld, Reuben J. Thomas, and Sonia Hausen, "Disintermediating Your Friends: How Online Dating in the United States Displaces Other Ways of Meeting," *Proceedings of the National Academy of Sciences* 116, no. 36 (2019): 17753–58.
33. See interview with Tinder cofounder Jonathan Badeen in the *Verge*'s podcast about dating apps: Sangeeta Singh-Kurtz, "How Tinder Changed Everything," *Verge*, January 11, 2023.
34. Gabriel Bonilla-Zorita, Mark D. Griffiths, and Daria J. Kuss, "Online Dating and Problematic Use: A Systematic Review," *International Journal of Mental Health and Addiction* 19, no. 6 (2020): 2245–78.
35. Steven Pinker, *Enlightenment Now* (New York: Viking Press, 2018).
Ali Teymoori, Brock Bastian, and Jolanda Jetten, "Towards a Psychological Analysis of Anomie," *Political Psychology* 38, no. 6 (2016): 1009–23; Lea Hartwich and Julia Becker, "Exposure to Neoliberalism Increases Resentment of the Elite via Feelings of Anomie and Negative Psychological Reactions," *Journal of Social Issues* 75, no. 1 (2019): 113–33; Karim Bettache, Chi-yue Chiu, and Peter Beattie, "The Merciless Mind in a Dog-Eat-Dog Society: Neoliberalism and the Indifference to Social Inequality," *Current Opinion in Behavioral Sciences* 34 (2020):

217–22; Jetten, Peters, and Casara, "Economic Inequality and Conspiracy Theories."

36. 比爾和布魯諾的故事均由史黛芬妮提供。布魯諾在學時期，半島學校大部分工友做的事都是由父母分擔，這種勞務交換式的政策已在一九九〇年代更改，目前所有員工皆為有給職。資料來源：布魯諾的同學安卓美達・加賽隆（Andromeda Garcelon），她的子女目前就讀該校，她還擔任學校的社區大使，訪談時間：二〇二三年一月十八日。

37. 文件標題：：Monica Meyer，布魯諾寄給 Janet Lewis，日期為二〇一九年七月十六日。

38. 科學家不清楚展現信任的父母是否會導致孩子們相信他人，但任何照顧者都可以透過向孩子表明我們相信他們來親自測試這一點。請見：：Dan Wang and Anne C. Fletcher, "Parenting Style and Peer Trust in Relation to School Adjustment in Middle Childhood," *Journal of Child and Family Studies* 25, no. 3 (2015): 988–98.

39. 這與哲學家基蘭・塞蒂亞（Kieran Setiya）建議追尋不具最終目標或目的的「未完成」活動是一致的。請見：：Kieran Setiya, *Midlife: A Philosophical Guide* (Princeton, NJ: Princeton University Press, 2017).

40. Morelli et al., "Emotional and Instrumental Support Provision."

41. Hunt Allcott et al., "The Welfare Effects of Social Media," *American Economic Review* 110, no. 3 (2020): 629–76.

42. Jeremy D. W. Clifton and Peter Meindl, "Parents Think—Incorrectly—That Teaching Their Children That the World Is a Bad Place Is Likely Best for Them," *Journal of Positive Psychology* 17, no. 2 (2021): 182–97.

43. Dietlind Stolle and Laura Nishikawa, "Trusting Others—How Parents Shape the Generalized Trust of Their Children," *Comparative Sociology* 10, no. 2 (2011): 281–314.

44. Jean M. Twenge, W. Keith Campbell, and Nathan T. Carter, "Declines in Trust in Others and Confidence in Institutions Among American Adults and Late Adolescents, 1972–2012," *Psychological Science* 25, no. 10 (2014): 1914–23.

45. 這種做法的好處完整內容請見：：Fred B. Bryant and Joseph Veroff, *Savoring: A New Model of Positive Experience* (New York: Psychology Press, 2017).

46. See table 7 in Martin Paldam, "Social Capital and Social Policy" (working paper, New Frontiers of Social Policy: Development in a Globalizing World, 2005), 11.
47. 數據由合一促進會營運長阿曼多・埃爾南德斯（Armando Hernandez）提供，訪談時間：二〇二三年五月一日。更多請見：Brian Krans, "'We Are in a Race': With Delta Variant Cases Spiking, Oakland Continues Vaccination Push," *Oaklandside*, August 6, 2021; Leonardo Castañeda, "'In the Trenches': Students Walk the Streets of Hard-Hit Fruitvale Seeking COVID Vaccine Holdouts," *Daily Democrat*, July 3, 2021.
48. Katherine Clayton and Robb Willer, "Endorsements from Republican Politicians Can Increase Confidence in U.S. Elections," *Research & Politics* 10, no. 1 (2023): 20531680221489; Sophia Pink et al., "Elite Party Cues Increase Vaccination Intentions Among Republicans," *Proceedings of the National Academy of Sciences* 118, no. 32 (2021): e2106559118.

第四章

1. 原始實驗請見：Diana Zlomislic, "We Left 20 Wallets Around the GTA. Most Came Back," *Toronto Star*, April 25, 2009, and Helliwell and Wang, "Trust and Well-Being." 一項針對四十個國家一萬七千多個遺失錢包進行更大規模的研究發現，加拿大人在全球方面處於高度可信賴，不過世界各地的大多數錢包都有被返還。有趣的是，當錢包裡有錢（而不是沒有錢），被送回的機率更高，這更是削弱人們自私的刻板印象。請見：Alain Cohn et al., "Civic Honesty Around the Globe," *Science* 365, no. 6448 (2019): 70–73.
2. For a short review, see Leda Cosmides et al., "Detecting Cheaters," *Trends in Cognitive Sciences* 9, no. 11 (2005): 505–6.
3. John F. Helliwell et al., eds., *World Happiness Report 2023*, 11th ed. (New York: Sustainable Development Solutions Network, 2023).
4. Jamil Zaki, "The COVID Kindness We Ignored" (unpublished essay).

5. Cameron Brick et al., "Self-Interest Is Overestimated: Two Successful Pre-Registered Replications and Extensions of Miller and Ratner (1998)," *Collabra Psychology* 7, no. 1 (2021): 23443; Dale T. Miller and Rebecca K. Ratner, "The Disparity Between the Actual and Assumed Power of Self-Interest," *Journal of Personality and Social Psychology* 74, no. 1 (1998): 53–62; Nicholas Epley and David Dunning, "Feeling 'Holier Than Thou': Are Self-Serving Assessments Produced by Errors in Self- or Social Prediction?," *Journal of Personality and Social Psychology* 79, no. 6 (2000): 861–75; Nicholas Epley et al., "Undersociality: Miscalibrated Social Cognition Can Inhibit Social Connection," *Trends in Cognitive Sciences* 26, no. 5 (2022): 406–18; Dale T. Miller, "The Norm of Self-Interest," *American Psychologist* 54, no. 12 (1999): 1053–60; Detlef Fetchenhauer and David Dunning, "Do People Trust Too Much or Too Little?," *Journal of Economic Psychology* 30, no. 3 (2009): 263–76.
6. Fred Bryant, "You 2.0: Slow Down!," interview by Shankar Vedantam (Hidden Brain Media, n.d.).
7. John J. Skowronski and Donal E. Carlston, "Negativity and Extremity Biases in Impression Formation: A Review of Explanations," *Psychological Bulletin* 105, no. 1 (1989): 131–42.
8. Mingliang Yuan et al., "Did Cooperation Among Strangers Decline in the United States? A Cross-Temporal Meta-Analysis of Social Dilemmas (1956–2017)," *Psychological Bulletin* 148, no. 3–4 (2022): 129–57.
9. Robin Dunbar, Anna Marriott, and Neill Duncan, "Human Conversational Behavior," *Human Nature* 8, no. 3 (1997): 231–46.
10. Matthew Feinberg, Robb Willer, and Michael Schultz, "Gossip and Ostracism Promote Cooperation in Groups," *Psychological Science* 25, no. 3 (2014): 656–64; Manfred Milinski, Dirk Semmann, and Hans-Jürgen Krambeck, "Reputation Helps Solve the 'Tragedy of the Commons,'" *Nature* 415, no. 6870 (2002): 424–26.
11. Samantha Grayson et al., "Gossip Decreases Cheating but Increases (Inaccurate) Cynicism" (manuscript in preparation).
12. David Bornstein and Tina Rosenberg, "When Reportage Turns to Cynicism," opinion, *New York Times*, November

善意與信任　350

13. Claire Robertson et al., "Negativity Drives Online News Consumption," *Nature Human Behaviour* 7, no. 5 (2023): 812–22.

14, 2016.

14. David Rozado, Ruth Hughes, and Jamin Halberstadt, "Longitudinal Analysis of Sentiment and Emotion in News Media Headlines Using Automated Labelling with Transformer Language Models," *PLOS ONE* 17, no. 10 (2022): e0276367.

15. Charlotte Olivia Brand, Alberto Acerbi, and Alex Mesoudi, "Cultural Evolution of Emotional Expression in 50 Years of Song Lyrics," *Evolutionary Human Sciences* 1 (January 1, 2019): E1.

16. 如果說消費者塑造了媒體，那麼媒體也會反過來塑造我們的世界觀。在一項經典實驗中，研究者付錢讓他們竄改參與者收看的新聞內容。他們選擇一項議題（如碳排增加），並在一週內的每晚新聞節目中插入兩分鐘的相關報導片段。或許有人認為，判斷什麼是重要的事物，需要用一生的經驗來累積，但研究顯示僅僅十二分鐘就可改變一個人對事物的看法。經過上述程度的報導，觀眾更可能在事後認為該議題是國家面臨的最重要問題。請見：Shanto Iyengar and Donald R. Kinder, *News That Matters: Television and American Opinion*, updated ed. (Chicago: University of Chicago Press, 2010).

17. 數據來源：Justin McCarthy, "Perceptions of Increased U.S. Crime at Highest Since 1993," Gallup, November 20, 2021. 二十七次民調中有二十五次，超過五〇％受訪者回答：「美國犯罪率比前一年提高。」

18. "Reported Violent Crime Rate in the U.S. 2021," Statista, retrieved October 10, 2023.

19. "Why San Francisco Prosecutor Chesa Boudin Faces Recall," *Atlantic*, May 20, 2022.

20. Valerie J. Callanan, "Media Consumption, Perceptions of Crime Risk and Fear of Crime: Examining Race/Ethnic Differences," *Sociological Perspectives* 55, no. 1 (2012): 93–115.

21. Quote drawn from the podcast *How To*. Transcript available at Nicole Lewis and Amanda Ripley, "How to Unbreak the News," *Slate*, August 30, 2022.

22. Sean Greene, "Antarctica Shed a Block of Ice the Size of Delaware, but Scientists Think the Real Disaster Could Be Decades Away," *Los Angeles Times*, January 20, 2018.

23. "Democracy Diverted: Polling Place Closures and the Right to Vote," Leadership Conference on Civil and Human Rights, September 10, 2019, https://civilrights.org/democracy-diverted/.

24. Nic Newman, "Overview and Key Findings of the 2022 Digital News Report," Reuters Institute for the Study of Journalism, June 15, 2022.

25. Solutions Journalism, "The Top 10 Takeaways from the Newest Solutions Journalism Research," *Medium—The Whole Story*, January 6, 2022.

26. Quotes here drawn from Shorters's interview in the podcast *On Being*; see Trabian Shorters, "Trabian Shorters—A Cognitive Skill to Magnify Humanity," interview by Krista Tippett (The On Being Project, 2022).

27. George Newman, Paul Bloom, and Joshua Knobe, "Value Judgments and the True Self," *Personality and Social Psychology Bulletin* 40, no. 2 (2013): 203–16.

28. Julian De Freitas et al., "Origins of the Belief in Good True Selves," *Trends in Cognitive Sciences* 21, no. 9 (2017): 634–36; De Freitas et al., "Consistent Belief in a Good True Self in Misanthropes and Three Interdependent Cultures," *Cognitive Science* 42, no. 51 (2013): 134–60.

29. McCarthy, "Perceptions of Increased U.S. Crime at Highest Since 1993."

30. Toni G. L. A. Van Der Meer and Michael Hameleers, "I Knew It, the World Is Falling Apart! Combatting a Confirmatory Negativity Bias in Audiences' News Selection Through News Media Literacy Interventions," *Digital Journalism* 10, no. 3 (2022): 473–92.

31. Board of Governors of the Federal Reserve System (US), "Delinquency Rate on Business Loans, All Commercial Banks," FRED, Federal Reserve Bank of St. Louis, accessed October 15, 2023.

32. Quotes drawn from Lewis and Ripley, "How to Unbreak the News."

33. Amy J. C. Cuddy, Mindi S. Rock, and Michael I. Norton, "Aid in the Aftermath of Hurricane Katrina: Inferences of Secondary Emotions and Intergroup Helping," *Group Processes & Intergroup Relations* 10, no. 1 (2007): 107–18.

34. David Bornstein and Tina Rosenberg, "11 Years of Lessons from Reporting on Solutions," opinion, *New York Times*, November 11, 2021.

35. David Byrne, "Reasons to Be Cheerful," David Byrne, 2018, https://davidbyrne.com/explore/reasons-to-be-cheerful/about.

36. Maurice Chammah, "To Help Young Women in Prison, Try Dignity," opinion, *New York Times*, October 9, 2018.

37. MaryLou Costa, "The World's Therapists Are Talking to Ukraine," *Reasons to Be Cheerful*, August 25, 2023.

38. "Solutions Story Tracker®," Solutions Journalism, accessed October 15, 2023, https://www.solutionsjournalism.org/storytracker.

39. Ashley Stimpson, "'Green Banks' Are Turning Climate Action Dreams into Realities," *Reasons to Be Cheerful*, December 21, 2022.

40. Jenna Spinelle, "For the Many or the Few?," Solutions Journalism, August 1, 2022.

41. 研究發現，在經濟學遊戲當中，「正面八卦」在促進善良行為上發生的效用跟負面八卦一樣。請見：Hirotaka Imada, Tim Hopthrow, and Dominic Abrams, "The Role of Positive and Negative Gossip in Promoting Prosocial Behavior," *Evolutionary Behavioral Sciences* 15, no. 3 (2021): 285–91.

第五章

1. David Armstrong, "Money to Burn," *Boston Globe*, Sunday, February 7, 1999.
2. Sarah Schweitzer, "City, Firefighters Settle," *Boston Globe*, August 31, 2001.
3. "The Boston Globe 05 Jul 2002, Page 5," Boston Globe Archive, accessed October 15, 2023.
4. Schweitzer, "City, Firefighters Settle."

5. Douglas Belkin, "Uncertainty for Fire Dept. Reform," *Boston Globe*, September 27, 2001.
6. Scott Greenberger, "Fire Head Suspends 18 Over Sick Pay," *Boston Globe*, July 11, 2003.
7. Greenberger, "Fire Head Suspends 18."
8. 關於以行為科學觀點來解析此事件，請見：Samuel Bowles, *The Moral Economy: Why Good Incentives Are No Substitute for Good Citizens* (New Haven, CT: Yale University Press, 2016); and Tess Wilkinson-Ryan, "Do Liquidated Damages Encourage Breach? A Psychological Experiment," *Michigan Law Review* 108 (2010): 633–72.
9. Jennifer Carson Marr et al., "Do I Want to Know? How the Motivation to Acquire Relationship-Threatening Information in Groups Contributes to Paranoid Thought, Suspicion Behavior, and Social Rejection," *Organizational Behavior and Human Decision Processes* 117, no. 2 (2012): 285–97.
10. Geraldine Downey and Scott I. Feldman, "Implications of Rejection Sensitivity for Intimate Relationships," *Journal of Personality and Social Psychology* 70, no. 6 (1996): 1327–43; Lindsey M. Rodriguez et al., "The Price of Distrust: Trust, Anxious Attachment, Jealousy, and Partner Abuse," *Partner Abuse* 6, no. 3 (2015): 298–319.
11. Seth A. Kaplan, Jill C. Bradley, and Janet B. Ruscher, "The Inhibitory Role of Cynical Disposition in the Provision and Receipt of Social Support: The Case of the September 11th Terrorist Attacks," *Personality and Individual Differences* 37, no. 6 (2004): 1221–32.
12. 關於本研究之摘述，請見：Vanessa K. Bohns, *You Have More Influence Than You Think: How We Underestimate Our Powers of Persuasion, and Why It Matters* (Washington, DC: National Geographic Books, 2023).
13. Vanessa K. Bohns, M. Mahdi Roghanizad, and Amy Z. Xu, "Underestimating Our Influence over Others' Unethical Behavior and Decisions," *Personality and Social Psychology Bulletin* 40, no. 3 (2013): 348–62; Francis J. Flynn and Vanessa K. B. Lake, "If You Need Help, Just Ask: Underestimating Compliance with Direct Requests for Help," *Journal of Personality and Social Psychology* 95, no. 1 (2008): 128–43.

14. Bohns, Roghanizad, and Xu, "Underestimating Our Influence over Others' Unethical Behavior and Decisions."
15. Noel D. Johnson and Alexandra Mislin, "Trust Games: A Meta-Analysis," *Journal of Economic Psychology* 32, no. 5 (2010): 865-89. 數字是這樣計算出來的：平均投資金額＝五〇％，平均返還金額＝三七％，投資的標準差＝〇‧一二，這表示六一％的投資比中位數高出一個標準差。根據兩位作者所說，「信任遊戲中每增加一個標準差，可信賴度就會提升約四〇％」。平均返還金額高出中位數返還的四〇％，就會得到五二％以上的報酬率。
16. 投資人試圖迫使受託人返還金額時也是同樣的道理，舉例來說，透過在投資上設定附帶條件或處罰措施。請見：Armin Falk and Michael Kosfeld, "The Hidden Costs of Control," *American Economic Review* 96, no. 5 (2006): 1611-30.
17. Ernesto Reuben, Paola Sapienza, and Luigi Zingales, "Is Mistrust Self-Fulfilling?," *Economics Letters* 104, no. 2 (2009): 89-91.
18. Marr et al., "Do I Want to Know?"
19. Downey and Feldman, "Implications of Rejection Sensitivity for Intimate Relationships."
20. Olga Stavrova, Daniel Ehlebracht, and Kathleen D. Vohs, "Victims, Perpetrators, or Both? The Vicious Cycle of Disrespect and Cynical Beliefs About Human Nature," *Journal of Experimental Psychology: General* 149, no. 9 (2020): 1736-54.
21. 科學家稱這種心理陷阱為「惡劣學習環境」（wicked learning environment），在這種環境中，人們學到的證據是有偏見的，因而促使他們得出系統性的錯誤結論。請見：Robin M. Hogarth, Tomás Lejarraga, and Emre Soyer, "Two Settings of Kind and Wicked Learning Environments."
22. Columnist Scott Lehigh, quoted from "The Boston Globe 16 Jul 2003, Page 19," Boston Globe Archive, accessed October 15, 2023.
23. Robert M. Axelrod and Douglas Dion, "The Further Evolution of Cooperation," *Science* 242, no. 4884 (1988):

24. 1385–90; Jian Wu and Robert Axelrod, "How to Cope with Noise in the Iterated Prisoner's Dilemma," *Journal of Conflict Resolution* 39, no. 1 (1995): 183–89.

25. Robert M. Axelrod, *The Evolution of Cooperation* (New York: Basic Books, 1984), 33.

26. Robert Axelrod, "The Evolution of Cooperation," Stanford University Department of Electrical Engineering, 1984, accessed October 15, 2023, https://ee.stanford.edu/~hellman/Breakthrough/book/chapters/axelrod.html#Live.

27. Eric Neumann et al., "People Trust More After Learning Trust Is Self-Fulfilling" (manuscript in preparation).

28. Andromeda Garcelon, 作者訪談,二〇二三年一月三十一日。

29. Nienke W. Willigenburg et al., "Comparison of Injuries in American Collegiate Football and Club Rugby," *American Journal of Sports Medicine* 44, no. 3 (2016): 753–60.

30. Franck Boivert, 作者訪談,二〇二三年二月十七日。

31. 摘自布魯諾寄給露易斯的文件,標題:Monica Meyer,時間:二〇一九年七月十六日。布魯諾在信中寫道:「這篇文章我不曉得能不能放進書裡……但無論如何我希望有天能說出來。」

32. 布佛特教練繼續鼓吹非傳統訓練,他現居斐濟,並繼續擔任教練。正如他不久前說過:「教練應該要能開發球員的智力,而不是讓他們像機器人一樣踢球。」請見:Meli Laddpeter, "Being 'Franck': Players Need to Be Allowed to Play Freely — Boivert," *Fiji Times*, May 11, 2022.

33. Janet Lewis, interview with author, December 13, 2022; Janet Lewis, email correspondence, May 30, 2023.

34. Jutta Weber, Deepak Malhotra, and J. Keith Murnighan, "Normal Acts of Irrational Trust: Motivated Attributions and the Trust Development Process," *Research in Organizational Behavior* 26 (2004): 75–101.

35. Jillian J. Jordan et al., "Uncalculating Cooperation Is Used to Signal Trustworthiness," *Proceedings of the National Academy of Sciences* 113, no. 31 (2016): 8658–63.

這個故事有一個重要、但常被忽略的前提:美國透過蘇聯雙面間諜蒐集到的情報,有部分已知蘇聯誇大其核武實力。因此,甘迺迪的演說可被理解為是在拆穿赫魯雪夫的虛張聲勢,而非單純釋出和平意願。儘管

第六章

1. 渡邊的故事取材自與他在二〇二一年十月至十二月進行的電子郵件訪談，以及他發表在網路上的一份影像式論文：https://dajf.org.uk/wp-content/uploads/Atsushi-Watanabe-presentation.pdf。
2. Art Compass 和 Artifacts 就會替藝術家做這類排名。
3. Takahiro A. Kato, Shigenobu Kanba, and Alan R. Teo, "Hikikomori: Multidimensional Understanding, Assessment, and Future International Perspectives," *Psychiatry and Clinical Neurosciences* 73, no. 8 (2019): 427–40.
4. Tanner J. Bommersbach and Hun Millard, "No Longer Culture-Bound: Hikikomori Outside of Japan," *International Journal of Social Psychiatry* 65, no. 6 (2019): 539–40.
5. Alan Teo, PhD, 作者訪談，二〇二三年三月二十八日。
6. Daniel A. Cox, "Men's Social Circles Are Shrinking," Survey Center on American Life, June 29, 2021.
7. Jean M. Twenge et al., "Worldwide Increases in Adolescent Loneliness," *Journal of Adolescence* 93 (2021): 257–69.
8. 治療孤獨的最好處方就在約翰‧卡喬波（John Cacioppo）的現代經典論述當中，請見：John T. Cacioppo and William H. Patrick, *Loneliness: Human Nature and the Need for Social Connection* (New York: W. W. Norton, 2008).
9. Sheldon Cohen, "Social Relationships and Health," *American Psychologist* 59, no. 8 (2004): 676–84; Sheldon Cohen et al., "Social Ties and Susceptibility to the Common Cold," *JAMA* 277, no. 24 (1997): 1940–44.

36. 如此，透過單方面提出緩和衝突的倡議，仍讓蘇聯保全面子，同時也提高實現和平的可能性。Svenn Lindskold, "Trust Development, the GRIT Proposal, and the Effects of Conciliatory Acts on Conflict and Cooperation," *Psychological Bulletin* 85, no. 4 (1978): 772–93.

10. Julianne Holt-Lunstad et al., "Loneliness and Social Isolation as Risk Factors for Mortality," *Perspectives on Psychological Science* 10, no. 2 (2015): 227–37.

11. Office of the Surgeon General, *Our Epidemic of Loneliness and Isolation: The U.S. Surgeon General's Advisory on the Healing Effects of Social Connection and Community* (Washington, DC: U.S. Public Health Service, 2023), 4.

12. Nicholas Epley and Juliana Schroeder, "Mistakenly Seeking Solitude," *Journal of Experimental Psychology: General* 143, no. 5 (2014): 1980–99; Juliana Schroeder, Donald W. Lyons, and Nicholas Epley, "Hello, Stranger? Pleasant Conversations Are Preceded by Concerns About Starting One," *Journal of Experimental Psychology: General* 151, no. 5 (2022): 1141–53.

13. Xuan Zhao and Nicholas Epley, "Surprisingly Happy to Have Helped: Underestimating Prosociality Creates a Misplaced Barrier to Asking for Help," *Psychological Science* 33, no. 10 (2022): 1708–31.

14. Erica J. Boothby and Vanessa K. Bohns, "Why a Simple Act of Kindness Is Not as Simple as It Seems: Underestimating the Positive Impact of Our Compliments on Others," *Personality and Social Psychology Bulletin* 47, no. 5 (2020): 826–40; Amit Kumar and Nicholas Epley, "Undervaluing Gratitude: Expressers Misunderstand the Consequences of Showing Appreciation," *Psychological Science* 29, no. 9 (2018): 1423–35.

15. 表現外向所帶來的正面好處對外向者來說是最大的，但也有內向者回報說這麼做會增加疲累感。不過，這兩種人都能夠看出對情緒帶來的好處。更多研究請見：William Fleeson, Adriane B. Malanos, and Noelle M. Achille, "An Intraindividual Process Approach to the Relationship Between Extraversion and Positive Affect: Is Acting Extraverted as 'Good' as Being Extraverted?," *Journal of Personality and Social Psychology* 83, no. 6 (2002): 1409–22; Rowan Jacques-Hamilton, Jessie Sun, and Luke D. Smillie, "Costs and Benefits of Acting Extraverted: A Randomized Controlled Trial," *Journal of Experimental Psychology: General* 148, no. 9 (2019): 1538–56; Seth Margolis and Sonja Lyubomirsky, "Experimental Manipulation of Extraverted and Introverted Behavior and Its Effects on Well-Being," *Journal of Experimental Psychology: General* 149, no. 4 (2020): 719–31; John M. Zelenski,

16. Maya S. Santoro, and Deanna C. Whelan, "Would Introverts Be Better Off If They Acted More Like Extraverts? Exploring Emotional and Cognitive Consequences of Counterdispositional Behavior," *Emotion* 12, no. 2 (2012): 290–303.

17. Alan Teo, PhD, 作者訪談，2023 年 3 月 28 日。

18. 對於繭居族而言，焦慮驅使人們退居室內，而孤獨則讓他們覺得自己更難準備好返社會。研究此現象的先驅齋藤環（Saito Tamaki）指出這種惡性循環：「一般疾病中，當個體生病時，身體會自然啟動各種療癒機制，包括免疫反應⋯⋯然而在退縮的情況下，不健康的狀態反而會讓情況變得更糟。」請見：Saitō Tamaki, *Hikikomori: Adolescence Without End*, trans. Jeffrey Angles (Minneapolis: University of Minnesota Press, 2013), 81.

19. Tegan Cruwys et al., "Social Isolation Predicts Frequent Attendance in Primary Care," *Annals of Behavioral Medicine* 52, no. 10 (February 3, 2018): 817–29; Fuschia M. Sirois and Janine Owens, "A Meta-Analysis of Loneliness and Use of Primary Health Care," *Health Psychology Review* 17, no. 2 (2021): 193–210.

20. Akram Parandeh et al., "Prevalence of Burnout Among Health Care Workers During Coronavirus Disease (COVID-19) Pandemic: A Systematic Review and Meta-Analysis," *Professional Psychology: Research and Practice* 53, no. 6 (2022): 564–73; H. J. A. Van Bakel et al., "Parental Burnout Across the Globe During the COVID-19 Pandemic," *International Perspectives in Psychology* 11, no. 3 (2022): 141–52.

21. Jamil Zaki, "We Should Try Caring for Others as 'Self-Care,'" *Atlantic*, October 21, 2021. Christina Maslach and Michael P. Leiter, "Understanding the Burnout Experience: Recent Research and Its Implications for Psychiatry," *World Psychiatry* 15, no. 2 (2016): 103–11; Christina Maslach, Wilmar B. Schaufeli, and Michael P. Leiter, "Job Burnout," *Annual Review of Psychology* 52, no. 1 (2001): 397–422.

22. Shauna L. Shapiro, Kirk Warren Brown, and Gina M. Biegel, "Teaching Self-Care to Caregivers: Effects of Mindfulness-Based Stress Reduction on the Mental Health of Therapists in Training," *Training and Education in

23. *Professional Psychology* 1, no. 2 (2007): 105–15.

24. Frank Martela and Richard M. Ryan, "The Benefits of Benevolence: Basic Psychological Needs, Beneficence, and the Enhancement of Well-Being," *Journal of Personality* 84, no. 6 (2015): 750–64; Jason D. Runyan et al., "Using Experience Sampling to Examine Links Between Compassion, Eudaimonia, and Pro-Social Behavior," *Journal of Personality* 87, no. 3 (2018): 690–701.

25. Bruce Doré et al., "Helping Others Regulate Emotion Predicts Increased Regulation of One's Own Emotions and Decreased Symptoms of Depression," *Personality and Social Psychology Bulletin* 43, no. 5 (2017): 729–39; Morelli et al., "Emotional and Instrumental Support Provision."

26. Kira Schabram and Yu Tse Heng, "How Other- and Self- Compassion Reduce Burnout Through Resource Replenishment," *Academy of Management Journal* 65, no. 2 (2022): 453–78.

27. Elizabeth W. Dunn, Lara B. Aknin, and Michael I. Norton, "Spending Money on Others Promotes Happiness," *Science* 319, no. 5870 (2008): 1687–88; Cassie Mogilner, Zoë Chance, and Michael I. Norton, "Giving Time Gives You Time," *Psychological Science* 23, no. 10 (2012): 1233–38.

28. Jennifer Crocker et al., "Interpersonal Goals and Change in Anxiety and Dysphoria in First-Semester College Students," *Journal of Personality and Social Psychology* 98, no. 6 (2010): 1009–24.

29. For more, see Gregg Krech, *Naikan: Gratitude, Grace, and the Japanese Art of Self-Reflection* (Berkeley, CA: Stone Bridge Press, 2022).

30. Gillian M. Sandstrom, Erica J. Boothby, and Gus Cooney, "Talking to Strangers: A Week-Long Intervention Reduces Psychological Barriers to Social Connection," *Journal of Experimental Social Psychology* 102 (2022): 104356. You can find the scavenger hunt instructions at Gillian M. Sandstrom, "Scavenger Hunt Missions," Gillian Sandstrom, April 2021, https://gilliansandstrom.files.wordpress.com/2021/04/scavenger-hunt-missions.pdf.

Julia Vera Pescheny, Gurch Randhawa, and Yannis Pappas, "The Impact of Social Prescribing Services on Service

31. Users: A Systematic Review of the Evidence," *European Journal of Public Health* 30, no. 4 (2019): 664–73.
32. Adam Jeyes and Laura Pugh, "Implementation of Social Prescribing to Reduce Frequent Attender Consultation Rates in Primary Care," *British Journal of General Practice* 69, no. S1 (2019). For great coverage of social prescribing, see Julia Hotz, "A Radical Plan to Treat Covid's Mental Health Fallout," *WIRED UK*, August 18, 2021.
33. P. A. Kropotkin, "Mutual Aid a Factor of Evolution," *Political Science Quarterly* 18, no. 4 (1903): 702–5. For writing about his life, see James Hamlin, "Who Was...Peter Kropotkin?," *Biologist*, accessed October 15, 2023, https://www.rsb.org.uk/biologist-features/who-was-peter-kropotkin; Lee Alan Dugatkin, "The Prince of Evolution: Peter Kropotkin's Adventures in Science and Politics," *Scientific American*, September 13, 2011.
34. Black Panther Party Legacy & Alumni, "Survival Programs," It's About Time, accessed October 15, 2023.
35. Audre Lorde, *A Burst of Light: And Other Essays* (Mineola, NY: Courier Dover, 2017).
36. Lenora E. Houseworth, "The Radical History of Self-Care," *Teen Vogue*, January 14, 2021; Aimaloghi Eromosele, "There Is No Self-Care Without Community Care," *URGE—Unite for Reproductive & Gender Equity* (blog), November 10, 2020; Aisha Harris, "How 'Self-Care' Went from Radical to Frou-Frou to Radical Once Again," *Slate*, April 5, 2017.
37. Jia Tolentino, "What Mutual Aid Can Do During a Pandemic," *New Yorker*, May 11, 2020; Sigal Samuel, "Coronavirus Volunteering: How You Can Help Through a Mutual Aid Group," *Vox*, April 16, 2020; Cassady Rosenblum and September Dawn Bottoms, "How Farmers in Colorado Are Taking Care of Their Mental Health," *New York Times*, October 15, 2022.

第七章

1. Dina Bass, "Microsoft CEO: World's Worst Job," *Bloomberg News*, January 30, 2014.
2. 取材自庫爾特・艾肯瓦爾德（Kurt Eichenwald）對微軟「失落的十年」的精采側寫：Kurt Eichenwald, "How

3. Microsoft Lost Its Mojo: Steve Ballmer and Corporate America's Most Spectacular Decline," *Vanity Fair*, July 24, 2012.
4. James W. Dean, Pamela Brandes, and Ravi Dharwadkar, "Organizational Cynicism," *Academy of Management Review* 23, no. 2 (1998): 341–52.
5. 這句話以及關於奇異公司和威爾許的故事,取材自這本精采好書∴ David Gelles: *The Man Who Broke Capitalism: How Jack Welch Gutted the Heartland and Crushed the Soul of Corporate America—and How to Undo His Legacy* (New York: Simon & Schuster, 2022).
6. Joseph Persky, "Retrospectives: The Ethology of Homo Economicus," *Journal of Economic Perspectives* 9, no. 2 (1995): 221–31.
7. For a classic in this debunking, see Amartya Sen, "Rational Fools: A Critique of the Behavioral Foundations of Economic Theory," *Philosophy & Public Affairs* 6, no. 4 (1977): 317–44.
8. Amitai Etzioni, "The Moral Effects of Economic Teaching," *Sociological Forum* 30, no. 1 (2015): 228–33; Robert H. Frank, Thomas D. Gilovich, and Dennis T. Regan, "Do Economists Make Bad Citizens?," *Journal of Economic Perspectives* 10, no. 1 (1996): 187–92.
9. John J. Dwyer, "Darwinism and Populism," *John J Dwyer* (blog), April 1, 2022.
10. Sumantra Ghoshal, "Bad Management Theories Are Destroying Good Management Practices," *Academy of Management Learning and Education* 4, no. 1 (2005): 75–91.
11. Eichenwald, "How Microsoft Lost Its Mojo."
12. Matt Rosoff, "Satya Nadella Just Undid Steve Ballmer's Last Big Mistake," *Business Insider*, July 8, 2015.
13. Elizabeth A. Canning et al., "Cultures of Genius at Work: Organizational Mindsets Predict Cultural Norms, Trust, and Commitment," *Personality and Social Psychology Bulletin* 46, no. 4 (2019): 626–42.
14. Bradley J. Alge, Gary A. Ballinger, and Stephen G. Green, "Remote Control: Predictors of Electronic Monitoring

14. Jodi Kantor et al., "Workplace Productivity: Are You Being Tracked?," *New York Times*, September 6, 2023.

15. Danielle Abril and Drew Harwell, "Keystroke Tracking, Screenshots, and Facial Recognition: The Boss May Be Watching Long After the Pandemic Ends," *Washington Post*, September 27, 2021.

16. Eichenwald, "How Microsoft Lost Its Mojo." 囤積資訊在憤世嫉俗組織中非常常見，蘇珊・富勒（Susan Fowler）在她那篇爆紅的二〇一七年部落格文章，描述她在 Uber 工作時就有類似的事……「一名董事向我們團隊吹噓，他對一名執行主管隱瞞重要業務資訊，以便討好其他執行主管。結果有效！他邊說臉上邊露出笑容。」請見：Susan Fowler, "Reflecting on One Very, Very Strange Year at Uber—Susan Fowler," *Susan Fowler Blog*, May 22, 2017, https://www.susanjfowler.com/blog/2017/2/19/reflecting-on-one-very-strange-year-at-uber.

17. Andrew Armatas, "How the Solution Becomes the Problem: The Performance Solution That Backfired at Microsoft," in *SAGE Business Cases* (Thousand Oaks, CA: SAGE Publications, 2023).

18. Rebecca Abraham, "Organizational Cynicism: Bases and Consequences," *Genetic, Social, and General Psychology Monographs* 126, no. 3 (2000): 269–92; Dan S. Chiaburu et al., "Antecedents and Consequences of Employee Organizational Cynicism: A Meta-Analysis," *Journal of Vocational Behavior* 83, no. 2 (2013): 181–97; Catherine E. Connelly et al., "Knowledge Hiding in Organizations," *Journal of Organizational Behavior* 33, no. 1 (2011): 64–88.

19. Bauer et al., "Can War Foster Cooperation?"; Ayelet Gneezy and Daniel M. T. Fessler, "Conflict, Sticks and Carrots: War Increases Prosocial Punishments and Rewards," *Proceedings of the Royal Society B: Biological Sciences* 279, no. 1727 (2011): 219–23. 一些理論家甚至認為，由於群體選擇壓力，群體之間的衝突會促進內部合作的改變。請見：Samuel Bowles, "Did Warfare Among Ancestral Hunter-Gatherers Affect the Evolution of Human Social Behaviors?," *Science* 324, no. 5932 (2009): 1293–98.

20. 對這種極端性合作的一個解釋是「身分融合」，人們認為個人與群體是為一體。請見：Harvey Whitehouse Intensity and Secrecy," *Personnel Psychology* 57, no. 2 (2004): 377–410.

363　注釋

21. et al., "The Evolution of Extreme Cooperation via Shared Dysphoric Experiences," *Scientific Reports* 7, no. 1 (2017): 1–10.

22. David A. Lesmond, Joseph P. Ogden, and Charles Trzcinka, "A New Estimate of Transaction Costs," *Review of Financial Studies* 12, no. 5 (1999): 1113–41; Howard A. Shelanski and Peter G. Klein, "Empirical Research in Transaction Cost Economics: A Review and Assessment," *Journal of Law, Economics & Organization* 11, no. 2 (1995): 335–61.

23. McCombs School of Business, "Wells Fargo Fraud," Ethics Unwrapped, February 16, 2023, https://ethicsunwrapped.utexas.edu/video/wells-fargo-fraud.

24. 紐約州教育局關於持續危險學校的定義原則，請見⋯"Criteria for Designating Persistently Dangerous School Using SV," New York State Education Department, May 11, 2023, https://www.p12.nysed.gov/sss/ssae/schoolsafety/vadir/CriteriaforDesignatingPersistentlyDangerousSchoolusingSV.html.

25. 「維達系統」的通報原則可在紐約州教育局找到，請見⋯"SSEC—School Safety and Educational Climate," New York State Education Department, June 16, 2023, https://www.p12.nysed.gov/sss/ssae/schoolsafety/vadir/.

26. Jason A. Okonofua, Gregory M. Walton, and Jennifer L. Eberhardt, "A Vicious Cycle: A Social-Psychological Account of Extreme Racial Disparities in School Discipline," *Perspectives on Psychological Science* 11, no. 3 (2016): 381–98.

27. Juan Del Toro et al., "The Spillover Effects of Class-mates' Police Intrusion on Adolescents' School-Based Defiant Behaviors: The Mediating Role of Institutional Trust," *American Psychologist* (2023): advance online publication.

28. 納德拉講的話取自⋯Satya Nadella, *Hit Refresh: The Quest to Rediscover Microsoft's Soul and Imagine a Better Future for Everyone* (New York: HarperCollins, 2017).

Shana Lebowitz, "Microsoft's HR Chief Reveals How CEO Satya Nadella Is Pushing to Make Company Culture a Priority, the Mindset She Looks for in Job Candidates, and Why Individual Success Doesn't Matter as Much as It

29. Used To," *Business Insider*, August 16, 2019.

30. Bart A. De Jong, Kurt T. Dirks, and Nicole Gillespie, "Trust and Team Performance: A Meta-Analysis of Main Effects, Moderators, and Covariates," *Journal of Applied Psychology* 101, no. 8 (2016): 1134–50; Sandy D. Staples and Jane Webster, "Exploring the Effects of Trust, Task Interdependence and Virtualness on Knowledge Sharing in Teams," *Information Systems Journal* 18, no. 6 (2008): 617–40.

31. Tom Warren, "Microsoft Employees Are Getting Unlimited Time Off," *Verge*, January 11, 2023.

32. Kathryn Mayer, "How the HR Executive of the Year Rebooted Microsoft's Culture," *HR Executive*, October 6, 2021.

33. 主要取材自與她的對話和網路廣播節目 *Om Travelers* podcast; LaLuan White, interview with author, March 17, 2022; LaLuan White, "Episode 12—LaLuan White," interview by Tyler Cagwin, January 7, 2019.

34. 關於林肯中學這項制度及其與修復式正義的關聯，請見 Julie McMahon, "How a Syracuse Middle School Got Taken off State's 'Persistently Dangerous' List," *Syracuse*, August 16, 2016.

35. Quote drawn from Casey Quinlan, "One School District Is Fighting Decades of 'Punishment Culture,'" *Think Progress Archive*, January 30, 2017.

36. Jamie Amemiya, Adam Fine, and Ming Te Wang, "Trust and Discipline: Adolescents' Institutional and Teacher Trust Predict Classroom Behavioral Engagement Following Teacher Discipline," *Child Development* 91, no. 2 (2019): 661–78; Jason A. Okonofua et al., "A Scalable Empathic-Mindset Intervention Reduces Group Disparities in School Suspensions," *Science Advances* 8, no. 12 (2022): eabj0691; Jason A. Okonofua, Amanda D. Perez, and Sean Darling-Hammond, "When Policy and Psychology Meet: Mitigating the Consequences of Bias in Schools," *Science Advances* 6, no. 42 (2020): eaba9479.

Jamil Zaki, Hitendra Wadhwa, and Ferose V. R., "It's Time to Teach Empathy and Trust with the Same Rigor as We Teach Coding," *Fast Company*, November 11, 2022, https://www.fastcompany.com/90808273/its-time-to-teach-

第八章

1. Paul Lendvai, *One Day That Shook the Communist World: The 1956 Hungarian Uprising and Its Legacy* (Princeton, NJ: Princeton University Press, 2010).

2. Bernd Schaefer, Nate Jones, and Benjamin B. Fischer, "Forecasting Nuclear War," Wilson Center, accessed October 16, 2023, https://www.wilsoncenter.org/publication/forecasting-nuclear-war.

3. Mike Giglio, "Inside the Pro-Trump Militant Group the Oath Keepers," *Atlantic*, November 2020.

4. Peter Baker and Blake Hounshell, "Parties' Divergent Realities Challenge Biden's Defense of Democracy," *New York Times*, September 2, 2022.

5. Eli J. Finkel et al., "Political Sectarianism in America," *Science* 370, no. 6516 (2020): 533–36.

6. Ethan Kaplan, Jörg L. Spenkuch, and Rebecca Sullivan, "Partisan Spatial Sorting in the United States: A Theoretical and Empirical Overview," *Journal of Public Economics* 211 (2022): 104668.「分類」可以低到住家附近幾乎不會接觸到另一個黨派支持者〕。請見：Jacob R. Brown and Ryan D. Enos, "The Measurement of Partisan Sorting for 180 Million Voters," *Nature Human Behaviour* 5, no. 8 (2021): 998–1008.

7. Douglas J. Ahler and Gaurav Sood, "The Parties in Our Heads: Misperceptions About Party Composition and Their Consequences," *Journal of Politics* 80, no. 3 (2018): 964–81.

empathy-and-trust-with-the-same-rigor-as-we-teach-coding.

37. Molly Cook Escobar and Christine Zhang, "A Summer of Strikes," *New York Times*, September 15, 2023, https://www.nytimes.com/interactive/2023/09/03/business/economy/strikes-union-sag-uaw.html.

38. Lydia Saad, "More in U.S. See Unions Strengthening and Want It That Way," *Gallup News*, August 30, 2023, https://news.gallup.com/poll/510281/unions-strengthening.aspx.

8. Kathryn R. Denning and Sara D. Hodges, "When Polarization Triggers Out-Group 'Counter-Projection' Across the Political Divide," *Personality and Social Psychology Bulletin* 48, no. 4 (2021): 638–56.

9. Matthew Levendusky and Neil Malhotra, "(Mis)Perceptions of Partisan Polarization in the American Public," *Public Opinion Quarterly* 80, no. S1 (2015): 378–91.

10. Stephen Hawkins et al., *Defusing the History Wars: Finding Common Ground in Teaching America's National Story* (New York: More in Common, 2022).

11. Images from "America's Divided Mind: Understanding the Psychology That Drives Us Apart," Beyond Conflict—Putting Experience and Science to Work for Peace, May 2020, https://beyondconflictint.org/americas-divided-mind/; see also Jens Hainmueller and Daniel J. Hopkins, "The Hidden American Immigration Consensus: A Conjoint Analysis of Attitudes Toward Immigrants," *American Journal of Political Science* 59, no. 3 (2014): 529–48.

12. University of Maryland School of Public Policy, "Major Report Shows Nearly 150 Issues on Which Majorities of Republicans & Democrats Agree," Program for Public Consultation, August 7, 2020, https://publicconsultation.org/defense-budget/major-report-shows-nearly-150-issues-on-which-majorities-of-republicans-democrats-agree/; Steve Corbin, "Americans Largely Agree on Several Key Issues and Congress Should Pay Attention," *NC Newsline*, August 19, 2022.

13. Joseph S Mernyk et al., "Correcting Inaccurate Metaperceptions Reduces Americans' Support for Partisan Violence," *Proceedings of the National Academy of Sciences* 119, no. 16 (2022): e2116851119.

14. Sukhwinder S. Shergill et al., "Two Eyes for an Eye: The Neuroscience of Force Escalation," *Science* 301, no. 5630 (2003): 187.

15. Appearance on *The Gist*, July 25, 2022; see Malcolm Nance, "Civil War: Possible or Probable?," interview by Mike Pesca.

16. Amanda Ripley, *High Conflict: Why We Get Trapped and How We Get Out* (New York: Simon & Schuster, 2022).

17. Joseph N. Cappella and Kathleen Hall Jamieson, *Spiral of Cynicism: The Press and the Public Good* (New York: Oxford University Press, 1997); Claes H. De Vreese, "The Spiral of Cynicism Reconsidered," *European Journal of Communication* 20, no. 3 (2005): 283–301.

18. William J. Brady et al., "How Social Learning Amplifies Moral Outrage Expression in Online Social Networks," *Science Advances* 7, no. 33 (2021): eabe5641; William J. Brady et al., "Overperception of Moral Outrage in Online Social Networks Inflates Beliefs About Intergroup Hostility," *Nature Human Behaviour* 7, no. 6 (2023): 917–27; William J. Brady et al., "Emotion Shapes the Diffusion of Moralized Content in Social Networks," *Proceedings of the National Academy of Sciences* 114, no. 28 (2017): 7313–18.

19. Santos et al., "Belief in the Utility of Cross-Partisan Empathy."

20. "Harvard Youth Poll," Institute of Politics at Harvard University, fall 2021, https://iop.harvard.edu/youth-poll/42nd-edition-fall-2021.

21. Béatrice S. Hasler et al., "Young Generations' Hopelessness Perpetuates Long-Term Conflicts," *Scientific Reports* 13, no. 1 (2023): 1–13.

22. Andrés Casas, interviews with author, January 13, 2023, and September 21, 2023.

23. Nicholas Casey, "Colombia Signs Peace Agreement with FARC After 5 Decades of War," *New York Times*, September 26, 2016.

24. Andrés Casas, "Education," LinkedIn, accessed October 16, 2023, https://www.linkedin.com/in/andrescasascasas/details/education/.

25. *Colombia Journal*, "Colombia: The Occupied Territories of Medellín," Relief Web, October 31, 2002, https://reliefweb.int/report/colombia/colombia-occupied-territories-medell%C3%ADn; Ivan Erre Jota, "The Medellin Miracle," Rapid Transition Alliance, December 19, 2018.

26. Joe Parkin Daniels, "Colombia's Ex-Guerrillas: Isolated, Abandoned and Living in Fear," *Guardian*, February 3,

27. Quotes drawn from the Discovery Channel documentary *Why We Hate*. The episode dedicated to Emile is titled "Hope." See Emile Bruneau, "Hope" (Discovery Channel, March 11, 2019).

28. Samantha Moore-Berg, 作者訪談, 二〇二三年一月三十一日。

29. Emile Bruneau et al., "Exposure to a Media Intervention Helps Promote Support for Peace in Colombia," *Nature Human Behaviour* 6, no. 6 (2022): 847–57.

30. Quote drawn from PirataFilms, "Colombia: Conflict Persists Five Years After Peace Deal," NRC, November 24, 2022.

31. Norwegian Refugee Council, "Colombia: Conflict Persists Five Years After Peace Deal," NRC, November 24, 2022. Quote drawn from PirataFilms, *All It Takes*, short film; English version, *Vimeo*, August 19, 2022, https://vimeo.com/741321924.

32. 我了解黛芬妮，我幾乎可以肯定卡薩斯錯了。

33. Quote taken from PirataFilms, *All It Takes*.

34. 例如，「強化民主挑戰」（Strengthening Democracy Challenge，我有幸在其中扮演一個小角色）就是一次大型合作，社會學家提出二十五種干預做法以減少黨派敵意。最有效的做法當中，有許多僅是糾正人們對於政治對立者的錯誤認知。換句話說，就是把更好的數據拿出來就對了。請見：Jan G. Voelkel et al., "Megastudy Identifying Effective Interventions to Strengthen Americans' Democratic Attitudes," *OSF Preprints*, March 20, 2023.

35. Jeremy A. Frimer, Linda J. Skitka, and Matt Motyl, "Liberals and Conservatives Are Similarly Motivated to Avoid Exposure to One Another's Opinions," *Journal of Experimental Social Psychology* 72 (2017): 1–12.

36. Luiza Santos et al., "The Unexpected Benefits of Cross-Party Conversations on Polarized Issues" (manuscript in preparation).

37. Emile Bruneau et al., "Intergroup Contact Reduces Dehumanization and Meta-Dehumanization: Cross-Sectional, Longitudinal, and Quasi-Experimental Evidence from 16 Samples in Five Countries," *Personality and Social*

38. See, for instance, Emily Kubin et al., "Personal Experiences Bridge Moral and Political Divides Better Than Facts," *Proceedings of the National Academy of Sciences* 118, no. 6 (2021): e2008389118; Minson and Chen, "Receptiveness to Opposing Views"; Marshall B. Rosenberg, *Nonviolent Communication: A Language of Life* (Encinitas, CA: PuddleDancer Press, 2003).

39. Michael Yeomans et al., "Conversational Receptiveness: Improving Engagement with Opposing Views," *Organizational Behavior and Human Decision Processes* 160 (2020): 131–48.

40. Brett Q. Ford and Allison S. Troy, "Reappraisal Reconsidered: A Closer Look at the Costs of an Acclaimed Emotion-Regulation Strategy," *Current Directions in Psychological Science* 28, no. 2 (2019): 195–203.

41. David E. Broockman and Joshua Kalla, "Durably Reducing Trans-phobia: A Field Experiment on Door-to-Door Canvassing," *Science* 352, no. 6282 (2016): 220–24; Joshua Kalla and David E. Broockman, "Reducing Exclusionary Attitudes Through Interpersonal Conversation: Evidence from Three Field Experiments," *American Political Science Review* 114, no. 2 (2020): 410–25.

第九章

1. World Inequality Database, "USA."
2. David Huyssen, "We Won't Get Out of the Second Gilded Age the Way We Got Out of the First," *Vox*, April 1, 2019.
3. Robert D. Putnam, *The Upswing: How America Came Together a Century Ago and How We Can Do It Again* (New York: Simon & Schuster, 2020), 167.
4. Robert D. Putnam, "Bowling Alone: America's Declining Social Capital," *Journal of Democracy* 6, no. 1 (January 1, 1995): 65–78.

5. David Nasaw, *The Chief: The Life of William Randolph Hearst* (New York: Houghton Mifflin Harcourt, 2000), 77.
6. Woodrow Wilson, "The New Freedom: A Call for the Emancipation of the Generous Energies of a People," *Political Science Quarterly* 29, no. 3 (1914): 506–7.
7. Putnam, *Upswing*, 159.
8. Josh Levin, "The Real Story of Linda Taylor, America's Original Welfare Queen," *Slate*, December 19, 2013.
9. Josh Levin 寫了一部內容詳盡且引人入勝的悲劇傳記。Josh Levin, *The Queen: The Forgotten Life Behind an American Myth* (New York: Back Bay Books, 2020).
10. Julilly Kohler-Hausmann, "'The Crime of Survival': Fraud Prosecutions, Community Surveillance, and the Original 'Welfare Queen,'" *Journal of Social History* 41, no. 2 (2007): 329–54.
11. Independent Lens, "From Mothers' Pensions to Welfare Queens, Debunking Myths About Welfare," PBS, May 16, 2023, https://www.pbs.org/independentlens/blog/from-mothers-pensions-to-welfare-queens-debunking-myths-about-welfare/. For the full report, see Daniel R. Cline and Randy Alison Aussenberg, "Errors and Fraud in the Supplemental Nutrition Assistance Program (SNAP)," Federation of American Scientists (Congressional Research Service, September 28, 2018), https://sgp.fas.org/crs/misc/R45147.pdf.
12. Levin, *Queen*.
13. Zachary Parolin, "Decomposing the Decline of Cash Assistance in the United States, 1993 to 2016," *Demography* 58, no. 3 (2021): 1119–41.
14. David Brady and Zachary Parolin, "The Levels and Trends in Deep and Extreme Poverty in the United States, 1993–2016," *Demography* 57, no. 6 (2020): 2337–60; Luke H. Shaefer and Kathryn Edin, "Rising Extreme Poverty in the United States and the Response of Federal Means-Tested Transfer Programs," *Social Service Review* 87, no. 2 (2013): 250–68.

15. Jesper Akesson et al., "Race and Redistribution in the US: An Experimental Analysis," CEPR, January 31, 2023, https://cepr.org/voxeu/columns/race-and-redistribution-us-experimental-analysis.
16. Rebecca Shabad et al., "Manchin Privately Raised Concerns That Parents Would Use Child Tax Credit Checks on Drugs," *NBC News*, December 20, 2021; David Firestone, "How to Use the Debt Ceiling to Inflict Cruelty on the Poor," *New York Times*, May 17, 2023.
17. 更多想法請見：Bowles, *Moral Economy*.
18. William Goodwin, 作者訪談，二〇二三年五月三日。
19. "Income, Poverty and Health Insurance Coverage in the United States: 2022," United States Census Bureau, September 12, 2023, https://www.census.gov/newsroom/press-releases/2023/income-poverty-health-insurance-coverage.html. https://confrontingpoverty.org/poverty-facts-and-myths/americas-poor-are-worse-off-than-elsewhere/.
20. Harry J. Holzer et al., "The Economic Costs of Child-hood Poverty in the United States," *Journal of Children and Poverty* 14, no. 1 (2008): 41–61.
21. John Burn-Murdoch, "Why Are Americans Dying So Young?," *Financial Times*, March 31, 2023.
22. Gianmarco Daniele and Benny Geys, "Interpersonal Trust and Welfare State Support," *European Journal of Political Economy* 39 (2015): 1–12. These scientists also argue for a *causal* effect of trust on social support. Specifically, children of immigrants' support for social welfare reflects the national trust of their *parents'* country of origin.
23. OHCHR, "Ban 'Povertyism' in the Same Way as Racism and Sexism: UN Expert," October 28, 2022, https://www.ohchr.org/en/press-releases/2022/10/ban-povertyism-same-way-racism-and-sexism-un-expert.
24. Annie Lowrey, "$100 Million to Cut the Time Tax," *Atlantic*, April 26, 2022.
25. Anandi Mani et al., "Poverty Impedes Cognitive Function," *Science* 341, no. 6149 (2013): 976–80.

26. Matthew Desmond, *Poverty, by America* (New York: Crown, 2023), 87–88.
27. Aina Gallego, "Inequality and the Erosion of Trust Among the Poor: Experimental Evidence," *Socio-Economic Review* 14, no. 3 (2016): 443–60.
28. Desmond, *Poverty, by America*, 91.
29. Henry Farrell, "The Invisible American Welfare State," *Good Authority*, February 8, 2011, https://goodauthority.org/news/the-invisible-american-welfare-state/.
30. Emily Holden et al., "More Than 25 Million Americans Drink from the Worst Water Systems," *Consumer Reports*, February 26, 2021.
31. Andrew P. Wilper et al., "Health Insurance and Mortality in US Adults," *American Journal of Public Health* 99, no. 12 (2009): 2289–95.
32. Diana E. Naranjo, Joseph E. Glass, and Emily C. Williams, "Persons with Debt Burden Are More Likely to Report Suicide Attempt Than Those Without," *Journal of Clinical Psychiatry* 82, no. 3 (2021): 31989.
33. Ralph Dazert, "Market Insight: US Continues to Dominate Superyacht Market," *SuperYacht Times*, December 1, 2022.
34. Jesús Gerena, 作者訪談, 二〇二二年二月十八日。
35. Stand Together, "How Shifting Perceptions of Low-Income Families Helps Them Get Out of Poverty," https://standtogether.org/news/shifting-perceptions-of-low-income-families-is-key-to-getting-them-out-of-poverty/.
36. David K. Evans and Anna M. Popova, "Cash Transfers and Temptation Goods: A Review of Global Evidence" (working paper, World Bank Policy Research, 2014).
37. Data retrieved from impact report, available at "Our Impact," Foundations for Social Change, 2021, https://forsocialchange.org/impact.
38. Ryan Dwyer et al., "Unconditional Cash Transfers Reduce Homelessness," *Proceedings of the National Academy of*

39. Katia Covarrubias, Benjamin Davis, and Paul Winters, "From Protection to Production: Productive Impacts of the Malawi Social Cash Transfer Scheme," *Journal of Development Effectiveness* 4, no. 1 (2012): 50–77; Paul Gertler, Sebastián Martinez, and Marta Rubio-Codina, "Investing Cash Transfers to Raise Long-Term Living Standards," *American Economic Journal: Applied Economics* 4, no. 1 (2012): 164–92; Johannes Haushofer and Jeremy P. Shapiro, "The Short-Term Impact of Unconditional Cash Transfers to the Poor: Experimental Evidence from Kenya," *Quarterly Journal of Economics* 131, no. 4 (2016): 1973–2042.

40. Solomon Asfaw et al., "The Impact of the Kenya CT-OVC Programme on Productive Activities and Labour Allocation," *From Protection to Pro-duction Project* (Food and Agriculture Organization of the United Nations, 2013); Mouhcine Guettabi, "What Do We Know About the Effects of the Alaska Permanent Fund Dividend?," *ScholarWorks@UA* (University of Alaska Anchorage, Institute of Social and Economic Research, 2019); Olli Kangas et al., "The Basic Income Experiment 2017–2018 in Finland: Preliminary Results," *Valto* (Ministry of Social Affairs and Health, 2019).

41. David G. Weissman et al., "State-Level Macro-Economic Factors Moderate the Association of Low Income with Brain Structure and Mental Health in U.S. Children," *Nature Communications* 14, no. 1 (2023): 2085.

42. Sonya V. Troller-Renfree et al., "The Impact of a Poverty Reduction Intervention on Infant Brain Activity," *Proceedings of the National Academy of Sciences* 119, no. 5 (2022): e2115649119.

43. Dwyer et al., "Unconditional Cash Transfers Reduce Homelessness."

44. "Historical Highest Marginal Income Tax Rates: 1913 to 2023," Tax Policy Center, May 11, 2023, https://www.taxpolicycenter.org/statistics/historical-highest-marginal-income-tax-rates.

第十章

1. Martin Luther King Jr., "King's Challenge to the Nation's Social Scientists," APA, 1967, https://www.apa.org/topics/equity-diversity-inclusion/martin-luther-king-jr-challenge.
2. Václav Havel, *The Power of the Powerless* (New York: Random House, 2018).
3. Maria Theresia Bäck and Henrik Serup Christensen, "When Trust Matters—a Multilevel Analysis of the Effect of Generalized Trust on Political Participation in 25 European Democracies," *Journal of Civil Society* 12, no. 2 (2016): 178–97.
4. Michelle Benson and Thomas R. Rochon, "Interpersonal Trust and the Magnitude of Protest," *Comparative Political Studies* 37, no. 4 (2004): 435–57.
5. Christopher Paul and Miriam Matthews, *The Russian "Firehose of Falsehood" Propaganda Model: Why It Might Work and Options to Counter It* (Santa Monica, CA: RAND Corporation, 2016).
6. Paul Shields, "Killing Politics Softly: Unconvincing Propaganda and Political Cynicism in Russia," *Communist and Post-Communist Studies* 54, no. 4 (2021): 54–73.
7. Hannah Arendt, *The Origins of Totalitarianism* (New York: Houghton Mifflin Harcourt, 1973).
8. Václav Havel, *Letters to Olga: June 1979–September 1982* (New York: Alfred A. Knopf, 1988).
9. 這篇講到於十九年後由當時擔任教會牧師的瑞秋・安德森（Rachel Anderson）分享給史黛芬妮。
10. Maximilian Agostini and Martijn Van Zomeren, "Toward a Comprehensive and Potentially Cross-Cultural Model of Why People Engage in Collective Action: A Quantitative Research Synthesis of Four Motivations and Structural Constraints," *Psychological Bulletin* 147, no. 7 (2021): 667–700.
11. Kenneth T. Andrews and Michael Biggs, "The Dynamics of Protest Diffusion: Movement Organizations, Social Networks, and News Media in the 1960 Sit-Ins," *American Sociological Review* 71, no. 5 (2006): 752–77; Michael Biggs, "Who Joined the Sit-Ins and Why: Southern Black Students in the Early 1960s," *Mobilization* 11, no. 3 (2006):

12. Michael Biggs and Kenneth T. Andrews, "Protest Campaigns and Movement Success," *American Sociological Review* 80, no. 2 (2015): 416–43.
13. Shankar Vedantam and William Cox, "Hidden Brain: America's Changing Attitudes Toward Gay People," interview by Steve Inskeep, NPR, April 17, 2019.
14. 截至二〇二一年,有七成美國民眾支持同性婚姻。Justin McCarthy, "Record-High 70% in U.S. Support Same-Sex Marriage," *Gallup News*, June 5, 2023.
15. Leonardo Bursztyn, Alessandra L. González, and David Yanagizawa-Drott, *Misperceived Social Norms: Female Labor Force Participation in Saudi Arabia* (Chicago: Becker Friedman Institute for Research in Economics, 2018).
16. Ed Pilkington and Jamie Corey, "Dark Money Groups Push Election Denialism on US State Officials," *Guardian*, April 5, 2023; Sam Levine and Kira Lerner, "Ten Years of a Crippled Voting Rights Act: How States Make It Harder to Vote," *Guardian*, June 25, 2023; "Democracy Diverted."
17. 有些民調甚至高達九成,此處引用的是較為保守的數字。請見:Bryan Warner, "Polls Show Voters Nationwide and in NC Agree: Gerrymandering Must End," Common Cause North Carolina, April 7, 2021, https://www.commoncause.org/north-carolina/democracy-wire/polls-show-voters-nationwide-and-in-nc-agree-gerrymandering-must-end/; "Americans Are United Against Partisan Gerrymandering," Brennan Center for Justice, March 15, 2019, https://www.brennancenter.org/our-work/research-reports/americans-are-united-against-partisan-gerrymandering; John Kruzel, "American Voters Largely United Against Partisan Gerrymandering, Polling Shows," *The Hill*, August 4, 2021.
18. Tina Rosenberg, "Putting the Voters in Charge of Fair Voting," *New York Times*, January 23, 2018.
19. Katie Fahey, 作者訪談,二〇二三年九月二十一日。
20. Katie Fahey Schergala, "I'd like to Take on Gerrymandering in Michigan, If You're Interested in Doing This

第十一章

1. Eric Roston, "Climate Projections Again Point to Dangerous 2.7C Rise by 2100," *Bloomberg News*, November 10, 2022.
2. Nathan Rott, "Extreme Weather, Fueled by Climate Change, Cost the U.S. $165 Billion in 2022," NPR, January 10, 2023.
3. Denise Lu and Christopher Flavelle, "Rising Seas Will Erase More Cities by 2050, New Research Shows," *New York Times*, November 28, 2019.
4. Adam Mayer and E. Keith Smith, "Unstoppable Climate Change? The Influence of Fatalistic Beliefs About Climate Change on Behavioural Change and Willingness to Pay Cross-Nationally," *Climate Policy* 19, no. 4 (2018): 511–23.
5. "Climate Fatalism Grips Young People Worldwide While the Urgency for Solution-Oriented Media Grows," Ipsos, November 10, 2021.
6. Gregg Sparkman, Nathan Geiger, and Elke U. Weber, "Americans Experience a False Social Reality by

7. 哈丁生平主要取材自：Garrett Hardin Society's UCSB Oral History; see Garrett Hardin, "Garrett Hardin Oral History Project: Tape 1—'The Early Years,'" interview by David E. Russell, Garrett Hardin Society, May 22, 2005, https://www.garretthardinsociety.org/gh/gh_oral_history_tape1.html.

8. John H. Tanton, "Garrett and Jane Hardin: A Personal Recollection," Garrett Hardin Society, October 29, 2003, https://www.garretthardinsociety.org/tributes/tr_tanton_2003oct.html.

9. Garrett Hardin, "Living in a World of Limits: An Interview with Noted Biologist Garrett Hardin," interview by Craig Straub, Garrett Hardin Society, June 9, 2003, https://www.garretthardinsociety.org/gh/gh_straub_interview.html.

10. Hardin, "Garrett Hardin Oral History Project: Tape 1."

11. Garrett Hardin, "The Tragedy of the Commons: The Population Problem Has No Technical Solution; It Requires a Fundamental Extension in Morality," *Science* 162, no. 3859 (1968): 1243–48.

12. 哈丁對於這些法則的描述有如熱力學：Garrett Hardin, "Garrett Hardin Oral History Project: Tape 7," interview by David E. Russell, Garrett Hardin Society, June 9, 2003, https://www.garretthardinsociety.org/gh/gh_oral_history_tape7.html.

13. Garrett Hardin, "Garrett Hardin Oral History Project: Tape 5—From the Lab to the Field of Ecology," interview by David E. Russell, Garrett Hardin Society, June 9, 2003, https://www.garretthardinsociety.org/gh/gh_oral_history_tape5.html.

14. Garrett Hardin, "Lifeboat Ethics: The Case Against Helping the Poor," *Psychology Today* (1974); Matto Mildenberger, "The Tragedy of the *Tragedy of the Commons*," *Scientific American Blog Network*, April 23, 2019; Jason Oakes, "Garrett Hardin's Tragic Sense of Life," *Endeavour* 40, no. 4 (2016): 238–47.

善意與信任 378

15. Erik Nordman, *The Uncommon Knowledge of Elinor Ostrom: Essential Lessons for Collective Action* (Washington, DC: Island Press, 2021).

16. Garrett Hardin, "Garrett Hardin Oral History Project: Tape 10," interview by David E. Russell, Garrett Hardin Society, June 9, 2003, https://www.garretthardinsociety.org/gh/gh_oral_history_tape10.html.

17. 研究顯示，當人們對氣候問題感到焦慮，並希望情況改善時，最有可能採取行動。請見：Shanyong Wang et al., "Predicting Consumers' Intention to Adopt Hybrid Electric Vehicles: Using an Extended Version of the Theory of Planned Behavior Model," *Transportation* 43, no. 1 (2014): 123–43; Kimberly S. Wolske, Paul C. Stern, and Thomas Dietz, "Explaining Interest in Adopting Residential Solar Photovoltaic Systems in the United States: Toward an Integration of Behavioral Theories," *Energy Research & Social Science* 25 (2017): 134–51.

18. Roderick M. Kramer, "Trust and Distrust in Organizations: Emerging Perspectives, Enduring Questions," *Annual Review of Psychology* 50, no. 1 (1999): 569–98.

19. Douglas Starr, "Just 90 Companies Are to Blame for Most Climate Change, This 'Carbon Accountant' Says," *Science* 25 (2016).

20. Tim Gore, "Confronting Carbon Inequality: Putting Climate Justice at the Heart of the COVID-19 Recovery," *Oxfam International*, September 21, 2020.

21. Benjamin Franta, "Weaponizing Economics: Big Oil, Economic Consultants, and Climate Policy Delay," *Environmental Politics* 31, no. 4 (2021): 555–75.

22. Mark Kaufman, "The Carbon Footprint Sham: A 'Successful, Deceptive' PR Campaign," *Mashable*, July 13, 2020. See also Alvin Powell, "Tracing Big Oil's PR War to Delay Action on Climate Change," *Harvard Gazette*, September 28, 2021.

23. Aylin Woodward, "As Denying Climate Change Becomes Impossible, Fossil-Fuel Interests Pivot to 'Carbon Shaming,'" *Business Insider*, August 28, 2021.

24. Rebecca Solnit, "Big Oil Coined 'Carbon Foot-prints' to Blame Us for Their Greed. Keep Them on the Hook," *Guardian*, August 23, 2021.
25. Behavioral scientists Nic Chater and George Loewenstein think of this as emphasizing "i-frames," or individual causes, over "s-frames," or systemic causes; see Nick Chater and George Loewenstein, "The I-Frame and the S-Frame: How Focusing on Individual-Level Solutions Has Led Behavioral Public Policy Astray," *Behavioral and Brain Sciences* 46 (2022): e147.
26. Sparkman, Geiger, and Weber, "Americans Experience a False Social Reality."
27. Derek Wall, *Elinor Ostrom's Rules for Radicals: Cooperative Alternatives Beyond Markets and States* (Chicago: University of Chicago Press, 2017), 21–22.
28. Quotes by Elinor Ostrom at the New Frontiers in Global Justice Conference at UC San Diego; see diptherio, "Elinor Ostrom on the Myth of Tragedy of the Commons," August 9, 2014, https://www.youtube.com/watch?v=ybdvjvIH-1U.
29. Biographical details about Ostrom drawn from Nordman, *Uncommon Knowledge of Elinor Ostrom*; Wall, *Elinor Ostrom's Rules for Radicals*.
30. Elinor Ostrom, "Public Entrepreneurship: A Case Study in Ground Water Basin Management" (PhD diss., University of California Los Angeles, 1964).
31. Nordman, *Uncommon Knowledge of Elinor Ostrom*; Elinor Ostrom and Harini Nagendra, "Insights on Linking Forests, Trees, and People from the Air, on the Ground, and in the Laboratory," *Proceedings of the National Academy of Sciences* 103, no. 51 (2006): 19224–31; Paul B. Trawick, "Successfully Governing the Commons: Principles of Social Organization in an Andean Irrigation System," *Human Ecology* 29, no. 1 (2001): 1–25.
32. Elinor Ostrom, *Governing the Commons* (Cambridge: Cambridge University Press, 2015), 62.
33. Elinor Ostrom, "Collective Action and the Evolution of Social Norms," *Journal of Economic Perspectives* 14, no. 3

34. (2000): 137–58.
35. *Actual World, Possible Future*, directed by Barbara Allen (WTIU Documentaries, May 25, 2020), https://video.indianapublicmedia.org/video/actual-world-possible-future-09rkab/.
36. *Actual World, Possible Future*, directed by Barbara Allen.
37. 更多請見：Marshall Sahlins, *The Western Illusion of Human Nature: With Reflections on the Long History of Hierarchy, Equality and the Sublimation of Anarchy in the West, and Comparative Notes on Other Conceptions of the Human Condition* (Chicago: Prickly Paradigm Press, 2008).
38. David Gelles et al., "The Clean Energy Future Is Arriving Faster Than You Think," *New York Times*, August 17, 2023; International Energy Agency, "Renewables 2022: Analysis and Forecast to 2027," IEA, 2022, https://www.iea.org/reports/renewables-2022.
39. James Dacey, "Sprinkling Basalt over Soil Could Remove Huge Amounts of Carbon Dioxide from the Atmosphere," *Physics World*, August 1, 2021.
40. 關於這類批評和爭議，請見：Nick Gottlieb, "The False Hope of Carbon Capture and Storage," *Canadian Dimension*, May 30, 2022; Robert F. Service, "U.S. Unveils Plans for Large Facilities to Capture Carbon Directly from Air," *Science Insider*, August 11, 2023; Genevieve Guenther, "Carbon Removal Isn't the Solution to Climate Change," *New Republic*, April 4, 2022.
41. Ella Nilsen, "The Wil- low Project Has Been Approved: Here's What to Know About the Controversial Oil- Drilling Venture," CNN, March 14, 2023.
42. See Elise Joshi, "Please Watch Even If You've Seen the Original Video!," TikTok, September 7, 2023, https://www.tiktok.com/@elisejoshi/video/7276138179386985774?lang=en.
Cara Buckley, "'OK Doomer' and the Climate Advocates Who Say It's Not Too Late," *New York Times*, June 22, 2023.

43. Gatheru's videos can be found at "Wawa Gatheru (@wawagatheru)," TikTok, n.d., https://www.tiktok.com/@wawagatheru/.
44. David Gelles, "With TikTok and Lawsuits, Gen Z Takes on Climate Change," *New York Times*, August 21, 2023.
45. "COP27 Climate Summit: Here's What Happened on Tuesday at the COP27 Climate Summit," *New York Times*, November 9, 2022.
46. David Gelles and Mike Baker, "Judge Rules in Favor of Montana Youths in a Landmark Climate Case," *New York Times*, August 16, 2023.
47. Timothy Puko, "Biden to Block Oil Drilling in 'Irreplaceable' Alaskan Wildlands," *Washington Post*, September 7, 2023.
48. Annenberg School for Communication, "Emile."

結語

1. 史黛芬妮,作者訪談,二〇二三年九月一日。

附錄一

1. Pema Chödrön, *Taking the Leap: Freeing Ourselves from Old Habits and Fears*, ed. Sandy Boucher (Boston, MA: Shambhala, 2010).

善意與信任　382

國家圖書館出版品預行編目(CIP)資料

善意與信任: 世界上最強大的力量/賈米爾.薩奇
(Jamil Zaki)著；尤采菲譯. -- 第一版. -- 臺北市：遠
見天下文化出版股份有限公司, 2025.06
384面；14.8×21公分. --（社會人文；BGB610）
譯自：Hope for cynics : the surprising science of
human goodness.

ISBN 978-626-417-424-4（平裝）

1.CST: 情境心理學 2.CST: 社會正義 3.CST: 社會環
境 4.CST: 大眾行為

541.75　　　　　　　　　　114007601

社會人文 BGB 610

善意與信任：世界上最強大的力量
Hope for Cynics:
The Surprising Science of Human Goodness

作者 —— 賈米爾・薩奇 Jamil Zaki
譯者 —— 尤采菲

副社長兼總編輯 —— 吳佩穎
財經館總監 —— 蘇鵬元
責任編輯 —— Jin Huang（特約）
封面設計 —— 張議文

出版者 —— 遠見天下文化出版股份有限公司
創辦人 —— 高希均、王力行
遠見・天下文化　事業群榮譽董事長 —— 高希均
遠見・天下文化　事業群董事長 —— 王力行
天下文化社長 —— 王力行
天下文化總經理 —— 鄧瑋羚
國際事務開發部兼版權中心總監 —— 潘欣
法律顧問 —— 理律法律事務所陳長文律師
著作權顧問 —— 魏啟翔律師
社址 —— 臺北市 104 松江路 93 巷 1 號
讀者服務專線 —— 02-2662-0012；傳真 —— 02-2662-0007；02-2662-0009
電子郵件信箱 —— cwpc@cwgv.com.tw
直接郵撥帳號 —— 1326703-6 號　遠見天下文化出版股份有限公司

電腦排版 —— 立全電腦印前排版有限公司
製版廠 —— 中原造像股份有限公司
印刷廠 —— 中原造像股份有限公司
裝訂廠 —— 中原造像股份有限公司
登記證 —— 局版台業字第 2517 號
總經銷 —— 大和書報圖書股份有限公司｜電話 —— 02-8990-2588
出版日期 —— 2025 年 6 月 30 日第一版第一次印行
　　　　　　2025 年 9 月 6 日第一版第二次印行

Copyright © 2024 by Dr. Jamil Zaki Complex Chinese edition copyright © 2025 by Commonwealth Publishing Co., Ltd., a division of Global Views - Commonwealth Publishing Group This edition is published by arrangement with The Gernert Company, Inc. through Bardon-Chinese Media Agency. All rights reserved

定價 —— 500 元
ISBN —— 9786264174244（平裝）
EISBN —— 9786264174220 (PDF)；9786264174213 (EPUB)
書號 —— BGB 610
天下文化官網 —— bookzone.cwgv.com.tw

本書如有缺頁、破損、裝訂錯誤，請寄回本公司調換。
本書僅代表作者言論，不代表本社立場。

天下文化
BELIEVE IN READING